I0130822

El cuerpo anudado

El cuerpo anudado

Objetificación y uso político
de los cuerpos en los Andes

Fernando Rivera

Almenara

Consejo Editorial

María Isabel Alfonso   Waldo Pérez Cino
Luisa Campuzano   Juan Carlos Quintero Herencia
Stephanie Decante   José Ramón Ruisánchez
Gabriel Giorgi   Julio Ramos
Gustavo Guerrero   Enrico Mario Santí
Francisco Morán

© Fernando Rivera, 2025
© Almenara, 2025

www.almenarapress.com
info@almenarapress.com

Gainesville, Fl.

ISBN 978-1-966932-03-1

Imagen de cubierta: J.F. Gautier d'Agoty (*circa* 1745), Wellcome Collection

All rights reserved. Without limiting the rights under copyright reserved above, no part of this book may be reproduced, stored in or introduced into a retrieval system, or transmitted, in any form or by any means (electronic, mechanical, photocopying, recording or otherwise) without the written permission of both the copyright owner and the author of the book.

Indecibles nudos
De palabras
Que son nudos y nudos
Que son palabras

Nudos que no existen
Pero que resisten
Y resisten

Nudos que no dicen nada
Y nudos que todo lo dicen

Jorge Eduardo Eielson, *Nudos*

Prefacio

La interrogante que preside este trabajo es cómo una persona es convertida en objeto, o mejor aún, cómo se la convierte en instrumento para los fines de otros. La respuesta se basa fundamentalmente en el análisis de dos experiencias históricas del Perú y los Andes, a saber, la violación sistemática de mujeres durante el Conflicto Armado Interno del Perú (1980-2000), que generó la figura de la *cautiva* como objeto sexual; y la servidumbre obligatoria desde la época colonial hasta el siglo XX, focalizada en las figuras sociales del *pongo*, la empleada, la cholita y el cholito, que fueron objetos de servidumbre.

Se denominará *objetificación* a este fenómeno de conversión de un ser humano en objeto. Sus características y arquitectura interna serán formuladas a partir de los rasgos estructurales, tensiones discursivas y formas sociales que presentan estas experiencias andinas. El análisis de la objetificación, además, permitirá describir algunos de los mecanismos de la dominación en general, aquellos donde la instrumentación juegue un rol central. En ese sentido, el resultado final del examen, descripción e interpretación de la objetificación tendrá la marca de estas experiencias históricas de mujeres y hombres andinos.

El término objetificación proviene del inglés *objectification*. Este último fue adoptado por el feminismo estadounidense, que abordaba el fenómeno focalizándolo sobre todo en el uso sexual del cuerpo de las mujeres. Aquí le daremos un significado diferente y más expansivo, fundamentado radicalmente en la instrumentación de los cuerpos. Andrea Dworkin y Catharine MacKinnon fueron las primeras que adoptaron el término para recusar la conversión de mujeres en objetos sexuales en el contexto de la pornografía. Allí, Dworkin consideró la noción de objeto desde la perspectiva psicológica de la transicionalidad (1988). MacKinnon, por su parte, analizó las implicancias que tiene la *objectification* a nivel moral, político, social, económico y legal, ampliando el ámbito de su interrogación a la violación sexual y la dominación en general de las mujeres[1]. En estos desarrollos la *objectification* tiene una valoración moral y social negativa, inscribiendo como precedente la concepción kantiana de las relaciones sexuales. Kant señalaba enfáticamente que la inclinación sexual es tan poderosa que lleva a un ser humano a convertir en objeto de placer a otro, y recusaba el sexo fuera del matrimonio dado que si un «hombre» se ofrece como objeto sexual a otro pone en peligro su condición de ser humano[2]. Más adelante, Martha Nussbaum amplió el sentido de la *objectification* y señaló que bajo ciertas especificaciones esta es moralmente problemática, pero que bajo otras tiene características que pueden ser buenas o malas en dependencia del contexto general (1995: 251). Sin abandonar el ámbito de la moral, identificó siete formas a través de las cuales una persona puede ser tratada como objeto: instrumentalidad, negación de la autonomía, inercia, canjeabilidad, violabilidad, propiedad, negación de la subjetividad. Sin embargo, no estableció ningún criterio que explicara la génesis de estas formas. Probablemente porque no interrogó el estatuto de objeto o de cosa que le otorga la *objectification* al ser humano, aun cuando resaltó que comporta el acto de «convertir en una cosa», es decir, tratar *como* cosa lo que realmente no es una cosa (1995: 257)[3].

---

[1] MacKinnon 1987; 1989; 2006.

[2] Kant (1989: § 24-27; 1988: 203-209). Para evitar una confusión, se debe precisar que Kant formulaba su reflexión en un registro lingüístico que subsumía las diferencias genéricas en la condición universal de hombre como humano. La lengua del patriarcado. Aquí, cuando dice que un «hombre» se ofrece como objeto sexual, se refiere sobre todo a una mujer.

[3] Hay que destacar que Nussbaum considera posible otras formas de *objectification* distintas de la sexual (1999: 221-223). Pero cuando compara a una prostituta

La objetificación guarda afinidad con fenómenos como la reificación y la objetivación, sin ser necesariamente equivalente. La *cosificación* o *reificación* (*Verdinglichung*) se comenzó a identificar desde el análisis del cambio de relación entre el trabajador y el trabajo en el contexto de la Revolución Industrial[4]. Karl Marx retomó la noción de alienación (*Entäußerung*) de Hegel, que había sido pensada en la formulación de la teoría del reconocimiento y el desarrollo de la autoconciencia (2009: 286-301), y la reformuló en este nuevo contexto. Primero afirmó: «El trabajo no solo produce mercancías; se produce también a sí mismo y al obrero como *mercancía*» (1980: 105). Y este proceso trajo un cambio en las relaciones laborales: «La realización del trabajo aparece [...] como *desrealización* del trabajador, la objetivación como *pérdida* del *objeto* y servidumbre a él, la apropiación como *extrañamiento* [*entfremdung*], como enajenación [*entäußerung*]» (1980: 105-106). Más tarde en *El capital* ahondó este análisis afirmando que en un bien «está objetivado [*vergegenständlicht*] o materializado trabajo abstractamente humano» (2009: 47)[5]. Georg Lukács retomó la noción de enajenación o alienación, y para acentuar aún más el

con una filósofa en tanto ambas ofrecen «servicios corporales» retribuidos (sexo y pensamiento), no considera la posibilidad de la *objectification* en el pensamiento, a pesar de que con la comparación sí la sugiere (1999: 280-288). Por otro lado, se ha intentado conciliar las posturas de MacKinnon y Nussbaum en cuanto al alcance que pueda tener la *objectification*. Véase al respecto Papadaki 2010.

[4] El término alemán *Verdinglichung* se ha traducido al español como cosificación, que expresa su significación literal. Sin embargo, en inglés aparece traducido como *reification*, en francés como *réification* y en portugués como *reificação* (siguiendo la raíz latina de cosa, *res, rei*). Luego, hay un uso contemporáneo en español donde, *grosso modo*, se puede diferenciar entre cosificación (convertir a alguien o algo en cosa) y reificación (convertir a alguien o algo en mercancía). Una tendencia reciente sustituye la cosificación con la reificación, como se observa en las traducciones de las obras de Virno y Honneth sobre la reificación.

[5] Cabe señalar que los términos del alemán *Entäusserung* y *Vergegenständlichung*, aparecidos en la obra de Hegel y Marx, se han traducido al inglés como *alienation* y *objectification* (aunque a veces el primero también como *objectification*) mientras que al francés como *aliénation* y *objectivation*, como ocurre en español.

carácter de esta objetivación propuso el término cosificación (*Verdin-glichung*). Con este se refiere a «un fenómeno fundamental *general* y estructural de *toda* la sociedad burguesa» (1970: 125). La cosificación deshumaniza al trabajador y tiende a sustituir su condición de sujeto en todo momento de su vida social.

En el presente siglo, Paolo Virno expande la significación de la reificación hasta considerarla como un modo de ser particular del sujeto humano. En «Elogio de la reificación», señala que la cosa «da semblanza empírica a los aspectos de la subjetividad que huyen sistemáticamente de la conciencia precisamente porque constituyen los *presupuestos* o las *formas* de esta última» (2005: 146). Por ello llega a afirmar que «La reificación es una condición ontológica» (2005: 173)[6]. Contemporáneo a Virno, Axel Honneth retoma la reificación en un ensayo que actualiza el desarrollo de Lukács, y en particular la evaluación que habría hecho este de la reificación no como un asunto moral, sino como un «desacierto en una praxis o en una forma de actitud humana» (2007: 19)[7]. Desacierto que es redefinido por Hon-

---

[6] Sobre todo, analiza la condición del lenguaje y pensamiento verbal como fenómenos cósicos: «El pensamiento verbal no busca un cuerpo cualquiera (este o aquel sonido articulado) para volverse fenómeno y *res*, sino que es en sí mismo corpóreo, fenoménico, cósico; se identifica, entonces, con el trabajo de los pulmones y de la epiglotis, que produce los sonidos articulados» (2005: 158). El lenguaje como *res*, cosa sensible, en relación con el devenir signo (semiosis), implica que la materialidad se hace signo. Contra aquella concepción extendida de la subjetividad como opuesta a la reificación, Virno señala: «Las estructuras portadoras de la subjetividad no se *vuelven* cosas con el transcurso del tiempo: lo *son* desde el principio» (2005: 173). Lo formula así porque identifica que un determinado idealismo comprende la subjetividad como interioridad y la reificación como exterioridad. Virno deconstruye estos términos al considerar que la subjetividad solo es tal en tanto se manifiesta exteriormente, es decir como reificación.

[7] Señala que el análisis de Lukács «aporta la explicación socio-ontológica de una patología de nuestra praxis de vida» (2007: 20). De allí se sigue que Lukács supondría que «la reificación representa no ya una forma incorrecta de una praxis vuelta hábito, sino una costumbre de interpretación incorrecta respecto de una praxis "correcta"» (2007: 45).

neth como «olvido del reconocimiento» (2007: 96), donde se olvida el estatuto previo de ser humano de quien ha sido reificado/a.

El término *objetivación* designa un fenómeno general de conversión a objeto y se problematiza sobre todo en los ámbitos de la metafísica y la epistemología. Se expresa en la conversión de sujetos, fenómenos y relaciones humanos en objetos de estudio, particularmente en la conversión de la consciencia de sí en objeto en relación con la interioridad y la exterioridad (Hegel) y en la relación sujeto-objeto del conocimiento. El sentido de *objetivación* aparece en los términos *Vergegenständlichung* del alemán y *objectivation* del francés, que se han traducido al español indistintamente como cosificación y objetivación. Es el caso de la problematización del conocimiento que hace Theodor Adorno en *Dialéctica negativa* o cuando Claude Lévi-Strauss sugiere su sentido al señalar que la antropología es hija de una era de violencia, en la que una parte de la humanidad se arrogó el derecho de tratar a la otra como objeto (*objet*) de conocimiento (1987: 56). Por su parte, Pierre Bourdieu le ha otorgado al término algunas veces una diferencia notoria con reificación y cosificación. Por ejemplo, cuando señala que «La descripción etnológica de un mundo social a la vez suficientemente alejado para prestarse fácilmente a la objetivación [*objectivation*]…» (2000: 73), se refiere claramente a la distancia necesaria para concretar un objeto de estudio. Del mismo modo, cuando analiza la acción objetivadora que cumple la mirada social (1986: 186). Ahora bien, hay momentos donde no lo usa, como cuando se refiere a la conversión de las mujeres en objetos como acción y constitución propia de la dominación masculina: «existe una asimetría radical entre el hombre, sujeto, y la mujer, objeto del intercambio; entre el hombre responsable y dueño de la producción y de la reproducción, y la mujer, producto *transformado* de ese trabajo» (2000: 62). Tampoco identifica esta transformación y conversión como reificación.

En estos desarrollos el ser humano convertido en objeto es presentado como consecuencia de una serie de prácticas sociales y culturales, pero no se interroga la naturaleza misma del objeto humano en tanto cuerpo. La reducción del sujeto a su cuerpo es sugerida, aludida o directamente mencionada. Se señalan algunas causas y consecuencias, sociales, culturales y metodológicas; pero no se examina cuál es el proceder simbólico de esta reducción. No se cuestionan la naturaleza del cuerpo o algunas características del cuerpo sobre las cuales operan la reificación y objetivación. Tampoco es relevante el análisis del comportamiento como cosa u objeto de quien sufre su acción, ni la forma cómo se la consiente o no, ni la manera cómo se la enfrenta. Es decir, no se examinó de manera suficiente la agencia del ser humano en tanto es reducido a cosa u objeto contra su voluntad, o en tanto acepta esta condición y se comporta como cosa u objeto. Y no se hizo porque los presupuestos eran otros, porque la investigación iba sobre todo orientada a explicar la naturaleza de fenómenos sociales y culturales, o porque el fenómeno fue contemplado como derivado o consecuente de otro mayor, o no contemplado dentro del marco de una ontología social. En nuestro trabajo intentaremos dar cuenta de esta problemática a partir de la objetificación[8].

En la filosofía se han planteado dos preguntas que son fundamentales para nosotros: ¿cuál es la relación *original* del ser humano con el mundo? Y ¿qué ocurre cuando nos relacionamos con los otros antes de saber lo que los otros son para nosotros? Desde la Teoría del reconocimiento, Honneth respondió:

> en nuestro accionar nos relacionamos con el mundo previamente no en la postura del conocimiento, neutralizada en el plano afectivo,

---

[8] Dipesh Chakrabarty, en sus reflexiones sobre el cambio climático y la nueva era planetaria, observa también la ausencia de una «teoría material del cuerpo» en los Estudios Subalternos y en general en el pensamiento occidental moderno, que no permite pensar la relación entre los seres humanos y otros vivientes (animales, plantas, microbios) o incluso no vivientes, como los ríos y lagos (2021: 125-126). ¿Cómo pensar en términos teóricos (no míticos) la relación de los narradores y personajes de la obra del escritor peruano José María Arguedas, y de él mismo, con los puentes, ríos, patos de altura o un chancho, si no se tiene una noción de cuerpo y existencia apropiada?

sino en la actitud de la aflicción, del apoyo, teñida existencialmente: a los datos del mundo que nos rodea les asignamos primero un valor propio, que nos lleva a estar preocupados por nuestra relación con ellos. (2007: 55)[9]

Honneth ubica el «reconocimiento» como previo al conocimiento y como condición de posibilidad de la objetivación del pensamiento o del «pensar observador» (que sería la acción que inscribiría la reificación y la representación). Esta conducta original o «postura de implicación» que es el «reconocimiento previo» refiere una valoración propia del mundo y de los otros/as, no entendida en el sentido de un proceder egocéntrico, sino de una preocupación que está atenta a la relación con los demás. El reconocimiento previo, así formulado, cuando se trata del otro/a va en la dirección de comprender-inscribirlo/a en términos positivos, es decir, en su calidad de ser sujeto y no objeto. «Una postura de reconocimiento es expresión de la valoración del significado cualitativo que poseen otras personas o cosas para la ejecución de nuestra existencia» (2007: 56). De allí deriva su valoración de la reificación como «olvido del reconocimiento previo», ya que apela a un reconocimiento de la calidad de sujeto dado anteriormente.

Sin embargo, se presenta un problema de fondo cuando se considera que entre los seres humanos unos usan a otros como objetos sin reconocerlos previamente como humanos o plenamente humanos o humanos-como-yo, particularmente en situaciones de esclavitud o en la valoración de figuras extremas de la servidumbre (siervos, pongos; trabajadores cautivos, trata de personas) o de las mujeres a lo largo de la historia. La teoría del reconocimiento arrastra este *pecado original* desde Hegel.

---

[9] Nos guiaremos por lo que Honneth entiende y define como «reconocimiento» en relación con la reificación, pero no por el desarrollo de su propia teoría del reconocimiento hecho en otro trabajo (1997).

En *Recognition*, Honneth revisa y construye la historia conceptual del reconocimiento. Este se daba entre seres iguales o entre iguales y otros que aspiraban a igualarse socialmente. Incluso fechó este fenómeno en la Francia de Luis XIV, señalando la escena *original* del reconocimiento: «El nacimiento de la teoría del reconocimiento en el pensamiento francés se dio cuando los miembros de la nobleza comenzaron a mirar con recelo las técnicas de los demás para presumir y ganarse el favor de la corte» (2021: 16). Honneth se fija particularmente en Rousseau, quien hizo una primera descripción de este proceder como «amor propio» en *Origen de la desigualdad entre los hombres*, definiendo de esta manera la perspectiva de quien busca el reconocimiento (2021: 18-38). Más tarde, Hegel, el gran teórico del reconocimiento (*Anerkennung*), lo abordó desde una perspectiva intersubjetiva en términos del despliegue de la autoconciencia y un reconocimiento mutuo, en el sentido de que quien reconoce al otro/a se reconoce también a sí mismo/a. Y añadió, como un caso particular, la relación entre el señor y el siervo, donde *no* se manifestaba un reconocimiento mutuo (2009: 286-301). Desde esta perspectiva continuaron una serie de desarrollos hasta décadas recientes, donde se reformuló de acuerdo con las condiciones contemporáneas[10].

---

[10] Hegel señalaba la instrumentalidad del siervo, pero no continuó con su reflexión a pesar de que Kant ya había enfatizado que un imperativo categórico era considerar al hombre como un fin en sí mismo y no como medio: «Yo sostengo lo siguiente: el hombre y en general todo ser racional *existe* como un fin en sí mismo, *no simplemente como un medio* para ser utilizado discrecionalmente por esta o aquella voluntad, sino que tanto en las acciones orientadas hacia sí mismo como en las dirigidas hacia otros seres racionales el hombre ha de ser considerado siempre *al mismo tiempo como un fin*» (2012: Ak IV, 428: 137). El imperativo kantiano fundamentado en una mirada moral traía como consecuencia no considerar la instrumentalidad del ser humano como una condición de las relaciones humanas. Hegel, por su parte, reflexionaba sobre la experiencia de la autoconciencia, tomando como un caso particular y en un sentido casi metafórico la relación entre el señor y el siervo, pero no elaboró más en esta línea. Solo afirmó la posibilidad de que el siervo desplegara su autoconciencia y se autonomizara del amo, pero

Uno de estos desarrollos es la teoría de Honneth sobre la *lucha por el reconocimiento*, donde se propone tanto la construcción del yo afincada en la autoconfianza, el autorrespeto y la autoestima, como una teoría intersubjetiva de lo social (1997)[11]. En otro desarrollo, Paul Ricœur encuentra una acepción particular en la lengua francesa para el término reconocer, «gratitud» (que vale igual para el español), que no se contempla en las lenguas inglesa y alemana. A partir de allí, sugiere pensar otras formas del reconocimiento mutuo en el sentido de la gratitud (2005). Además, Ricœur advierte un problema. Con la ayuda de Taminiaux, observa que en Hegel se dan dos momentos del reconocimiento (que se han mantenido hasta el presente): el que implica el reconocimiento del individuo en cuanto «viviente», que es puramente formal, y el de la relación de «dominio y servidumbre», considerada como la potencia más alta del reconocimiento porque es real y es la de la diferencia (2005: 185-186). Sin embargo, Ricœur no problematiza este aspecto y solo le presta atención a su inestabilidad.

Por su parte, Judith Butler distinguió un fenómeno que se inscribe en el sentido del reconocimiento y se da en relación con una «vida precaria» (*precarious life*). Una vida que nunca alcanza el reconocimiento y que, por tanto, no estaría afecta a un «olvido» del reconocimiento previo, si usamos los términos de Honneth. Butler denomina a este fenómeno «aprehensión», en el sentido de que aprehende algo que «no es reconocido por el reconocimiento», aunque viene «facilitado

---

sin analizar más la forma de este proceso. Tal vez esta insuficiencia, y no solo en Hegel, podría haber estado alentada por la problemática de la definición de lo que era un «ser racional» en un contexto donde el colonialismo era ya una forma de dominación establecida. La instrumentalidad asignada a algunos humanos habría quedado justificada frente a su no valoración como seres racionales o verdaderamente «hombres».

[11] Rancière señaló un problema en este desarrollo, que podría hacerse extensivo a otros, a saber, que la condición del sujeto se presenta como autoconstruida obviando la participación del otro/a (Honneth & Rancière 2016: 83-95). También Luis A. Zúñiga (2018) destaca la necesidad de complementar esta teoría en relación con la crítica cultural y la crítica ideológica.

por las normas del reconocimiento»[12]. Al igual que Honneth, Butler
caracteriza el reconocimiento en relación con el conocimiento, y la
aprehensión manifestaría solo una aproximación o una insuficiencia frente al conocimiento. Se inscribe aquí un rango que va de un
conocimiento impreciso, afectivo o sensorial, a un conocimiento
conceptual. Presenta como ejemplo la «capacidad de ser llorada» (*grievability*) de una vida como precedente que genera la aprehensión del
ser vivo en cuanto vivo, donde esta capacidad es un presupuesto para
toda vida *que importe* (2010: 32-33). Esto implicaría una aprehensión
donde el reconocimiento se da plenamente en lo afectivo, pero no es
suficiente para el conocimiento conceptual o no se da bajo una forma
que a este le competa. La aprehensión, a diferencia del reconocimiento
de Honneth, designa otra posibilidad de inscripción de la calidad de
lo humano, la de una «vida precaria». Esta inscripción no tendría el
estatuto pleno del reconocimiento, aunque viniera «facilitada» por sus
normas. Sin embargo, la aprehensión sigue manteniendo como lugar
de enunciación y despliegue del punto de vista el del sujeto que no es
precario, y la precariedad siempre resulta atribuida al otro/a, al que
no tiene o casi no tiene agencia[13]. La precariedad es una condición,
es pasiva, no se contempla la reacción. En trabajos posteriores, Butler

---

[12] Butler señala: «Puede implicar, marcar, registrar o reconocer sin pleno
reconocimiento. Si es una forma de conocimiento, está asociada con el sentir
y el percibir, pero de una manera que no es siempre –o todavía no– una forma
conceptual de conocimiento. Lo que podemos aprehender [*apprehend*] viene, sin
duda, facilitado por las normas del reconocimiento; pero sería un error afirmar
que estamos completamente limitados por las normas de reconocimiento en curso
cuando aprehendemos una vida» (2010: 18).

[13] Utilizo «tener agencia» en un sentido general, como la *capacidad* de actuar
de alguien frente a la intervención o manifestación del poder en una situación que
le concierne. Asimismo, la agencia sería la *acción* misma en estas circunstancias.
Ese sentido se deriva sin duda de la noción de sujeto del primer Foucault y de la
de agencia de Butler, que se configuran en relación con el poder y las políticas de
la identidad, respectivamente. Más adelante consideraremos la noción de *cuidado*
como más adecuada para la objetificación.

aborda la posibilidad de la agencia, pero ya dentro de la condición de vulnerabilidad (*vulnerability*) que sería propia a todo ser humano. Aquí, alejándose de la teoría del reconocimiento, señala la capacidad de agencia del cuerpo vulnerable en su conjunción con otros cuerpos vulnerables en asambleas públicas, que adquieren así una formulación política, como es el caso que presenta de las protestas públicas por el asesinato de estudiantes de Ayotzinapa, México, y podemos agregar, el de las protestas contra el gobierno de Dina Boluarte en el Perú, que trajeron como consecuencia el asesinato de decenas de manifestantes entre diciembre de 2022 y febrero de 2023[14].

La Teoría del reconocimiento estuvo marcada por un origen histórico de clase, luego se pensó en el sentido del despliegue de la autoconciencia en Occidente, y de ahí se proyectó hasta alcanzar a configurar el contenido y los límites de la sociedad moderna y la *humanidad*. Siempre desde la enunciación y punto de vista, tanto en la reflexión como en la casuística, de la valoración de *unos* humanos con respecto a otros como *sus* iguales[15]. Sin embargo, en su formulación teórica de pretensión universalista no incluyó la experiencia de siervos, esclavos y mujeres, ni mucho menos la de los seres humanos sometidos por el

---

[14] Véase Butler 2015 y 2016.

[15] Dentro de la crítica a la Modernidad efectuada en Latinoamérica, hubo claras objeciones a formulaciones etnocentristas y clasistas como las de la Teoría del reconocimiento. Menciono algunas de las más destacadas: A. Césaire llevó a cabo una crítica al colonialismo (2006); E. Dussel recusó el ordenamiento moderno (1994 y 2013); Aníbal Quijano describió la dinámica y las alianzas de la dominación (1988 y 2000b); S. Castro-Gómez realizó una crítica al universalismo abstracto (1996); los estudios decoloniales se lanzaron a descolonizar las sociedades latinoamericanas del pensamiento occidental: E. Lander 2000 y Castro-Gómez & Grosfoguel 2007; W. Mignolo exploró sus raíces en el Renacimiento (1995). Sobre las mujeres, R. Segato realizó una crítica a la intervención del colonialismo y patriarcado modernos en el «mundo-aldea» (2016). Fuera de Latinoamérica, cabe destacar el trabajo de C. Pateman, que recusó contundentemente el contrato social moderno desde la perspectiva del no reconocimiento social de las mujeres (1995).

colonialismo, ni la de otras regiones del mundo[16]. Cabe preguntarse, entonces, ¿qué ocurre con el reconocimiento de los que no estaban o están considerados dentro de esta sociedad imaginada por la teoría del reconocimiento? Esto es, los que no eran sujetos, sino objetos humanos que sostenían con su trabajo directa o indirectamente a esta sociedad (esclavos africanos, colonos y pongos de las sociedades andinas coloniales, las mujeres, la mitad de la humanidad), y los que son objetos hoy en día voluntaria o forzadamente (trabajadores cautivos, trata de personas, vientres de alquiler, etcétera).

¿O es que la teoría del reconocimiento finalmente no es apropiada para estudiar las relaciones humanas?

La Teoría del reconocimiento ha sido muy productiva en los últimos treinta años[17]. Pero no contempla la relación entre el modo de ser sujeto y el modo de ser objeto, ni tendría por qué hacerlo dado

---

[16] Hegel señaló claramente que entre el señor y el siervo no había reconocimiento mutuo. Afirmó esto y reflexionó, además, sobre el sentido de la libertad, sin considerar fenómenos históricos que tenían lugar en ese momento como la revolución haitiana, a la que tuvo en mente cuando escribía sobre el tema. Y no solo él ignoró este evento, sino que hasta ahora ha sido borrado o ignorado como parte de su contexto de pensamiento, como ha señalado Buck-Morss. Más de cien años antes, el cronista indígena Guamán Poma de Ayala escribía sobre el mismo tema en *Nueva corónica y buen gobierno*, donde, entre otras cosas importantes, buscaba el reconocimiento del valor (en todos los niveles de la vida social) de los pobladores andinos ante el rey de España. Si Rousseau y Hegel hubieran leído esta crónica (un contrafactual, dado que su publicación fue posterior) seguramente hubieran pensado algo muy diferente sobre la desigualdad, el «amor propio» y el reconocimiento. Y sobre todo, Hegel no habría concluido que «los americanos [léase indígenas] viven como niños, que se limitan a existir lejos de todo lo que signifique pensamientos y fines elevados» (2005: 269). Dussel hizo una crítica contundente a esta mirada de la historia de Hegel y también, por tanto, al «mito» de la Modernidad, señalando que se fundaba en una conducta «eurocentrista» y una «falacia desarrollista» que pretendían encubrir al otro (1994: 19-30).

[17] Particularmente en los estudios sociales en alemán, inglés y francés. Por ejemplo, Honneth 1997 y 2021; Ricœur 2005; Fraser & Honneth 2006; Butler 2009; Benjamin 2018; Taylor 1994; Gutmann 1994.

que no está dentro de sus presupuestos (exceptuando la noción de *vida precaria* de Butler). Esto genera un problema mayúsculo cuando se trata de reflexionar sobre las relaciones humanas con respecto a la libertad, la dominación y la política. Dicho esto, debemos señalar que no se trata de hacer una impugnación de la Teoría del reconocimiento; por el contrario, algunas de sus reflexiones serán útiles en el análisis de la objetificación que desarrollaremos a continuación. Asimismo, el señalamiento que hacían Adorno y Honneth, cada uno de manera independiente, sobre la necesidad de «respetar» o atender el «significado» que los otros les dan a los objetos, y más aún cuando los objetos son los otros mismos –es decir, lo que el otro/a piensa de haber sido convertido/a en objeto–, tiene el cariz de no haber sido analizado a fondo. Sobre todo, en una problematización de los marcos cognitivos que incluya efectivamente la agencia del otro/a en la estructura del conocimiento. En ese sentido, la objetificación será radicalmente para nosotros un fenómeno definido en su estructura como intersubjetivo.

Ahora bien, ¿cuál es el lugar que ocupa el presente trabajo en el contexto de estas teorizaciones? Responderé que es una reflexión que aborda el carácter discursivo de la objetificación. Es decir, examina el trabajo y los mecanismos simbólicos que participan en los procesos de vislumbramiento, inscripción y uso de los seres humanos como objetos, y en la respuesta que estos dan a la objetificación. Intenta describir sobre todo *cómo* se produce la objetificación y no las causas que la generan. O en otras palabras, describir la estructura y elementos de la objetificación, y cómo se produce discursivamente.

Por otro lado, mi formación y labor crítica afincada en los estudios literarios, la teoría discursiva y la teoría cultural han desplegado seguramente una forma de problematización, argumentación y lectura del fenómeno distinta a la de otras áreas de estudio. Tal vez esto haya traído como consecuencia el no haber estado lo suficientemente atento a cómo se presentan y discuten algunos temas en otros campos de investigación. Esta es, por tanto, una limitación de mi parte.

Sin embargo, este trabajo es una propuesta abierta a la discusión y probablemente, por una razón u otra, necesitará modificaciones, correcciones o un mayor desarrollo de algunas de sus formulaciones.

El libro consta de dos partes. En la primera se presentan los presupuestos básicos de la objetificación y el uso de seres humanos como objetos, así como los ámbitos de la reflexión y el análisis. La segunda presenta el examen de tres casos que permitirán comprender la dimensión del fenómeno de la objetificación en la vida humana, y además tiene como objetivo mostrar el alcance de la teorización propuesta. El primero de esos capítulos analiza la mirada objetifica-dora de Cristóbal Colón desplegada durante su primer viaje, la que inicia la objetificación y sometimiento de los cuerpos americanos. El segundo examina la película *La teta asustada*, donde se presentan una serie de objetificaciones y auto-objetificaciones del cuerpo de la mujer que señalan su condición objetual en el mundo contemporáneo. El tercero aborda la película *NN: Sin identidad* para continuar con la reflexión de la objetificación, en este caso en relación con la muerte como objetificación radical y la elaboración de la memoria.

Además, el cuerpo del texto está interrumpido por secciones deno-minadas «Nudos de anclaje», inspiradas en los nudos que se usaban en los antiguos quipus andinos para asegurar las cuerdas colgantes a la cuerda principal. Son desarrollos bastante autónomos con res-pecto al texto general, sin los cuales nada de lo que aquí se presenta hubiera sido posible.

Finalmente, quiero señalar que se ha intentado desarrollar una escritura genéricamente inclusiva, al menos hasta donde me ha sido posible. Utilizo la fórmula que puede observarse en el uso indistinto de otro/a u otra/o, y en algunas situaciones el leísmo («le») es validado como medio para inscribir la innecesariedad de precisar el género.

Primera parte

La objetificación de los seres humanos

Los seres humanos desde que nacemos y a lo largo de nuestra vida objetificamos y somos objetificados. Convertimos a los otros en objetos para nuestro uso y somos utilizados por los otros como objetos. La objetificación aparece prácticamente en todas las facetas de la vida cotidiana. Por ejemplo, cuando una pareja hace el amor, un cirujano opera a un paciente, se practica deportes, se recluye a alguien en una prisión, o una persona contrata a otra para un trabajo; y también en situaciones violentas donde su manifestación es cruenta, como una violación sexual o el etnocidio. La objetificación es el fenómeno intersubjetivo que configura hoy más que nunca el paisaje social humano. Las relaciones de intercambio económico-laboral y el uso de los cuerpos, o la relación entre seres humanos y máquinas, seres humanos y dispositivos electrónicos, seres humanos y no humanos, hacen que unos sean instrumentos de los otros y los otros de los unos, generando distintos modos de ser y de vivir.

La objetificación que analizaremos aquí parte de la consideración de dos formas fundamentales de ser humano: ser sujeto y ser objeto. El ser objeto se manifiesta bajo distintas modalidades y en circunstancias diferentes, pero son dos los procedimientos del hacer humano que lo producen: la *instrumentación* y el *trabajo*.

Si imaginamos una escena originaria de la humanidad, se puede concebir a un ser humano ampliando y potenciando su capacidad corporal a través del uso de un objeto. Este objeto le permitirá, por ejemplo, cortar la piel de un animal muerto en lugar de hacerlo con los dientes, y tras su uso recurrente se convertirá en un cuchillo. Ocurre igual con otros objetos como un avión, un celular o las partes cibernéticas de un cíborg. La capacidad corporal se expande a través del uso de estos instrumentos.

El objeto puede ser también un animal. Un hombre montará un caballo para trasladarse en vez de hacerlo caminando, y este uso recurrente resultará en la instrumentación del caballo como medio de transporte. La instrumentación parte y se genera desde un cuerpo y es un direccionamiento de la acción hacia los objetos o hacia otros cuerpos. Como señalaba Merleau-Ponty, «el cuerpo es nuestro medio general de conocer el mundo» y su acción se manifiesta en diferentes niveles:

> Ora se limita a los gestos necesarios para la conservación de la vida y, correlativamente, propone a nuestro alrededor un mundo biológico; ora, jugando con los primeros gestos y pasando de su sentido propio a un sentido figurado manifiesta a través de ellos un nuevo núcleo de significación [...] Ora, finalmente, la significación apuntada no puede alcanzarse con los medios naturales del cuerpo; se requiere, entonces, que este se construya un instrumento y que se proyecte entorno de sí un mundo cultural. (1993: 163-164)

El cuerpo es una entidad biológica que en su actuar propone un entorno de la misma consistencia; es un dispositivo de significación basado en la experiencia corporal; y es un agente constructor de instrumentos con los cuales proyecta la cultura.

¿Pero qué ocurre cuando el instrumento es otro ser humano? Una persona contrata u obliga a otra persona a que cultive la tierra por ella, esta se convierte en su instrumento. Si la relación se expresa a través de un contrato (por ejemplo con un peón/a), el consentimiento le da cierta agencia a la otra persona; si la obliga o adquiere derechos sobre ella (un siervo/a o esclavo/a), la convierte en un ser sometido. También aquí, la capacidad corporal se expande a través del uso de la otra persona como instrumento. Esta instrumentación del ser humano señala entonces su figuración como medio para conseguir algo.

Hegel, en su reflexión sobre la relación entre el señor y el siervo, ya había mencionado esta mediación:

El deseo no conseguía eso a causa de la autonomía de la cosa; pero el señor, que ha intercalado al siervo entre la cosa y él, logra vincularse a través de tal intercalación tan solo con la no-autonomía de la cosa, y la disfruta en puridad [...] y el lado de la autonomía de la cosa se lo deja al siervo, que se encarga de trabajar la cosa. (2009: 295-296)

El siervo trabaja la cosa porque el deseo del señor no consigue acceder a la cosa a causa de la autonomía de esta. Hegel señala así que el deseo requiere una mediación para acceder a la cosa y esta es el trabajo del siervo. La instrumentación sería, por tanto, producto del deseo del señor por la cosa. Lo que sitúa al siervo y a la cosa en un nivel diferente al del señor: el de la objetivación, dado que son fijados como medios para el disfrute de la cosa. Esta condición objetivada del siervo la podemos asumir como su instrumentación/objetificación, es decir, como resultado de su producción como objeto[1].

La otra condición fundamental del hacer humano es el trabajo. Hannah Arendt lo definió en *La condición humana* como la acción que produce artefactos para el mundo:

Trabajo es la actividad que corresponde a lo no natural de la existencia del hombre, que no está inmerso en el constantemente repetido ciclo vital de la especie, ni cuya mortalidad queda compensada por dicho ciclo. El trabajo proporciona un «artificial» mundo de cosas, claramente distintas de todo el entorno natural. Dentro de sus límites se alberga cada una de las vidas individuales, mientras que este mundo está destinado a sobrevivir y trascender a todas ellas. La condición humana del trabajo es la mundanidad. (2009: 21)[2]

---

[1] Butler interpreta esto de una manera muy interesante: «sé tú [siervo] mi cuerpo para mí [señor], pero no dejes que me entere de que el cuerpo que eres es mi propio cuerpo. Aquí se cumple un mandato y un contrato de manera tal que las maniobras que garantizan el cumplimiento se encubren y olvidan inmediatamente» (2001: 48).

[2] Esta traducción y las que vienen a continuación han sido ligeramente modificadas para ajustar mejor el sentido con respecto al original.

El trabajo es una actividad no natural en el sentido de que no se relaciona con el ciclo vital y los procesos naturales. El trabajo proporciona el espacio vital individual y la vida humana se da dentro de sus límites, a diferencia de la permanencia del mundo que trasciende su existencia. En su hacer el trabajo produce objetos *nuevos* o que no son propios del mundo natural, como cuando un carpintero, con su trabajo, produce un banco[3].

La producción de estas cosas (artificiales) implica una orientación para ser instrumentadas o usadas de alguna manera, siempre y cuando se inscriban el hacer del trabajo y la existencia de la cosa producida dentro de un ciclo repetitivo que asegure su reproducción y por tanto su sentido (2009: 161-162)[4]. Es decir, la producción de una cosa participa de un proceso donde se da un momento anterior en

---

[3] Arendt distinguió el trabajo de la labor. Esta es la actividad correspondiente al proceso biológico humano ligada a «las necesidades vitales producidas y alimentadas por la labor del proceso de la vida. La condición humana de la labor es la vida misma» (2009: 21). Mientras que el trabajo corresponde a «lo no natural de la exigencia del hombre» y «proporciona un "artificial" mundo de cosas, claramente distintas de todas las circunstancias naturales» (2009: 21). Arendt se inspiró en el pensamiento griego clásico, donde el trabajo se consideraba como *uso de las manos* para la fabricación/producción de una cosa para el mundo, mientras que el *uso del cuerpo* (propio del *animal laborans*) era para satisfacer las necesidades de vida (por ejemplo, las tareas domésticas). Por otro lado, el *animal laborans* al satisfacer las necesidades de vida se veía atado a la naturaleza y por tanto no podía usar su cuerpo libremente como el *homo faber*, «motivo por el que Platón decía que los laborantes y los esclavos no solo estaban atados a la necesidad e incapacitados para la libertad, sino que tampoco podían dominar la parte "animal" de ellos» (2009: 127).

[4] Arendt agrega: «de las imágenes mentales que tan fácil y naturalmente se prestan a la reificación que no concebimos construir una cama sin tener antes alguna imagen, alguna 'idea' de una cama ante nuestros ojos internos, ni podemos imaginar una cama sin recurrir a alguna experiencia visual de una cosa real» (2009: 162). Arendt, en este aspecto, siguió a Marx: «Al consumarse un proceso de trabajo surge un resultado que antes del comienzo de aquel ya existía en la imaginación del obrero, o sea idealmente» (2009: 216).

el que aparece un modelo como precedente y otro momento donde se manifiesta la cosa producida a partir del modelo anterior. Es el caso del carpintero que fabrica un banco a partir de un modelo; incluso en el caso paradigmático de que vaya a inventar un banco (a producir esta cosa por primera vez en la historia), lo hará siempre a partir de modelos precedentes (otras cosas) que le servirán de base y le sugerirán la idea de banco.

¿Pero qué ocurre cuando una persona es usada como cosa u objeto? ¿Es también una producción del trabajo? Veamos: una persona se apoya en otra para subir a un caballo, ya sea solicitando su ayuda o aprovechando una determinada posición del cuerpo de la otra persona sin solicitárselo. Aquí tenemos una acción que no produce, no usa una cosa; la otra persona participa con una labor de ayuda, y si no se le solicitó la ayuda fue un aprovechamiento único, inédito. No se observa una acción parecida a la del trabajo ni una persona producida como una cosa. Sin embargo, no ocurría lo mismo cuando un pongo en una de las haciendas andinas se arrodillaba en el piso cumpliendo la función de un banco para que su patrón pudiera subir al caballo. Allí el pongo había sido convertido en un banco humano, esa era una de sus formas de servir y uno de sus modos de ser[5].

Se puede considerar que la situación del pongo era resultado de un hacer, una fuerza que lo *producía* como objeto humano para un uso determinado. Está el modelo anterior, un banco u otros pongos antes que él, y él mismo cumpliendo esa función de manera recurrente. Se ha hecho un trabajo *sobre* él que lo ha producido como un objeto. En el mismo sentido se puede considerar a las mujeres violentadas sexualmente durante el Conflicto Armado Interno en el Perú (1980-200)[6]: fueron producidas como objetos sexuales (ya desde

---

[5]   En el primer caso la acción se da a partir de la «comprensión de mundo» que tiene el cuerpo. Como señalaba Merleau-Ponty: «Mi cuerpo tiene su mundo o comprende su mundo sin tener que pasar por unas "representaciones", sin subordinarse a una "función simbólica" u "objetivante"» (1993: 156).

[6]   De ahora en adelante: Conflicto.

antes o en el momento mismo del acto). Incluso se dieron casos en los que algunas fueron retenidas para un uso sexual recurrente. Se las llamó cautivas.

¿Pero el hecho de que un pongo y una cautiva sean forzados a repetir una misma acción como objetos, implica necesariamente haber sido *producidos* por un trabajo? ¿Dónde se ubica el hacer de los otros que nos permite otorgarle el sentido de una producción?

Gonzalo Portocarrero, en su análisis de testimonios de trabajadoras del hogar del Cusco (muchas de las cuales entraron al servicio de niñas y tenían la condición de estar retenidas en casa de sus patrones), identificó una serie de «tácticas» empleadas por los patrones para someterlas: 1) «Procurar el aislamiento de la sirvienta y su reclusión dentro de la casa», «Asustarla, crearle desconfianza, reducir sus relaciones personales para que no tenga posibilidades de comparación; son medios para impedir que escape» (1985: 164-165). 2) «La expropiación sistemática del tiempo libre. El juego es asimilado al ocio y cuanto más aguanta la sirvienta más se le exige» (1985: 165). 3) «La violencia verbal y física [...] Para ello todo vale: las manos, los pies, el látigo, el ají, el agua hervida, la plancha y otros objetos contundentes» (1985: 165); y tiene un carácter étnico degradante: «India, chola puta» (1985: 165). Por último, 4) la manipulación del afecto: «En un medio a la vez pequeño y lleno de carencias se genera una sed tan grande por ser alguien ante los ojos de otro que un mendrugo de cariño se convierte en algo inapreciable por el que se está dispuesto a dar todo» (1985: 166).

Estas «tácticas» de los patrones son discursos y acciones concretos que afectan la autonomía, la libertad y los sentimientos de las sirvientas, operando sobre sus cuerpos y mentes con un objetivo definido: hacerlas dóciles y manipulables para la servidumbre. Las «tácticas» se pueden identificar claramente como actos procedimentales de un trabajo que producía objetos humanos para el servicio doméstico.

El trabajo de convertir/producir a alguien como objeto es un fenómeno particular diferente a cualquier otra forma de trabajo. No implica necesariamente formar o informar el cuerpo. No tiene como objetivo principal modelar la corporalidad produciendo una forma modificada o diferente, sino modelar y formar la conducta del cuerpo para que pueda cumplir con las prescripciones del uso. Es decir, no produce la corporalidad en sí como un nuevo objeto material para el mundo, sino que modula la conducta del cuerpo para hacerla adecuada a las necesidades y fines de quien usa el cuerpo[7]. Y este modelar afecta también las facultades mentales que gobiernan el cuerpo. En ese sentido, atenta contra la autonomía y libertad de quien recibe su hacer, y por ello mismo genera la reacción de este/a. La objetificación es esa forma de trabajo que produce objetos humanos[8].

Por otro lado, Arendt distinguió el trabajo de la *acción*, definiendo esta como la manifestación de lo político:

> La acción, la única actividad que se da entre los hombres sin mediación de las cosas o la materia, corresponde a la condición humana de la pluralidad, al hecho de que los hombres, no el Hombre, vivan en la tierra y habiten el mundo. Mientras que todos los aspectos de la condición humana están de algún modo relacionados con la política, esta pluralidad es específicamente *la* condición –no solo la *conditio sine qua non*, sino la *conditio per quam*– de toda vida política. (2009: 21-22)

La acción que se da entre los hombres sin mediación de las cosas conlleva la pluralidad y esta es la condición de la política. La idea de

---

[7] Aunque la modulación, a su vez, pueda influir en la percepción o modificación de la materialidad del cuerpo.

[8] Como se podrá observar más adelante, esta forma de trabajo o la objetificación guardan cierta relación con el disciplinamiento de los cuerpos estudiado por Foucault, pero a diferencia de este se considera aquí en los términos de la instrumentación y no en los del poder (y la instrumentación genera poder). Además, la objetificación en tanto fenómeno se asume como intersubjetiva dado que atiende a la reacción o resistencia a la acción de este trabajo, observando en la reacción o resistencia la naturaleza o las condiciones de la sujetificación, y no solo en el despliegue incontestado del poder (aunque este pueda ser el desencadenante o un elemento constitutivo, y provea el marco para la constitución del sujeto).

pluralidad sugiere la diferencia de unos hombres frente a otros, pero no implica examinar su modo de ser como hombres. Para Arendt, como para Aristóteles, la acción no está subordinada a la producción ni condicionada por esta: es un hacer libre cuya finalidad es ella misma. Entonces, ¿cómo nombrar a la relación entre hombres y objetos humanos en términos de la política?

Arendt retoma sin problematizarla lo suficiente la distinción aristotélica entre *poiesis* y *praxis*, y desde esta perspectiva no es concebible que el trabajo (la producción, *poiesis*), que es propio de la esfera de la familia (*oikos*), se presente en la esfera pública de los iguales (*polis*) donde se da la acción (*praxis*), que es *la* condición de «toda vida política». Para Aristóteles (como para Platón) la relación con los esclavos, los dominados, los objetos humanos, debía pertenecer al dominio privado, como generalmente fue. Liberarse de las labores implicaba e implica la producción de objetos humanos que se encarguen de ellas[9]. Sin embargo, en el mundo contemporáneo podemos decir que la política real, efectiva (ya sea como arte de gobernar a/entre los «hombres» o como ejercicio del poder), lidia directa e indirectamente con objetos humanos. O incluso a partir de su exclusión, como sostuvo de manera contundente Agamben: «La nuda vida tiene, en la política occidental, el singular privilegio de ser aquello sobre cuya exclusión se funda la ciudad de los hombres» (1998: 17)[10].

---

[9] En la teoría política de Platón y Aristóteles, la política no era un medio para ser libre, sino que había que liberarse de las necesidades para poder dejar la casa y participar de la *praxis* política con los iguales, los amigos (Arendt 2018: 61-102). Sin embargo, en el breve periodo de la democracia ateniense (y solo en ella) a partir de las reformas de Clístenes, los campesinos y ciudadanos comunes (aquellos dedicados a las ocupaciones *banáusticas*) también pudieron participar de la *praxis* política (Wood 2011: 52-56). Platón y Aristóteles, ambos de origen aristocrático, no *simpatizaban* con la democracia.

[10] Lo reconoce la misma Arendt: «Pero esta dominación [de los esclavos] no era ella misma política, aun cuando representaba una condición indispensable para todo lo político» (2018: 70).

Aquí volvemos otra vez a Hegel, y podemos parafrasearlo así: para que algunos humanos se tengan como fin a sí mismos/as, otros/as son objetificados/as. La objetificación de seres humanos es un fenómeno que se ha manifestado desde siempre. Ser objeto es una de las formas de ser humano/a como lo es también ser sujeto[11]. Entonces, ¿cómo pensar la política sin considerar internamente este condicionamiento previo? No hacerlo lleva de una u otra manera a que se manifiesten la dominación y el totalitarismo, como lo demuestran las experiencias del colonialismo, la esclavitud y los regímenes totalitarios contemporáneos. Por otro lado, considerar solo este condicionamiento, como lo hizo la teorización que va de Marx a la escuela de Frankfurt, decantándose por el aspecto histórico y sociológico de la dominación, deja la puerta abierta a otra dominación y totalitarismo[12].

La producción e instrumentación de objetos humanos debería considerarse dentro del ámbito de la *acción*, tal vez como el grado cero o el otro lado de la acción. Comparte con esta la misma naturaleza y las mismas condiciones de manifestación. Se da *entre* los seres humanos bajo el signo de la pluralidad y la publicidad en la esfera pública, y la lucha contra su imposición es del orden de la libertad[13]. Pero no es

---

[11] El término sujeto puede resultar excesivo o reductor si se lo asume como transhistórico. Lo que refiere aquí, sin embargo, además de oponerse a objeto, es a alguien que actúa y se inscribe a sí mismo/a en relación con los demás. Más adelante volveremos a este punto.

[12] Aquí sigo a Abensour, que hace una revisión del alcance y limitaciones de los paradigmas desde donde se piensa la política (filosofía política) y la dominación (teoría crítica) explorando las posibilidades de su conciliación (2007a: 92-94).

[13] Incluso Arendt reconoce la libertad como un objetivo político, aunque casi como excepción: «muy pocas veces constituida en el objetivo directo de la acción política —solo en momentos de crisis o de revolución—, la libertad es en rigor la causa de que los hombres vivan juntos en una organización política. Sin ella, la vida política como tal no tendría sentido. La *raison d'être* de la política es la libertad, y el campo en el que se aplica es la acción» (1996a: 158). Sin embargo, en la dominación la libertad puede ser también un objetivo político aun cuando la lucha no se llegue a cristalizar bajo la forma de la revolución y se manifieste solo como resistencia.

la *acción* propiamente dicha, no es una relación estricta entre pares (no tienen el mismo estatuto), sino instrumentación, por un lado, y resistencia y reacción a esta instrumentación, por el otro. Es en esto irrupción y discontinuidad. En todo caso, se orienta directa o indirectamente a una relación con los pares a través del objeto humano[14].

Desde otra perspectiva esto fue observado por Michel Foucault en su reflexión sobre la *biopolítica*. Foucault hizo notar que, a diferencia del postulado aristotélico del hombre como «viviente» y capaz de una «existencia política», «el hombre moderno es un animal en cuya política está puesta en entredicho su vida de ser viviente». El poder sobre la vida en la época moderna se manifestó de dos formas principales que no son antitéticas; la primera se centró en el cuerpo como «máquina» y la segunda en el «cuerpo-especie, en el cuerpo transido por la mecánica del viviente y que sirve de soporte a los procesos biológicos» (1999: 173, 178). Foucault detectó de esta manera un nuevo desarrollo de la instrumentación del cuerpo humano donde este fue gradualmente colocado al interior del dominio de la política. Giorgio Agamben retomó este punto y señaló, a su vez, que la pareja categorial fundamental de la política occidental no es más la

---

[14] Marx pensó de manera inseparable la *praxis* y la *poiesis*, y en esto identificó la acción como praxis revolucionaria enfocada en la lucha de clases. Para Arendt esto representó una reducción de la política a la condición de la necesidad y la superposición de esta por la dinámica de la historia (1996b: 85-95). Es enorme la literatura crítica y teórica sobre este asunto y no se abundará en ello. Solo señalaremos que la consideración de la instrumentación dentro del ámbito de la acción en los términos de Arendt que aquí se propone va en consonancia, por ejemplo, con nuevas propuestas como las de los filósofos colombianos Paredes Goicochea y Parra-Ayala, que señalan elementos en la obra de Marx que permiten pensar la acción más allá de la sobre determinación histórica y en atención a la contingencia. El primero, relee a Marx desde Arendt y Merleau-Ponty: «su pensamiento se define a partir del *materialismo práctico* que, al atender a la acción entre varios [pluralidad], renuncia a cualquier plan racional [la lógica de la historia] que pretenda regir la contingencia humana» (2017: 298); el segundo, encuentra un marxismo «abierto» donde se puede articular la producción con lo político (2021).

de amigo-enemigo (en referencia a la Grecia clásica), sino la de «nuda vida-existencia política, *zóé-bíos*, exclusión-inclusión». Y remarcó su centralidad en la definición de lo político: «Hay política porque el hombre es el ser vivo que, en el lenguaje, separa la propia nuda vida y la opone a sí mismo, y, al mismo tiempo, se mantiene en relación con ella en una exclusión inclusiva» (1998: 18)[15].

Las disciplinas que estudian la política y la dominación son enormes, complejas y de larga tradición en el mundo occidental. No es el propósito aquí definir el sentido de la política o siquiera sugerirlo; ello escapa al objetivo de este trabajo y a mi propia competencia. No obstante, se puede afirmar que, si se quiere pensar de forma integral la política, es decir, considerando todos los modos de ser en la pluralidad humana, debe interrogarse el sentido de la acción de manera interna en relación con la instrumentación y producción de objetos humanos (que lo son para los otros, no para sí mismos/as) y la resistencia que estos le oponen[16].

---

[15] Además, Agamben sostiene que la política se presenta como «la estructura propiamente fundamental de la metafísica occidental, ya que ocupa el umbral en que se cumple la articulación entre el viviente y el logos. La "politización" de la nuda vida es la tarea metafísica por excelencia en la cual se decide acerca de la humanidad del ser vivo hombre» (1998: 17-18).

[16] Abensour planteó ya este problema a partir de la oposición entre filosofía política (política democrática) y teoría crítica (dominación): «¿no conviene pensar la articulación entre el hecho de la dominación y lo político de forma interna, es decir, enlazándolo en el seno mismo de lo político? Con esta hipótesis, ha de entenderse que la forma política –democracia o república– puede encontrarse amenazada desde el interior por el resurgimiento de la dominación, no necesariamente totalitaria» (2007a: 89). Lo elabora más cuando dice: «yo pienso la política como una experiencia de la libertad, nacida de una acción en concierto donde se manifiesta la condición ontológica de la pluralidad [...] la nominación de la política en femenino la inclina a considerar una relación, un vínculo político, sobre todo bajo el signo de la libertad, por lo que la política así pensada se concibe como lo contrario a la dominación, como una lucha continua contra la dominación» (2012: 31-32; mi traducción). Asimismo, Paredes Goicochea pone énfasis en el vínculo de la emancipación (como derrota de la dominación) y la política

Considerando todo lo anterior, tomaremos como premisas para el análisis lo siguiente: 1) Un hacer particular humano afincado en la instrumentación y el trabajo, que produce a los otros como objetos para el uso propio atendiendo a su corporalidad, al que denominaremos objetificación; 2) La objetificación configura y se configura como un discurso y una práctica de dominación/resistencia; 3) La objetificación es un trabajo simbólico mediante el cual alguien que existe o ha existido es *producido* como objeto humano por acción del *uso* de su cuerpo efectuado por otros/as o por sí mismo/a.

Ob-jeción y objetificación

La objetificación produce objetos humanos, la reificación o cosificación cosas humanas y la objetivación objetos de conocimiento. ¿Es posible conciliar esto? ¿Cuál es la especificidad, si la hay, del objeto con respecto a la cosa? ¿Cómo podrían el cuerpo asimilarse a cosa y objeto?

Examinemos el sentido de estos términos considerando sus acepciones comunes y sobre todo que en la objetificación se privilegia la condición material del cuerpo como objeto y en la reificación la de la corporalidad como cosa (y aquí no hay que entenderlos simplemente como una reducción a lo orgánico o lo físico). El *DLE* registra para *cosa*: «Lo que tiene entidad, ya sea corporal o espiritual, natural o artificial, concreta, abstracta o virtual», «Objeto inanimado, por oposición a ser viviente». Para *objeto*: «Todo lo que puede ser materia de conocimiento o sensibilidad de parte del sujeto, incluso este mismo», «Aquello que sirve de materia o asunto al ejercicio de las facultades mentales», «Fin o intento a que se dirige o encamina una acción u operación», «Materia

---

con la libertad: «la emancipación no es así una solución última del problema de la dominación y de la explotación, sino que es un desarrollo vulnerable, siempre inacabado. Así, política y emancipación se vinculan a través de la experiencia de libertad que no escapa ni a la incertidumbre de la acción en plural ni al drama de vivir en sociedad» (2017: 301).

o asunto de que se ocupa una ciencia o estudio», «cosa». Y para *cuerpo*: «Aquello que tiene extensión limitada, perceptible por los sentidos», «Conjunto de los sistemas orgánicos que constituyen un ser vivo».

En la cosa destacaremos lo dado, lo que viene a la presencia ante nosotros como otro: «lo que tiene», «Objeto inanimado»; a diferencia del objeto, donde se advierte una orientación para algo: «lo que puede ser», «que sirve de», «Fin o intento a que se dirige», «Materia o asunto de que se ocupa»[17]. Desde la perspectiva de las propiedades materiales, la cosa *está*, *es* lo no viviente, la inercia misma, ya sea algo inerte o una reducción a la inercia. Con respecto a esta inercia, el objeto implica un no responder por sí mismo y, por tanto, en una dimensión, una reducción a la cosa; pero además, se orienta a un propósito el cual lo instrumenta o lo usa *para*.

La cosa se da como *algo*; ya sea que se designe como algo dado (una piedra) o se recorte y se dé como algo (¡qué cosa más linda ese conejo!; esa cosa [un problema, una situación] me molesta). En un sentido amplio todo puede ser una cosa, porque todo es algo, sea lo que fuere[18]. Por el contrario, el objeto se da o produce *para* algo (una persona como objeto sexual; un objeto de estudio; un lápiz), donde el carácter de la dación y la producción quedan determinados por la instrumentación, por el *para*. Incluso, una cosa puede ser producida como objeto (una piedra es un objeto contundente para romper una ventana; esta cosa [problema, situación] es *objeto de* mi desdicha, u *objeto de* atención)[19]. Sin embargo, dejamos de lado la acepción

---

[17] Siendo rigurosos, desde la percepción la cosa es también *recogida*: «una cosa no se *da* efectivamente en la percepción, es recogida interiormente por nosotros, reconstituida y vivida por nosotros en cuanto vinculada a un mundo» (Merleau-Ponty 1993: 340). El recoger tiene su correlato en el presentarse ante uno, designa la perspectiva del cuerpo que percibe que es la de la relación efectiva con el mundo.

[18] En términos ontológicos y según Heidegger, la cosa en tanto cosa *es* la *coseidad* de la cosa, la que condiciona a la cosa como tal, y la coseidad no puede ser cosa porque no puede condicionarse a sí misma, es incondicionada (2009: 26).

[19] Hemos optado por definir la cosa (lo dado, o recortado y dado) y el objeto (lo dado o producido *para*) en función de su relación con quien los percibe y la

que identifica al objeto con la cosa porque se da en la consideración sustancial de su materialidad y operan como sinónimos (este cuadro es un objeto, en el mismo sentido que es una cosa). El objeto en la objetificación sería en esencia *objeto-para*, donde el *para* sería constitutivo del ser objeto[20].

Poniendo el cuerpo en relación con la cosa y el objeto, se podría *dar* como una cosa (en la muerte) o *producir* como un objeto, que es lo que en realidad hacen la reificación, objetivación y objetificación. Pero ¿desde dónde se produce un modo de ser objeto? ¿Cuál es su inscripción o diferencia *originaria*?

Jean-Luc Nancy afirmaba en *Corpus*: «Los cuerpos son lugares de existencia, y no hay existencia sin lugar, sin ahí, sin "aquí", "he aquí", para *este* [...] el cuerpo *da lugar* a la existencia [...] Y, muy precisamente da lugar a que la existencia tenga por esencia no tener esencia» (2003: 16). Según esto, el «ahí», que luego será referido como cuerpo en la inscripción, es donde se *da lugar* a la existencia. O también, esta *radica* en ese lugar que se designa como cuerpo, siendo que el «aquí», el «ahí», está más allá, al otro lado o en el «límite absoluto» del sentido. Sentido donde se inscribe *mi cuerpo* (o yo y mi cuerpo), aunque mi cuerpo exista «ahí», como dice Nancy, «excrito» o escrito afuera, fuera de texto (2003: 14). Es por ello que puede afirmar que la existencia no tiene esencia: ocurre ahí, en la frontera, en el límite[21].

---

forma de su inscripción en el sentido. Reconozco que esta distinción podría ser deconstruida, así como está, en el par recortar/producir; sin embargo, la fuerza cognitiva de su inscripción la justifica. Más adelante analizaremos el producir cimentando mejor esta diferencia, al distinguir objetificación de representación.

[20] Esta definición de objeto recoge los sentidos de intencionalidad y referencialidad que le daba la escolástica, pero además conlleva centralmente el de instrumentalidad.

[21] Nancy, al igual que nosotros, se basa decisivamente en la reflexión de Merleau-Ponty sobre el cuerpo en relación con la *existencia*. Por ejemplo, cuando este señala: «Si el cuerpo puede simbolizar la existencia es porque la realiza y porque es la actualidad de la misma» (1993: 181); «La existencia es indeterminada en sí, a causa de su estructura fundamental, en cuanto que es la operación por

Si el cuerpo *da lugar* a la existencia de uno/a, pero no en un sentido positivo o esencial como hemos visto, ¿cómo se manifiesta la relación con el otro/a? ¿Qué rol juega el otro/a o su cuerpo? Según Nancy:

> Un cuerpo siempre es ob-jetado desde fuera, a «mí» o al prójimo. Los cuerpos son primeramente y siempre otros —al igual que los otros son primeramente y siempre cuerpos. Yo siempre ignoraré mi cuerpo, me ignoraré siempre como cuerpo justo *ahí mismo* donde «corpus ego» es una certidumbre sin reservas. A los otros, por el contrario, los conoceré siempre en tanto que cuerpos. *Otro es un cuerpo* porque solo *un cuerpo es otro*. (2003: 26)

Un cuerpo es siempre ob-jetado en el sentido de la objeción, el reparo, de *ser* sujeto o de residir en el ámbito del sujeto, y en el de *ser presentado* como otro. Uno/a ignora su cuerpo porque existe/es en el cuerpo y se da como cuerpo sin pasar por la consciencia cognoscente[22]. Por el contrario, los otros son conocidos en tanto que cuerpos, pero aquí cuerpo no implica necesariamente una valoración reducida a presentar solo la otredad o la materialidad o el contenido del «ahí» que reenvía al límite, sino que la ob-jeción al dar con el cuerpo, al presentarlo como tal, ejecuta una acción *contra* la pretensión de ser «cuerpo-sujeto»[23]. De hecho, Nancy sugiere que la ob-jeción es una

---

la que aquello que no tenía sentido toma sentido [...] no posee atributos fortuitos, no tiene un contenido que no contribuya a darle su forma, no admite en sí ningún hecho puro, porque es el movimiento mediante el cual los hechos son asumidos» (1993: 186).

[22] Merleau-Ponty también formulaba esto: «En cuanto ve o toca el mundo, mi cuerpo no puede, pues, ser visto ni tocado. Lo que le impide ser jamás un objeto, estar nunca "completamente constituido" es que mi cuerpo es aquello gracias a lo que existen objetos. En la medida que es lo que ve y lo que toca, no es ni tangible ni visible» (1993: 109-110). Sin embargo, como veremos, mi cuerpo sí puede ser parcialmente otro o un cuerpo-otro para mí.

[23] Nancy señaló, el cuerpo: «Siempre es "objeto", cuerpo ob-jetado precisamente a la pretensión de ser cuerpo-sujeto, o sujeto-en-cuerpo» (2003: 25).

suerte de acción de doble direccionalidad, de ida y vuelta: «La ob-jeción toca. *Ese* cuerpo, *ese* rasgo, *esta* zona de *ese* cuerpo me toca (toca «mi» cuerpo). Eso me gusta o eso me disgusta, eso me contraría o no, eso me intriga o no, eso me impresiona o eso me deja indiferente, eso me excita o me descompone» (2003: 26). Se entiende que la ob-jeción, al ob-jetar algo que se da como cuerpo y otro, implica desplegar y ser tocado por «ese» cuerpo. Ese cuerpo o zona del cuerpo viene hacia uno/a y se abre la posibilidad del fenómeno, de conocerlo, de valorarlo, de pronunciarse con respecto a él.

La ob-jeción se situará aquí como el primer movimiento, la dife-rencia originaria, antes del reconocimiento del sujeto y la objetifica-ción. El cuerpo no solo se inscribe como elemento constitutivo de lo que vendrá a ser un *modo de ser*: sujeto u objeto; sino que la ob-jeción (su hacer, despliegue o inscripción que da [con] el cuerpo mientras lo ob-jeta de ser cuerpo-sujeto), presenta a los otros como cuerpos y a los cuerpos como otros. Esto señala una relación *originaria* con el otro que *es* un cuerpo, pero que *podría ser* (todavía no lo es) un sujeto-en-cuerpo, adoptando el término de Nancy, o un objeto-*para*[24].

Desde aquí se puede considerar un momento de latencia desde el cual se iniciaría un conocimiento del cuerpo que conduciría a la ins-cripción del otro/a, orientándose ya sea en el sentido de la sujetificación, que constituye al sujeto en cuerpo, donde se reconoce el cuerpo del otro/a atado a *su* ego; o en el de la objetificación, que implica el endure-cimiento de la ob-jeción instrumentando-produciendo al otro/a como un cuerpo *para el uso*, es decir, como el cuerpo de alguien disponible *para el ego de quien ob-jeta*, y por tanto instrumentando-produciéndole como objeto en cuerpo *para mí* y cerrándose a su sujetificación[25].

---

[24] Nancy, en su formulación con respecto al ego, ya sugería esta posibilidad: «O bien el cuerpo es todavía solamente el "extenderse", y es demasiado pronto para el "propio", o bien ya está cogido en esta contraposición, y ya es demasiado tarde» (2003: 25).

[25] Se utilizará la noción de sujetificación en oposición a objetificación con respecto de la cual obtiene su sentido. Conforme se vaya configurando más el

Este devenir del ob-jetar o desde el ob-jetar hacia la objetifica-ción, como se analizará más adelante, implicará dejar de lado, no atender, la acción personal y la *historia propia* del otro/a y por tanto su singularidad como ser humano. El ob-jetar en su devenir hacia la objetificación *vislumbra* y trae a la presencia el cuerpo del otro/a como objeto *para* algo y, como tal, el cuerpo no se reconoce como propio de alguien en particular o se tiende a no reconocerlo como atado a una singularidad de la que depende su autonomía[26].

La manifestación de la ob-jeción genera un espacio abierto tanto al reconocimiento del sujeto como al *vislumbramiento* del objeto. Es decir, abre un lugar de inscripción para lo humano, donde se registrará su calidad de sujeto u objeto, o lo que se despliegue entre ellos o antes del objeto y más allá del sujeto. En los extremos de este espacio (que siempre pueden ser sobrepasados o antecedidos por la inscripción) se encuentran las posiciones radicales de *pureza* que lo delimitan: el objeto humano en tanto cosa, en el sentido de una entidad puramente material, sin vida, que no responde por sí misma (por ejemplo, un cadáver), donde se imponen los atributos materiales del cuerpo; y el inmortal, en el sentido de una entidad para la que es irrelevante esta materialidad y que responde por sí misma como si fuera una existencia que es pura conciencia, o como si el cuerpo ya no fuera más un lugar de existencia o se pudiera re-inscribir infini-tamente como lugar de existencia. La objetificación y sujetificación

---

sentido de la objetificación, también lo hará el de sujetificación.

[26] Aunque nuestro trabajo no se orientará en ese sentido, es inevitable pre-guntarse hasta qué punto el uso o la posesión de un cuerpo es la posesión de un individuo singular. Este es un dilema ontológico y moral. En Kant (1988) y un poco también en la *objectificaction* del feminismo estadounidense se ha discutido este tema; véase Dworkin 1987, McKinnon 2006, Nausbaum 1995 y Papadaki 2007. En otros casos, el tema de la posesión ha implicado históricamente la con-sideración del ser en los términos de cuerpo-alma, sujeto-objeto o *cogito*-cuerpo, y de nociones como vida y hombre (Heidegger 2006: 70-75) y también sujeto-en-cuerpo (Nancy 2003: 16-25).

serían por tanto operaciones que generarían un espectro de posibilidades de inscripción en este lugar, al que denominaremos *espacio de la sujetificación-objetificación* (S/O)[27].

Llegado hasta aquí y habiendo hecho un breve examen de la instrumentación, el trabajo y la ob-jeción, se pueden reconocer tres ámbitos de análisis de la objetificación como fenómeno, indesligables entre sí: 1) el discursivo en tanto la objetificación y la reacción que se *cuida* de ella, inscriben y prescriben la calidad de sujeto/objeto en términos simbólicos, es decir, su inscripción en el sentido; 2) el de la manifestación del fenómeno en la práctica cultural y social, en tanto la capacidad, acción y sentido de *cuidar de sí*, como el ejercicio mismo de la objetificación, adquieren significaciones sociales, políticas y culturales; 3) el de la conciencia de sí, que se da en los términos de la capacidad de acción, la exponibilidad del cuerpo y la consciencia de la narrabilidad, donde alguien se presenta a sí mismo/a como un Yo.

---

[27] Un caso de inscripción que se ubica en estos extremos (el cadáver y el inmortal) se presenta en el poema «Masa» de César Vallejo, donde se discute la consistencia de la existencia humana (véase al respecto Rivera 2023). También la figura del androide se inscribe en este espacio en tanto es un objeto en función de sujeto, pero en este último caso se inscribiría en el lugar donde estos extremos se encuentran.

Dominación en los Andes

Violencia sexual contra las mujeres

La violencia contra la mujer durante el Conflicto fue particularmente virulenta. El *Informe final* de la Comisión de la Verdad y Reconciliación (CVR) señalaba: «Las mujeres, por el hecho de serlo, fueron víctimas singulares de un conjunto de delitos y atentados contra su dignidad y sus DDHH que difieren de aquellos infligidos a los varones»; y ello se debió a «situaciones previas de desigualdad de género, étnicas y sociales» (2003b: 45). Estas desigualdades, y agregaremos también las formas anteriores de violencia específica contra la mujer, fueron las condiciones históricas que se concentraron al precipitarse las acciones del Conflicto. La violencia contra la mujer no fue simplemente el producto de la naturaleza criminal del Conflicto, sino que esta potenció otra violencia anterior, histórica, generando una agresión masiva y letal que probablemente no se vio desde la época de la Conquista.

De todas las formas de agresión contra la mujer, la de la violación sexual fue una de las más difíciles de contabilizar, a tal punto que llegó a casi invisibilizarse. Esto se debió a razones distintas como la vergüenza y el temor a denunciar el hecho por parte de la víctima, la disminución de su gravedad como crimen o violación de los derechos humanos por parte de las autoridades o algunos sectores sociales (ejecutando así una normalización generada por la violencia de género imperante), o incluso la desestimación de su gravedad por parte de algunas de las víctimas mismas. En algunos casos coincidió con otra «violación de derechos humanos (masacres, detenciones arbitrarias, ejecuciones arbitrarias, tortura) lo cual hace que se pierda el detalle de los casos de violencia sexual y se priorice el relato de las otras violaciones de derechos humanos» (2003d: 275). Aunque no pudo demostrarse numéricamente la amplitud de la violencia sexual contra la mujer, la CVR consideró que «la información cualitativa y tangencial permitirían afirmar que la violación sexual de mujeres fue una práctica generalizada» (2003b: 67)[1].

Por otro lado, la violencia contra la mujer tuvo un sesgo diferenciado según la afiliación política, militar y jerárquica de los perpetradores, y las características sociales y étnicas de las víctimas:

> Del lado del PCP-SL y el MRTA, las mujeres de las comunidades fueron víctimas de asesinatos indiscriminados y sometidas a un régimen de terror y obediencia. Las niñas y jóvenes fueron reclutadas a temprana edad para ser parte de los grupos subversivos obligándolas a realizar trabajos diversos. Además, fueron forzadas a uniones no deseadas y obligadas a permanecer contra su voluntad en sus filas. Muchas de ellas, usadas como guardias de seguridad de los senderistas, fueron también objeto de abusos sexuales. (2003b: 45)

De todas las formas de violencia contra la mujer, las fuerzas del Estado cometieron sobre todo violaciones y abusos sexuales, en muchos casos como arma de guerra:

> Las violaciones sexuales y otros tipos de abuso sexual fueron parte de una práctica en la cual las mujeres son utilizadas como medio de obtener información, autoinculpación o simplemente como una demostración del poder masculino frente a las mujeres campesinas, pero también frente a los otros varones a quienes se buscaba combatir. (2003b: 45)

---

[1] Se muestra la siguiente consideración: «existen 7426 mujeres que fueron víctimas de desaparición forzada, detenciones, torturas y ejecuciones extrajudiciales. Si bien no puede afirmarse que todas estas mujeres fueron además víctimas de violencia sexual, sí debe tenerse en cuenta la posibilidad de que esto haya sucedido» (2003d: 275).

Además, en el caso de las ejecuciones arbitrarias que involucraban violaciones sexuales, se observaron patrones de comportamiento diferenciado entre estos dos grupos:

> Si bien en ambos grupos separan a hombres de mujeres; en el caso de las FFAA desnudaban a las mujeres, las torturaban, violaban y luego las mataban. En el caso del PCP-SL lo que se daba en las masacres era el mutilamiento o el castigo ejemplar (cortes de diversas partes del cuerpo, mutilaciones de contenido sexual y rapados de las mujeres). (2003b: 60)

En el caso específico de las fuerzas del Estado, la violación se producía antes o después de las ejecuciones. Y en el cómputo absoluto, estas fuerzas fueron responsables del 83.46% de las violaciones sexuales (2003b: 66).

En cuanto al origen étnico y la condición social de las víctimas:

> eran mayormente mujeres quechuablantes (75% de los casos), de origen rural (83%), campesinas (36%) o amas de casa (30%). Dicho de otro modo, fueron las peruanas más excluidas, y por lo tanto desprotegidas, las que sufrieron con mayor intensidad la práctica de la violación sexual. (2003d: 276)

En suma, las condiciones existentes de exclusión social, dominación masculina y racismo fueron las que propiciaron la violación sexual de las mujeres durante el Conflicto. Estas condiciones generaron una *fuerza de uso* que, como veremos más adelante, llevó a los perpetradores a usar a las mujeres efectivamente como objetos sexuales.

Esta experiencia resulta perturbadora en varios niveles: primero, por la agresión a la dignidad humana de las mujeres al reducirlas a su uso como objetos sexuales; segundo, porque en muchos casos conllevó la pérdida de la vida; tercero, porque fue una práctica generalizada entre los distintos rangos militares; y cuarto, porque fue una práctica masiva que afectó a miles de mujeres. ¿Por qué las mujeres fueron, y son, violentadas y convertidas en objetos sexuales? ¿Por qué fue una práctica tan generalizada? ¿Es esto una práctica humana en el sentido en que definiría lo humano?

El fenómeno no es nuevo en la historia de la humanidad: los relatos sobre raptos y violaciones masivas de mujeres, particularmente en contextos bélicos, llenan, ahora, capítulos enteros de los libros de historia. Las explicaciones sobre su causa, las consecuencias y los factores sociales, culturales y de género que lo desencadenan son hoy en día preocupación de los estudios sociales, históricos, de género, sobre la violencia sexual, sobre la violencia étnica, así como de los derechos humanos y la psicología, por mencionar solo aquellos que mayor atención le prestan. Dado esto, cabe preguntarse ¿la violencia sexual contra las mujeres en este Conflicto tiene rasgos diferenciados con respecto a otros casos en los Andes u otras regiones del mundo? ¿Tiene esto algo que ver con la condición étnica de la mayoría de las víctimas, aquella que comenzó a configurarse con la llegada de Colón a América?

La servidumbre obligatoria

Otra experiencia histórica donde los seres humanos son tratados como objetos es la de hombres y mujeres andinos compelidos a una servidumbre obligatoria. Esta experiencia generó varias figuras sociales a lo largo del tiempo, pero es la del *pongo* la que ha dejado una mayor huella en los estudios sociales y literarios. Esta figura, aunque expresada en términos masculinos, siempre abarcó de manera generalizada y representativa a un amplio sector de la población de los pueblos originarios de los Andes. A hombres y mujeres que *pertenecían* a las haciendas, sin importar particularmente su edad, se les denominó pongos (y a veces colonos) cuando trabajaban obligatoriamente en la casa del hacendado.

El trabajo obligatorio y la entrega de mujeres (niñas, adolescentes) como una forma de pagar impuestos o como medida impuesta a una condición social considerada inferior se remonta a las prácticas culturales precolombinas, como lo demuestra su uso extendido durante el Imperio de los Incas, donde fue un elemento base de la estructura económica[2]. Durante el periodo colonial se implementó el trabajo obligatorio en las encomiendas, donde se reformuló a partir de otra práctica que trajeron los conquistadores: la esclavitud[3]. Esta llegó con Colón y se reconfiguró rápidamente durante la confrontación con la población americana, produciendo formas de esclavitud y servidumbre adaptadas a la nueva situación. Cuando los conquistadores españoles llegaron al Tahuantinsuyo tenían ya la experiencia de la esclavitud de no cristianos: musulmanes, africanos subsaharianos y otros americanos.

La servidumbre colonial de la población andina produjo la figura social del pongo, que perduraría hasta fines del siglo xx. Incluso se generó una mayor opresión después de la implementación de las nuevas repúblicas andinas, al suspenderse el régimen colonial de la República de Indios que les proporcionaba cierta protección, de modo que este amplio sector de la población de los nuevos países permaneció en un vacío legal que no permitió a sus miembros integrarse jurídicamente –que no efectivamente, a causa del racismo– a las sociedades nacionales[4]. La literatura ha dejado algunas imágenes de la objetificación y animalización a la que fueron sometidos los pongos:

> El gran señor, patrón de la hacienda, no pudo contener la risa cuando el hombrecito lo saludó en el corredor de la residencia.

---

[2] Véase Rostworowski 2013: 257-284 y Silverblatt 1990: 60-63.

[3] Un ejemplo del alcance e implementación de la servidumbre colonial en Lima puede encontrarse en Cobo 1882: 74-76.

[4] La Reforma Agraria de 1953 en Bolivia y la de 1969 en el Perú pusieron fin de manera oficial a la práctica del pongaje. Sin embargo, la implementación de las reformas (que duró varios años en algunas regiones) y la inercia y lentitud de los cambios sociales hizo que todavía siguiera de manera residual durante años.

–¿Eres gente u otra cosa? –le preguntó delante de todos los hombres
y mujeres que estaban de servicio.
     [...]
–Creo que eres perro. ¡Ladra! –le decía.
El hombrecito no podía ladrar.
–Ponte en cuatro patas –le ordenaba entonces.
El pongo obedecía, y daba unos pasos en cuatro pies.
–Trota de costado, como perro –seguía ordenándole el hacendado.
El hombrecito sabía correr imitando a los perros pequeños de la
puna. (Arguedas, 2004: 530-531)

Si en el ámbito rural andino se dio la figura del pongo, en las
ciudades el fenómeno de la servidumbre doméstica se manifestó en
las figuras de la «empleada» y el «cholito», que también tuvieron un
carácter generalizado. Las familias de la burguesía peruana y las de
las clases medias pusieron al servicio doméstico a mujeres y niños de
los pueblos originarios. El caso de niños y niñas resulta particularmente perturbador, dado que comprendió un tipo de servidumbre
obligatoria. Flores Galindo caracterizó la figura del «cholito» (aunque
el fenómeno comprendía a niños y niñas por igual) como «sujeto a
lazos de dependencia rígidos, obligado a servir en todo momento, a
estar dispuesto a cumplir con los requerimientos, demandas y exigencias de sus patrones. El poder total a escala doméstica» (1994a:
235). Para ilustrar la virulencia de esta práctica reprodujo algunos
anuncios de la prensa de mediados del siglo xix, donde los patrones
ofrecían una recompensa por información que permitiera volver a
recuperarlos:

   Aviso –Anoche ha fugado de la casa de sus patrones un muchacho
   de siete a ocho años de edad, llamado Gregorio, casta indio, gordo, cara
   redonda, ñato; varias cicatrices en la frente; muy cerrado para hablar el
   castellano, como hijo de una de las provincias de Ayacucho; ha salido
   vestido con una camisa de color morado, pantalón de casimir plomo,
   sin sombrero ni zapatos. (1994a: 233)

Más allá de la estructura retórica del anuncio, que privilegia las
señas físicas y la indumentaria, llama la atención que un niño de ocho
años tenga cicatrices en la frente y se fugue. Excepto por la edad, nada
diferencia este anuncio de otro sobre un esclavo o siervo fugado. Una
de las formas más crueles de violencia de humanos contra humanos
o de adultos contra niños se practicaba (¿todavía?) en el seno mismo
de las familias de la clase media y la burguesía de los países andinos.
Dominar, violentar, someter, convertir a un niño o niña de los pueblos
originarios (o de «color modesto», como dice uno de los cuentos de
Ribeyro) en objeto para la servidumbre, fue parte de la atmósfera que
respiraban y la educación doméstica que recibían todos los miembros,
menores y adultos, de muchas familias de estas clases sociales.

Este modo de servidumbre generó una explotación extrema que
Gonzalo Portocarrero denominó «dominación total». En su análisis,
ya mencionado, de testimonios de trabajadoras del hogar del Cusco
(sirvientas, empleadas, «la cholita»), resumió así la condición a la que
era relegado el sujeto de la servidumbre: «ser candidato ideal para
sufrir mil vejámenes, para ser basurero donde los demás desaho-
gan sus frustraciones, para recibir un afecto escaso y manipulatorio,
para —en fin— dejar de ser humano y convertirse en una máquina de
trabajo» (1985: 163).

EL ORDEN PATRONAL

La servidumbre obligatoria definió una estructura de poder que
se reinscribió incluso después de la reforma agraria de los países
andinos y que ha llegado hasta el presente. Según Ruiz Bravo, Neira,
y Rosales[5]:

La servidumbre, la sensación de ser siervos, no acaba, no ha podido
acabar con la eliminación de una forma de relaciones de producción

---

[5] El desarrollo de esta sección se basa en su trabajo.

[...] los poderes locales que se instalan luego de la Reforma Agraria reproducen los comportamientos y las injusticias previas. Actúan «como si fueran» el patrón. (2007: 268)

La figura del *patrón* emerge como un tropo que permite visualizar un sistema de dominación que se critica. Desde la perspectiva de los pobladores andinos, cuyos padres o abuelos sufrieron bajo el régimen de la servidumbre obligatoria, se observa la representación de este nuevo orden (fundamentado en el anterior) y, al mismo tiempo, se desarrolla una crítica que denuncia su ilegitimidad[6]. La figura del patrón representa «un tipo de autoridad ilegítima y, por extensión, de un orden en el que reina la ilegitimidad» (2007: 279), que opera además como una metáfora «que articula "problemas" de distinto orden, pero que tienen una base común: su situación de subalternidad» (2007: 281). Esta figura aparece en distintos ámbitos de la vida social: el patrón alcalde-empresario, el patrón de la educación-corrupción, el patrón económico, el patrón político.

Desde nuestro lenguaje, se puede observar la figura del patrón como la del gran objetificador que instrumenta de manera ilegítima a otros sujetos y a las relaciones sociales para su propio beneficio.

---

[6] En el análisis de Ruiz Bravo, Neira y Rosales se considera la crítica al patrón efectuada por sujetos andinos de distinto rango social y político, como es el caso del entonces presidente de Bolivia, Evo Morales (2007: 275-276).

I.
CAUTIVERIO SEXUAL Y OBJETIFICACIÓN
UN MODELO PARA ARMAR

LA CAUTIVA: UNA OBJETIFICACIÓN RECURRENTE

En el contexto del Conflicto, la imaginación simbólica ha identificado y producido la figura de la *cautiva* a partir de la experiencia de violaciones y cautiverio sexual de las mujeres. Esta se presenta en obras de ficción, testimonios personales, relatos de testigos, reportajes periodísticos o ensayos académicos. La frecuencia, temporalidad y modalidad de la violencia (coacción o asalto, por ejemplo) hizo que el cautiverio se manifestara en modos diferenciados. No obstante, se puede caracterizar a la *cautiva* como la mujer que ha sido tomada por la fuerza y retenida contra su voluntad para cumplir labores de sirvienta y esclava sexual, que luego, en algunos casos, es asesinada[1].

Presentaremos algunos casos de características singulares que servirán para el análisis de la objetificación. El primero es casi fundacional en los Andes y pertenece al periodo de la Conquista; los restantes se dieron durante el Conflicto.

1) En la *Instrucción al licenciado Lope García de Castro* (1570) del Inca Titu Cusi Yupanqui, donde se presenta una versión de la con-

---

[1] La producción estética es significativa. Destacan, entre otras, las obras de teatro *La cautiva* de A. León Bacigalupo y *Cómo mueren los árboles* de E. Adrianzén; las novelas *La hora azul* de A. Cueto, *La sangre de la aurora* de C. Salazar Jiménez, y las películas *Cuchillos en el cielo* de A. Durant y *Magallanes* de S. del Solar. Aun así, no alcanza la dimensión de la ingente producción de testimonios directos o de testigos como los recopilados en audios y videos por la CVR, o en documentales como *Mujer de soldado* de Patricia Wiesse Risso.

quista del Tahuantinsuyo desde una perspectiva andina, se menciona la *entrega* de Ynguill (una mujer de la corte de Manco Inca) a los españoles como parte de un rescate:

> Salio muy de presto Gonçalo Piçarro y dixo que *¡Boto a tal no suelte!*, *que primero nos a de dar a la señora coya su hermana que el otro dia bimos* [...] ya que le paresçio a my padre [Manco Inca] que hera tiempo, mandó que saliese una la más prençipal muger que en su casa tenia, compañera de su hermana la coya [...] *Señor Mango Ynga, si ella es para mí, deseme luego porque ya no la puedo sufrir* [...] Y él, ansi delante de todos, syn mas mirar a cossa, se fue para ella a la besar y abraçar [...] y a la Ynguill [la puso] en espanto y pabor, como se bio abraçar de gente que no conosçia, dava gritos como una loca diziendo que no queria arrostrar a semejante gente, mas antes se huya y ni por pensamiento los queria ver, y mi padre como la vio tan zahareña y que tanto rehusava la yda con los españoles, por ver que en aquella estava el ser él suelto o no, la mandó con mucha // furia que se fuese con ellos. (1992: 35-36)

2) El testimonio de una víctima del Conflicto recopilado por la CVR:

> Después de... después de la noche se entraron los, los pole... esos militares, las Senchis, quentraron, durante toda la noche golpiarme, maltratarme, tú tine que hablar, tú las has visto, tú eres es terroco, tú tine que hablar. [Los sollozos se hacen más constantes] Golpiaron, me golpiaron después comenzao a abusarme, violarme, a mí me violaron, toda, durante la noche; yo gritaba, pedía auxilio, me meteron pañuelo a mi boca, y aparte mi cuando gritaba y pidía auxilio me golpiaron. Yo estaba totalmente maltratada, esa, esa noche me violaron siete eran, siete, siete militares o sea los siete Sinchis entraron violarme. Uno salía, otro entraba, otro salía, uno entraba. Ya estaba totalmente muerta yo, ya no sentía que estaba normal. Después día siguiente amanecieron, cuando amanecieron como muerta, como carniro, me tiraron camión, mi llevaron, mi llevaron a Cangallo, en Cangallo estaba preso también [...] [El médico] me dijo que estás abusada, estás embarazada, me dijo

que estaba producto... estaba embarazada. Yo desde esa fecha yo me he puesto traumada totalmente, estaba traumada, no estaba bien normal, yo pinsaba está mal, ese producto, de eso, es mi hija. (2003e: Caso 5. Testimonio de la señora Giorgina Gamboa García)

3) Desde la perspectiva de los perpetradores:

–Jefe, ya pues...
–Ya, carajo –había respondido. Una mujer esperaba atada y encapuchada junto a su fosa y a los soldados–. Pero rápido.
De este modo, razonaba el agente, se facilitaba el desfogue de la tropa, compuesta por hombres *aguantados*. La denominada higiene sexual era una responsabilidad para con los soldados, y por eso se facilitaban las visitas de prostitutas a las bases [...] Y por eso se permitían algunas violaciones de detenidas al pie de su fosa [...]
Era posible que, producido el delito, hubiera un asesinato para encubrirlo. Pero, entonces, ¿estaban permitidas las violaciones o no? Otra vez: dependía del *cómo*. Un *cómo* adecuado significaba que nunca se produciría una denuncia. Por eso las condenadas a muerte eran materia disponible [...]
Los oficiales no lo hacían al costado de una tumba [...] las detenidas [...] pasaban pacíficamente de la cama de un oficial a la del otro. El sentido común militar no veía en esto una violación sino una contribución a la paz de la base por parte de las senderistas. A cambio, eran bien tratadas. Las detenidas parecían conformes, aunque esperaban más: la libertad... (Uceda 2004: 122-124)

4) Desde la perspectiva de un testigo directo:

Cuando llegué prisionero a la base militar de San Miguel, allí había cuatro mujeres guerrilleras atrapadas por las patrullas. Cuando entré por primera vez a las instalaciones militares, cruzando la garita de control montado a caballo con el cabo Porongo, las mujeres estaban sentadas al lado de la cocina echando petróleo a la leña. Esta base militar estaba conformada por dos patrullas de quince soldados cada una [...] Las mujeres cocinaban el rancho para nosotros. Eran jóvenes de entre 17 y

20 años. En las noches traían a las chicas a la cuadra donde dormíamos y se acostaban con los cabitos, primero pasaban los sargentos, luego los demás hasta que se cansaran. Una de ellas dormía siempre con el oficial mayor y pocas veces se acercaba a la cocina [...]

Esta vez, 1985, en la base San Miguel, decidieron matar a todos los que estábamos como prisioneros, pues venía la inspección. Trajeron a las mujeres a la cuadra, y todos abusaron de ellas. Ellas lloraban; «no nos maten», dijeron; yo también estaba asustado. Como a la media noche llevaron a las mujeres al campo donde siempre nos formábamos. Todos fuimos a presenciar su muerte. Ya estaba cavada la fosa. Dos tiros sonaron al unísono y ellas cayeron muertas. (Gavilán 2012: 112-115)

Todas estas cautivas fueron convertidas en objetos sexuales, ya sea violadas en un acto cruento o forzadas a servir sexualmente. Sin embargo, la justificación de los perpetradores varía. Algunos las utilizan, se dice, para aplacar necesidades sexuales; para otros se trata de derecho de conquista. El ámbito de la conversión en objeto con respecto a los modos sociales y culturales también difiere. Una es inscrita como rescate (discurso político), otras como instrumentos para la higiene sexual (discurso sanitario)[2]. Otras más o las mismas, son inscritas como enemigas, pero tienen existencia solo en el ámbito militar, no públicamente; por tanto, están sujetas a una violencia sin control y son «materia disponible» (discurso militar).

Si examinamos la naturaleza del cautiverio, se observa que todas tienen en mayor o menor medida el estatuto de botín de guerra, lo que implica la condición de estar disponibles para los designios de sus captores. Esta condición de *disponibilidad* es fundamental en toda objetificación porque expresa el sentido de ser objeto, dado que un objeto es siempre *objeto-para*.

---

[2] Esta preocupación por la higiene sexual del personal militar parece alcanzar a la misma institucionalidad castrense, como lo sugiere de manera paródica la novela *Pantaleón y las visitadoras* de Vargas Llosa; pero allí, en el contexto de la prostitución, la conversión en objeto sexual es consentida.

La disponibilidad de las cautivas permite que sean inscritas en el espacio más amplio de la servidumbre o esclavitud sexuales. Pero no en el sentido de la esclavitud moderna, donde la esclava/o era propiedad del amo y su trabajo era instrumento para la producción de bienes u objetos; sino en el de la servidumbre obligatoria de los pongos que atendían las necesidades del hacendado, donde se figuraba una dominación paternalista que en la práctica implicaba un sometimiento cultural y racial de la otra/o[3].

Las cautivas eran puestas al servicio para satisfacer las necesidades de sus captores a través del uso de sus cuerpos. Un elemento que reforzaba la disponibilidad para el cautiverio era la condición de ser campesina o pertenecer a un pueblo originario[4]. Asimismo, las características de la masculinidad de los dominadores (ciertas conductas militares, el «mandato de violación») y el discurso de justificación (político, sanitario, militar) eran parte de la fuerza que llevaba a usar los cuerpos[5].

Ahora bien, hay algunos elementos que podemos destacar de esta terrible experiencia de las mujeres, que luego serán fundamentales para determinar y analizar la estructura de la objetificación.

---

[3] La esclavitud es una praxis humana manifestada en la mayoría de épocas y lugares del planeta. Agamben señalaba que en la Grecia antigua el esclavo era definido «como "instrumento para la vida [zoè]" y "ayudante para la praxis"» (2017: 43). Esta definición partía de un estatuto ontológico particular expresado por Aristóteles como «El ser cuya obra es el uso del cuerpo» (Agamben 2017: 26). El esclavo era un «instrumento animado» cuyo producto o finalidad era el uso del cuerpo. Hannah Arendt lo distinguió con claridad: «los esclavos no son instrumentos de fabricación de cosas o de producción, sino de vida, que consume constantemente sus servicios» (2009: 131).

[4] Como ya se mencionó, la incidencia de violaciones sexuales era mayor contra las mujeres quechuablantes (75%) y de origen rural (83%) (CVR 2003d: 276).

[5] El «mandato de violación» como elemento determinante en la estructura de la violación sexual fue formulado por Rita Segato (2003a). Volveremos sobre este punto más adelante.

El cautiverio sexual como modelo para el análisis

a) En el caso de Ynguill (1) se observa claramente su resistencia y protesta al cautiverio. Incluso sus gestos resultan notorios en la densidad del discurso político y patriarcal de dominación manifestado tanto por los españoles como por Manco Inca, si bien cada uno desde una perspectiva cultural diferente. Esta resistencia es significativa en muchos aspectos, pero lo es sobre todo porque señala que el cautiverio, como la objetificación que lo genera, pueden ser contestados sin importar las diferencias culturales, sociales y de género.

Más aún, la cautiva (o quien esté en cautiverio) lo es siempre en contra de su voluntad. El sentido mismo de todo cautiverio implica constitutivamente una reclusión y sometimiento rechazados. Incluso se contempla el rechazo antes de que se haya manifestado el cautiverio (por eso las esposas que usa la policía, los barrotes de una prisión, los mecanismos de seguridad que previenen la fuga). El rechazo es, *a priori*, parte de la estructura del cautiverio[6].

---

[6] Foucault en su análisis del panóptico de Bentham señaló que en este el prisionero «es visto, pero él no ve; objeto de una información, jamás sujeto en una comunicación». «Es un tipo de implantación de los cuerpos en el espacio, de distribución de los individuos unos en relación con otros, de organización jerárquica, de disposición de los centros y de los canales de poder», reconociendo así su objetificación. Y esto se da a partir de ciertas condiciones que empoderan la mirada vigilante como la distribución del espacio y la transparencia. Las celdas: «Tienen dos ventanas, una que da al interior, correspondientes a las ventanas de la torre, y la otra, que da al exterior, permite que la luz atraviese la celda de una parte a otra» (2000: 204, 209, 203). Foucault analizó esta nueva técnica de instaurar el poder, pero no le prestó atención a cómo el prisionero enfrentaba la máquina, o incluso más, a cómo *desde su concepción* el panóptico preveía la posible acción de los prisioneros (la resistencia, la socialización, la fuga) con esas ventanas y la transparencia que facilitaban la mirada vigilante. En su reflexión solo consideró que esta agencia era un asunto que debía estudiarse: «hay que analizar el conjunto de las resistencias al panóptico en términos de táctica y de estrategia, pensando que cada ofensiva que se produce en un lado sirve de apoyo a una contra-ofensiva del otro. El análisis de los mecanismos de poder no tiene como finalidad mostrar

Se observa, entonces, que en la configuración del cautiverio *participan activamente* quien ejecuta el cautiverio y quien está en cautiverio. La participación del segundo se contempla en un arco que va desde la posibilidad de una acción de rechazo que se previene («para que no escape»: aun cuando no se haya manifestado ya es *activa* y genera reacción), hasta otra que ha sido expresada o actuada, pero que es ignorada, borrada o doblegada. Tomaremos el cautiverio sexual y a la cautiva como el fenómeno y la figura, respectivamente, que expresan paradigmáticamente la objetificación; es desde allí que nos proponemos pensar la estructura de esta y también su carácter intersubjetivo.

De acuerdo con esto, en la objetificación se pueden advertir dos puntos de vista, según la posición y capacidad para actuar en ella, que interactúan entre sí: *el de quien objetifica* y *el de quien es objetificada/o.* Quien objetifica, al convertir a la otra/o en objeto, ignora, borra o reduce únicamente para sí misma/o la condición de sujeto de la otra/o[7].

El punto de vista de quien ha sido objetificada/o permite considerar el rechazo a la objetificación como un hacer inmediato o retardado, o dado como siempre postergado y, por lo mismo, no borrado absolutamente, sino esperable y posible de realización en el tiempo. Una estatua, en tanto cosa u objeto, nunca responderá por sí misma, pero una persona, en tanto cosa u objeto, siempre podrá responder en algún momento mientras viva y su capacidad de respuesta actúen efectivamente o vuelvan a hacerlo. El objeto humano amenaza siempre con revertir o desrealizar la objetificación y constituirse en sujeto frente a quien lo objetifica.

b) Ahora bien, a diferencia de la estructura del cautiverio, la objetificación puede ser también consentida. Por ejemplo, en las

---

que el poder es anónimo y a la vez victorioso siempre. Se trata, por el contrario, de señalar las posiciones y los modos de acción de cada uno, las posibilidades de resistencia y de contrataque de unos y otros» (1979: 25).

[7] Esta interacción activa o pasiva, y especialmente el uso activo y pasivo de los cuerpos, que implica la forma material de incidir sobre ellos, se examinarán más adelante.

relaciones sexuales consentidas. Allí, quien es objetificada/o *con-siente* la acción o el uso que la otra/o hace de sí. Este consentir la acción de la otra/o implica una aceptación que puede incluir tanto la acción del uso (aceptar ser usado) como la identidad de objeto (aceptar ser objeto) que prescribe la objetificación. En esta situación, el consentimiento es intersubjetivo, pero no necesariamente de mutua dependencia.

Esto nos revela que la objetificación puede generar reacciones diversas. Incluso no es difícil considerar que además del rechazo y el consentimiento, se pueden generar otras reacciones que se inscriban entre estas dos posibilidades. De hecho, pensando en las modalidades, una reacción podría ser activa o pasiva, expresa o pensada, dirigida o no dirigida. Podría tener un carácter más o menos elaborado, ser más o menos intensa. Quien es objetificada/o podría tener una mayor o menor consciencia de estar siendo usada/o.

Todo esto nos lleva a considerar la existencia de una *instancia de respuesta* a la objetificación sujeta a la situación personal de quien es objetificada/o y a las condiciones y modalidades de la objetificación.

c) Si consideramos que Ynguill y las otras cautivas fueron usadas activa y pasivamente como objetos sexuales, es perfectamente considerable la existencia de un momento anterior donde se haya vislumbrado esta posibilidad.

¿Pero qué designa precisamente *vislumbrar*? El *DLE* registra para el término: 1) «Ver un objeto tenue o confusamente por la distancia o falta de luz» y 2) «Conocer imperfectamente o conjeturar por leves indicios algo inmaterial». En el sentido del conocimiento, nos importa, sobre todo, el *ver tenue* y el *conjeturar*. El *ver tenue* trae un tipo de conocimiento, si bien impreciso pero inmediato, de las características físicas de cuerpos y objetos. Además, como hacer es fundamental para comprender la génesis de la objetificación, porque esta pasaría siempre por la mirada. El *conjeturar* designa una valoración de indicios y observaciones tendiente a formar un conocimiento que todavía no es verificable.

En este *ver tenue* y *conjeturar* del vislumbre participan la conciencia, conocimiento y experiencia que alguien tiene sobre el cuerpo humano, que incluyen, por ejemplo, sus usos como objeto, la percepción de la *raza*, la motricidad y las estructuras del género y la sexualidad. Esto revela la dimensión ideológica del vislumbre, dado que es un hacer que expresa las concepciones del cuerpo bajo las cuales se comporta y vive quien vislumbra. Considerando todo esto, denominaremos *vislumbre* al hacer que vislumbra, y *vislumbramiento* a la acción y efecto de vislumbrar, y a su manifestación como fenómeno.

El vislumbramiento puede manifestarse desde las dos perspectivas de la objetificación, e incluso al margen de estas. Veamos. En el caso (1) de la demanda por la *coya* (esposa del Inca), se podría considerar que antes de darse G. Pizarro habría, primero, visto el cuerpo de la *coya*, valorado algunas de sus características físicas, sociales (su estatus como coya, etcétera) y conjeturado algunas posibilidades de acción, es decir, vislumbrado su calidad de objeto (objeto-para); y luego, la habría objetificado para el uso propio. La temporalidad del vislumbramiento y la objetificación, como se observa, se presentan de manera secuenciada en el análisis; sin embargo, podrían darse como un procedimiento continuo o un solo proceder que vislumbre y objetifique. G. Pizarro podría haberla vislumbrado y objetificado con solo mirarla.

Otro caso de vislumbramiento se da, por ejemplo, cuando una mujer puede advertir (con razón o no) que en determinada situación y contexto (un parque a oscuras, la presencia de sujetos violentos), corre el peligro de ser agredida sexualmente. Esto señala que su lectura, que aún es conjetural, se manifiesta porque es consciente de las condiciones bajo las cuales operaría un agresor (no importa si exagera o no, el vislumbramiento se da igual). O, en otro caso, cuando alguien vislumbra a partir de determinada situación y contexto que unos niños son vulnerables y corren el peligro de ser tomados como objetos por otros. En estos casos, el vislumbre no se orienta hacia la objetificación (objeto para-sí), pero se efectúa a partir de un *saber* que guía la objetificación. Lo que comparten esta mujer y esta persona con los posibles agresores son un conocimiento sobre la situación y las condiciones bajo las cuales opera una objetificación sexual o la que esté en cuestión. El conocimiento de los modos de ser objeto y del uso de los cuerpos.

El vislumbramiento también podría ser inducido por quien es objetificada/o. Es el caso de una trabajadora sexual que se viste y presenta a sí misma como objeto o se produce como objeto para ser usada. Esto implica que su actuación sea una de las condiciones para el vislumbre del cliente, es más, vislumbramiento y objetificación podrían darse como un solo hacer de la mirada. Esto nos señala que objetificador y objetificada comparten ciertos códigos con respecto al objeto sexual y la prostitución que permiten el vislumbramiento, además de un contrato, expreso o no, que regula la práctica. Estos códigos manifiestan la existencia de un *discurso* sobre lo que es ser y/o producir un objeto con el cual opera el vislumbramiento.

Retomando el hacer de la ob-jeción que *da* con el cuerpo *antes* de que se manifieste el sujeto en cuerpo o el objeto cuerpo, el vislumbramiento situaría la ob-jeción en una situación y contexto determinados donde daría con el cuerpo como objeto (objeto-para). El carácter difuso y conjetural del vislumbramiento no es todavía el del conocimiento de la objetificación que presenta al objeto-cuerpo-para-mi-uso, pero sí podría vislumbrar una disponibilidad para otra/o, un objeto-cuerpo-para-otra/o[8].

El vislumbramiento es el descubrimiento, presentación o reinscripción del cuerpo como objeto (objeto-para) y se convierte en objetificación solo en el uso, cuando el cuerpo es *ya* para-mí.

d) Cuando Ynguill protesta y se resiste manifiesta un grado de derecho y libertad con respecto a sí misma y a su cuerpo que entra en

---

[8] Como ya se puede advertir, el ser de la objetificación implica la presentación del cuerpo de otra/o *para mi* uso, donde el uso es ya la instrumentación, el usar a la otra/o como medio para conseguir algo más. En ese sentido el *para mí* sería del orden del deseo como se vio antes con Hegel. Volveremos a este punto en el análisis del uso.

tensión con la demanda de G. Pizarro y el mandato de Manco Inca[9]. Lo que cuida Ynguill es su existencia como alguien singular frente a estas fuerzas. Si no se resistiera y protestara, si aceptara dócilmente ser entregada como botín de guerra sin siquiera resistirse mental o pasivamente, implicaría que su existencia, según ella, es aquella prescrita por la objetificación de los españoles y el mandato de Manco Inca (que también la objetifica), los cuales se articulan en normas culturales, de clase social y de género, occidentales y andinas respectivamente.

La protesta de Ynguill implica la presencia de un *hacer* humano primario y fundamental que entra en tensión con la objetificación, incluso cuando los modos de ser objeto puedan estar comprendidos dentro de la concepción de la condición humana. Este hacer es el *cuidado* o *cuidado de ser* que no solo se ocupa del cuidado individual, sino que con su accionar puede llegar a confrontar el régimen de la objetificación en cuestión y desarticular la concepción de lo humano como objeto que este conlleva.

El *cuidado* se manifiesta porque la objetificación se despliega como una amenaza. Jean-Paul Sartre, en su análisis de la mirada, equiparó el poder que esta tiene para objetificar con el poder que somete al esclavo. Desde allí formuló cómo se percibe esta mirada desde la perspectiva de quien es mirada/o:

> en tanto que soy el instrumento de posibilidades que no son mis posibilidades, cuya pura presencia no hago sino entrever allende mi ser y que niegan mi trascendencia para constituirme en un medio hacia fines que ignoro, estoy en *peligro*. Y este peligro no es un accidente, sino la estructura permanente de mi ser-para-otro. (1993: 345)

---

[9] En un sentido jurídico, social y político, Manco Inca, como figura de autoridad máxima, tenía la potestad de «transferir mujeres» para generar o reforzar alianzas políticas, como recompensa, o con otros fines. Por tanto, la calidad de sujeto de Ynguill estaba subordinada a su pertenencia a la corte del Inca (o a un *Acllahuasi*, casa de las escogidas), quien podía disponer de su destino. Véase Rostworowski 1983: 134 y 1995: 13, 17, y Silverblatt 1990: 60-79.

En la objetificación, este peligro se advierte cuando alguien vislumbra que puede ser objetificada/o, o ya durante el uso que está ejecutando la mirada contra sí. La amenaza, el conflicto, que la objetificación le genera al *cuidado* se da en relación con la orientación de la instrumentación. Lo que este cuida es el *ser-para-sí*, para las posibilidades y fines propios y no de los otros, para la propia vida. El *cuidado* despliega su acción porque la objetificación conlleva el *peligro de ser-para-otro*.

Ahora bien, se ha reflexionado sobre el cuidado desde la antigüedad clásica. En el *Alcibíades I* de Platón, Sócrates distinguía entre el «cuidado del cuerpo» y el «cuidado de sí mismo». Ni el cuerpo ni el conjunto de cuerpo y alma se referían al hombre mismo; solo el alma era considerada el «hombre», en la que además residían el saber y la razón. En ese sentido, cuidar del cuerpo era cuidar lo que al hombre se refiere, pero no al hombre mismo. Por el contrario, el «cuidado de sí» se refería al cuidado del alma y para poder llevarlo a cabo mejor se requería «conocerse a sí mismo» (1992: 69-82; 128a-133e). Se distinguía, entonces, el «cuidado de sí» como una práctica o un proceder en la que podía participar el cuerpo mismo, del «conocerse a sí mismo», que se refería a un hacer del alma sobre el alma en el orden del saber.

Foucault en su estudio de las prácticas de subjetivación de Occidente desde la antigüedad clásica hasta el cristianismo premoderno se refirió a esta misma preocupación del «cuidado de sí» (*cure*), que fue constante, aunque tuvo mayor o menor incidencia durante algunos periodos. Foucault analizó cómo el sujeto se propuso a sí mismo como objeto de conocimiento individual y entidad a la cual darle forma. Identificó una serie de prácticas que atendían el cuidado de sí a las que denominó «tecnologías del yo», las cuales asumían el sentido de «cultivo de sí», «prácticas de sí» y «técnicas de sí»[10]. Estas prácticas, señalaba:

---

[10] Véase Foucault 2005: 38-68 y 1991; 45-94. Foucault señalaba, además, que debido a una profunda transformación de los principios morales de la sociedad

permiten a los individuos, efectuar, por cuenta propia o con la ayuda de otros, cierto número de operaciones sobre su cuerpo y su alma, pensamientos, conducta, o cualquier forma de ser, obteniendo así una transformación de sí mismos con el fin de alcanzar cierto estado de felicidad, pureza, sabiduría o inmortalidad. (1991: 48)

La «transformación de sí» aludía a una serie de prácticas culturales y de vida que operaban en el sentido de una producción y/o configuración de sí dirigidas a alcanzar la virtud, o un estado pleno o superior. Las tecnologías del yo eran claramente un hacer del sujeto (no una conversión o revelación), tendientes a la construcción de la entidad del Yo[11].

A diferencia de Foucault, el *cuidado* que proponemos aquí como prevención y reacción o respuesta a la objetificación no postula necesariamente al ser humano como objeto de conocimiento ni como entidad a la cual darle forma. Pero sí cuida y protege su existencia individual del peligro de ser-para-otra/o. Es decir, se orienta a cómo cuidar y bajo qué condiciones su existencia individual para preservarse a sí misma/o y ser para las posibilidades y fines de sí; a cuidar el ser y el hacer en relación con la conciencia de sí que nos viene a través de los otros.

La fundamentación ontológica del *cuidado* podemos encontrarla en el análisis que hace Martin Heidegger del Dasein (ser-ahí / estarahí). Lo concibe como una estructura existencial integral y no como estructura óntica o fenómeno existentivo:

---

occidental moderna, el «conócete a ti mismo» había oscurecido al «cuídate a ti mismo» (1991: 54-55).

[11] En la primera parte de la obra de Foucault anterior a *Historia de la sexualidad* se analizaba otra producción de sujetos en términos de vigilancia y control; sin embargo, luego señaló que la gobernabilidad de los sujetos se daba en el contacto de dos de las cuatro tecnologías que «el hombre utiliza para entenderse a sí mismo»: las tecnologías de dominación (poder) y las del sujeto (yo) (1991: 48-49).

el ser del Dasein es un anticiparse-a-sí-estando-ya-en-(el mundo) en-medio-de (el ente que comparece dentro del mundo). Este ser da contenido a la significación del término cuidado [*Sorge*] que se emplea en un sentido puramente ontológico-existencial. Queda excluida de su significación toda tendencia de ser de carácter óntico, tal como la pre-ocupación o, correlativamente, la despreocupación. (2006: 214, § 41)[12]

Esta condición del Dasein que es el cuidado marca una doble tem-poralidad («anticiparse a sí» y «estando ya») que abre el espacio para las posibilidades del ser y define el ámbito de la estructura existencial:

> En el anticiparse-a-sí, en cuanto estar vuelto hacia el más propio poder-ser, radica la condición ontológico-existencial de la posibilidad del *ser libre para* posibilidades existentivas propias. El poder-ser es aquello por mor de lo cual el Dasein es en cada caso como fácticamente es. Ahora bien, en la medida en que este estar vuelto hacia el poder-ser está determinado por la libertad, el Dasein *puede* comportarse también *involuntariamente* en relación a sus posibilidades, *puede* ser impropio, como de hecho sucede de un modo inmediato y regular. (2006: 215, §41)

El cuidado implica «ser libre» para las posibilidades propias; el Dasein puede incluso comportarse involuntariamente o contra su voluntad y ser «impropio», pero el cuidado seguirá *sosteniendo* o soportando la estructura existencial porque se da antes, o desde

---

[12] No es el propósito establecer aquí una continuidad transhistórica del término «cuidado» (del latín *cogitātus*, pensamiento). Foucault utiliza «*cure*» (del latín *cura*: cuidado, solicitud, dirección espiritual), traducido al español como «cuidado» de sí. Heidegger utiliza «*Sorge*» en *Ser y tiempo*, que como señala J. E. Rivera en sus notas a la traducción, tiene también el sentido de preocupación, inquietud o solicitud, en un sentido existentivo. Rivera eligió «cuidado» porque resulta más neutro y lo que se requiere designar es una estructura existencial (Heidegger 2006: 484, nota a la p. 214). La primera traducción de *Ser y tiempo*, la de José Gaos, señala «cura», un término que apela a la tradición filosófica en latín, pero que confunde y dispersa el sentido en el español contemporáneo.

siempre, como un anticiparse-a-sí-estando-ya-en-el-mundo[13]. Y esta anterioridad, o el estar desde siempre del cuidado, *precede* incluso a fenómenos como la voluntad y el deseo: «La voluntad y el deseo arraigan ontológicamente de un modo necesario en el Dasein como cuidado, y no son simples vivencias ontológicamente indiferentes que tuvieran lugar en una "corriente" enteramente indeterminada en su sentido de ser» (2006: 215, §41); es decir, el cuidado resulta ser *la* estructura ontológico existencial fundamental donde se arraigan necesariamente los fenómenos ónticos o elementos existentivos.

La calidad estructural del cuidado se puede entender claramente en la *puesta en escena* que hace Jorge Eduardo Rivera en sus notas de la traducción de *Ser y tiempo*:

> El cuidado debe ser entendido en este contexto [ontológico existencial] en el sentido de conjunto de disposiciones que constituyen el existir humano: un cierto mirar hacia delante, un atenerse a la situación en que ya se está, un habérselas con los entes en medio de los cuales uno se encuentra. En efecto, cuando se hace algo con «cuidado» se está vuelto hacia lo que viene en el futuro inmediato, hacia lo que hay que hacer; pero, a la vez, se está arraigado en la concretísima situación en la que ya nos movemos en cada caso. (Heidegger 2006: 484, nota a la p. 214)

El *cuidado* que aquí consideramos, como anticipación y respuesta a la objetificación, será entendido en un nivel parcialmente fenomenológico o antropológico, pero arraigado necesariamente a la estructura existencial y la temporalidad del cuidado propuesto por Heidegger.

---

[13] Heidegger señaló: «El cuidado en cuanto totalidad estructural originaria, se da existencialmente *a priori* "antes", es decir, desde siempre, *en* todo fáctico "comportamiento" y "situación" del Dasein. Este fenómeno no expresa, pues, en modo alguno, una primacía del comportamiento "práctico" sobre el teórico. La determinación puramente contemplativa de algo que está-ahí no tiene menos el carácter del cuidado que una "acción política" o un distraerse recreativo. "Teoría" y "praxis" son posibilidades de ser de un ente cuyo ser debe ser definido como cuidado» (2006: 215, §41).

El *cuidado* que surge frente a la objetificación cuida la calidad de ser en tanto se es para los fines propios, para-sí, y al efectuar esto cuida también el cuerpo, dado que este es lugar de existencia. Este *cuidado* se da incluso en la consideración, consciente o inconsciente, de que ser objeto es uno de los modos temporales (al igual que los modos de ser sujeto) de ser. El *cuidado* atiende a cualquier modalidad que pueda darse, en tanto su preocupación última se mantenga como un cuidado del ser para las posibilidades y fines propios, es decir, para la existencia[14].

El *cuidado* cuya temporalidad implica un despliegue anticipándose a sí, y que comporta un modo autorreflexivo por definición, designa ya un *contenido* o cierta consciencia de sí, es decir, de aquello de lo que se cuida o de lo que se es cuidándose en cualquier situación de estar en el mundo o de estar entre otros (por ejemplo, antes y durante la objetificación)[15]. Además de cuidar al ser para los fines propios (según los modos de la cultura), o por esto mismo, se preserva, sostiene, cuida o descubre el sentido de ser única/o y singular ante sí (a través de los otros), es decir, la consciencia de sí.

Es importante esclarecer esto último. En su reflexión sobre la narratividad de la condición humana, Adriana Cavarero señalaba que «Desde el nacimiento, cada uno, como existente único, muestra *quien* es a los otros» (2022: 29; mi traducción), sugiriendo así que la exposición ante los otros marca la existencia singular, o que la no exposición es la no existencia. Más aún, esta exposición es primero de carácter corporal: «Se aparecen entre sí primero en su materialidad corporal y como criaturas dotadas de órganos sensibles» (2022: 30). En esta situación, «Cada ser humano, incluso sin querer saberlo, es

---

[14] Incluso las posibilidades y fines de alguien pueden pasar también por ser objeto (ej. la prostitución u otro trabajo físico). En este caso, habrá siempre un *control* desde el cuidado, desde el ser. Analizaremos este aspecto más adelante.

[15] Heidegger señala que el cuidado es siempre cuidado-de-sí dado que implica un anticiparse-a-sí y volverse al propio poder-ser: «la estructura del cuidado incluye el fenómeno de la mismidad» (2006: 341, §64).

consciente de ser un *yo narrable* –inmerso en la auto-narración espontánea de la memoria» (2022: 33). La conciencia de sí está relacionada con la posibilidad del relato sobre sí (el de la vida propia, que es único, distinto al de los demás), cuya posibilidad la sugiere la memoria a la manera de una huella o una archiescritura. A partir de estas dos premisas define las características de la existencia concreta de alguien: «Lo existente es lo exponible [*esponibile*] *y* lo narrable [*narrabile*]: ni la exponibilidad ni la narrabilidad [*narrabilità*], que juntas constituyen su peculiar unicidad humana, pueden serle arrebatadas» (2022: 48).

La narrabilidad consiste en la conciencia de que la vida de una/o es narrable como única, así como lo evidencia la memoria que se tiene de sí, y esto se da en una situación de pluralidad humana donde se expone el cuerpo de una/o[16]. El cuidado de Heidegger, que es la estructura existencial del ser, atendería el poder ser para-sí en tanto la consciencia de sí se manifiesta en función de la exponibilidad y narrabilidad.

Ahora bien, Cavarero, siguiendo a Arendt, presenta esta pluralidad donde los humanos se presentan unos a otros como una comunidad de iguales. Sin embargo, ya en el plano fenomenológico, la objetificación contempla un momento de la acción e interacción entre humanos en la que unos son objetos de otros. ¿Quién se expone ante quién o qué es expuesto ante quién? ¿La corporalidad que es expuesta como objeto es narrable, en el sentido de la narración de una vida singular?

---

[16]   La reflexión de Cavarero estaba en sintonía con lo que ya venía formulando Ricœur (también motivado en parte por Arendt) sobre la «identidad narrativa»: «La *ipseidad* puede sustraerse al dilema de lo Mismo y de lo Otro en la medida en que su identidad descansa en una estructura temporal conforme al modelo de identidad dinámica fruto de la composición poética de un texto narrativo. El sí-mismo puede así decirse refigurado por la aplicación reflexiva de las configuraciones narrativas […] Entonces el sujeto aparece constituido a la vez como lector y como escritor de su propia vida» (2009: 998). La identidad narrativa descansaría entonces en la consciencia del sí-mismo de decirse, leerse, de la capacidad de ser escritor de su propia vida; es decir, de su «narrabilidad». Véase también Ricœur 2006.

Lo que se observa en primera instancia es que la acción de la objetificación expone a quien objetifica y le presenta ante su mirada como objeto. No es precisamente alguien que se muestra a sí misma/o. La objetificación le interpela otorgándole la condición de objeto y relegándole a la generalidad del uso. Es decir, a la objetificación no le importa quién es, sino qué es para poder usarle; o le importa quién es solo en la medida que le permita usarle como objeto. En ese sentido, la objetificación tiende a la borradura de la identidad e historia propias, o en otros términos, a la borradura de la singularidad. Se podría afirmar que a G. Pizarro no le importaba si Ynguill era una coya, ñusta o aclla (emperatriz, princesa o escogida), o le importaba solo en la medida que favorecía sus intenciones de uso sexual y otro propósito particular[17].

El cuidado de la objetificación o el cuidarse de la objetificación, más allá de rechazar o consentir, o de expresar algo intermedio, *muestra* la existencia de alguien como ser único y singular, y le *inscribe* y reproduce reafirmando su propia historia y singularidad. Aun cuando el mostrarse e inscribirse no le aseguren necesariamente autonomía de la objetificación, ni le generen una valoración como ser único y singular por parte de quien objetifica.

Se observa un proceder doble en el *cuidado*: a) como prevención, cuidado y protección del sujeto frente a su uso como objeto, que consiste fundamental pero no exclusivamente en cuidar del cuerpo como lugar de existencia, es decir, donde se manifiesta el modo de ser humano (sujeto, objeto u otro). Y b) como cuidado de la capacidad de inscripción de sí (la que le hace ser narrable en su singularidad), es decir, cuidar que una/o sea, actúe y se haga presente inscribiéndose para las posibilidades y fines propios[18].

---

[17] La crónica de Titu Cusi Yupanqui presenta la situación como una objetificación sexual, pero esto no descarta que G. Pizarro hubiese tenido otras intenciones, como la de usar a la coya (en su lugar le *entregaron* a Ynguill) para obtener riquezas, influencia y poder.

[18] Esta doble condición del cuidado se derivaría, si seguimos los términos de Heidegger, de su implicación en la temporalidad en el sentido de que orienta

Asimismo, la acción del *cuidado* como prevención y confrontación de la objetificación y el uso, implica: cuidarse *de* ser usada/o como objeto y cuidarse *durante* el uso como objeto, respectivamente.

e) En el caso (2) de violación extrema, se observa que los perpetradores fueron varios y procedieron en momentos diferentes. Sin embargo, todos consumaron la misma acción y consideraron a esta mujer como el mismo objeto sexual. La repetición es indicativa de que su producción como objeto se orienta a un uso definido. En cada acto se confirma, para el objetificador de turno, su calidad de objeto sexual disponible (violable) y se inscribiría el propósito por el cual fue objetificada. Este propósito (o la orientación de la instrumentación) es constitutivo del objeto porque define sus características y atributos particulares como tal. No es igual un objeto humano cuya fuerza de trabajo físico sean las manos, que un objeto sexual humano. Las características del objeto humano (o la objetificación de una parte del cuerpo humano) dependen del uso que se pretenda darle.

Para ilustrar mejor este proceso, consideremos un caso de auto-objetificación. Una persona se olvidó la llave de la casa en el interior y ahora no puede ingresar. Pero se le ocurre que puede romper el vidrio de una ventana, abrir la ventana e ingresar finalmente. Se pone a buscar un objeto contundente, como un martillo o una piedra, con el cual romper el vidrio, pero no lo encuentra. Consideremos que el acto de romper el vidrio con un objeto ya está en su mente. De pronto, observa su mano, la empuña, aprieta los dedos para hacer el puño más firme y ahora vislumbra que ya tiene *algo* con la consistencia suficiente para romper el vidrio. Luego cubre la mano con una prenda, una bufanda, digamos, para protegerse, y rompe el vidrio como si su puño fuera un martillo o una piedra.

En este caso, el uso del martillo o la piedra (el cómo se usa) ya estaba dado, pero su actualización fue hecha por el puño de la mano

---

la comprensión del ser y es la orientación que interpreta la concepción del ser (Ricœur 2009: 731).

convertido en objeto. La naturaleza del uso del martillo o la piedra (dado por la experiencia de vida) determina las características del objeto (la mano empuñada, presión fuerte de los dedos, los nudillos por delante). El uso del puño como objeto actualiza el uso del martillo e *inaugura*, si es que la persona no se lo imaginó ni lo vio antes, un uso nuevo para la mano.

Según esto, volviendo al caso (2), la violación repetida al efectuar un uso sexual del cuerpo no inaugura un uso, no genera un uso *nuevo* necesariamente; este ya se ha dado antes en la vida social o en la cultura, tanto del cuerpo en calidad de objeto sexual como de la violación como uso del cuerpo.

De estos ejemplos se puede derivar que el uso, en un sentido paradigmático, es anterior al objeto, es decir, el objeto humano está sobredeterminado por la naturaleza del uso. Incluso, es posible afirmar que el objeto se produce específicamente para un uso determinado, o de manera general, es una producción del uso. Lo que haría la acción de la objetificación sería actualizar el uso con el (nuevo) objeto. Es por ello que denominaremos formalmente *uso*, tanto a este uso paradigmático que es el modo de usar que prescribe la acción, como a la acción individual misma que inscribe la objetificación y actualiza el uso anterior o la posibilidad de un uso.

El *uso*, dado por la experiencia social y vital, hace manifiestas las concepciones del cuerpo y estructuras de género de la cultura dentro de la cual vive quien objetifica. Además, como ya se ha observado, se orienta a un propósito, tiene direccionalidad. Se usa un objeto humano *para* algo, lo que implica siempre una circunstancia determinada. El uso no es un hacer sin precedentes o sin *historia* como algo inconsciente o espontáneo que se manifiesta en un momento dado. El uso está prescrito (incluso en un hacer creativo que recurra a diversos usos para producir uno *nuevo*) y es siempre un *uso para algo*.

f) Como se observa de manera explícita en los casos (1) y (2), y además como lo señala el *Informe* de la CVR con respecto a la mayoría de mujeres violadas, el hecho de que fueran quechuablantes o de origen rural es significativo. No solo porque señala, de manera general, que la orientación de esta violencia es clasista, racista y cultural, sino porque permite preguntarnos para la objetificación por la naturaleza del cuerpo étnico como objeto (sexual). ¿Estas mujeres fueron violentadas simplemente por el hecho de ser mujeres? ¿O porque su origen étnico *alentó* o decidió la violencia? ¿La objetificación de los cuerpos *étnicos* es solo una casuística particular? ¿O es posible contemplar este aspecto del cuerpo dentro del sistema de la objetificación en general como una parte de las estructuras de la corporalidad humana?

La genética nos dice que no es posible justificar científicamente la existencia de razas, que, en todo caso, lo que existe es *la* raza humana que nos incluye a todos los seres humanos del planeta. Sin embargo, la noción de raza ya está instalada en el imaginario global. ¿Es posible designar un cuerpo que no tenga una particularidad étnica? La objetificación opera sobre cuerpos *reales*, no sobre abstracciones, aunque tal vez debiera decirse que solo existe el cuerpo *real* gracias a la abstracción. Y esto también se aplica al sexo, donde además se puede hablar de cuerpos asexuados o hermafroditas, y por supuesto al género. La percepción de un cuerpo o su vislumbre antes de la objetificación, ¿implica ya una inscripción donde elementos como lo étnico, el sexo y el género, motivan la objetificación? La violación sexual de mujeres durante el Conflicto nos dice que sí, que son relevantes y decisivos; pero el ejemplo de la persona que objetifica su mano para romper una ventana nos dice que no. En todo caso, ¿en qué nivel o en qué momento de la objetificación las características étnicas, sexuales y de género se hacen relevantes o no?

Todo esto sugiere que debemos prestarle la mayor atención al cuerpo y la percepción del cuerpo. O, más que eso, a la producción de su materialidad, forma y sentido.

Segundo nudo de anclaje
Quipu, cuerpo y signo

El quipu era un sistema precolombino de registro numérico y probablemente también narrativo que consistía en una serie de cuerdas anudadas colgando de una cuerda principal[1]. Solía elaborarse principalmente con fibras de algodón y auquénidos. En pocas ocasiones se han encontrado quipus hechos de fibras vegetales o cabello humano. Algunas veces se mezclaban las fibras de algodón con las de auquénidos, y otras, con fibras vegetales (Radicati 2006a: 68-69). Se asume que tenía una codificación binaria en su elaboración material, según la torsión en forma de S o Z de las cuerdas y los nudos simples (Urton 2005: 69-97). También los colores participaban en la significación, aunque no hay consenso entre los estudiosos sobre su función precisa, ya que cada estudio analizaba quipus diferentes[2].

Eielson y el cuerpo del signo

Una de las mayores reflexiones sobre los quipus la efectúa el extraordinario poeta y artista plástico Jorge Eduardo Eielson. En su obra, retoma el nudo de los quipus incaicos como signo y elemento de la significación, y elabora sus propios quipus en el contexto del

---

[1] Con respecto a la producción histórica del quipu, se suelen señalar varios periodos: quipus preincaicos, incaicos, del primer periodo colonial y modernos. También ha habido un trabajo sostenido de la plástica contemporánea que explora sus posibilidades plásticas y simbólicas; destacan sobre todo las piezas de Jorge Eduardo Eielson y Cecilia Vicuña.

[2] Véase Radicati 2006b: 169, 216-236, Ascher & Ascher 1981: 20-21 y Urton 2005: 116-126.

arte moderno contemporáneo. Su indagación, como las que hace en las series *Quipus, Nudos, Tensiones, Amazonía* y la instalación *Gran Quipus de las naciones* (1972), presenta una serie de nudos o enlaces de nudos (quipus) producto de la torsión y anudamiento de los materiales y de la combinación de colores y texturas, que evoca en algunos casos la dinámica del movimiento[3].

Se puede afirmar, sin ninguna duda, que esta obra es, entre otras cosas, una exploración profunda del *acto* de significar anclada en las características materiales y formales de los nudos. Como señaló William Rowe, el nudo de Eielson «es una forma-signo-acto» (2002: 88). Pero además es un acto donde se hace presente el nudo (y las cuerdas y lienzos trabajados) como *cuerpo* de la significación y el cuerpo (lo que existe materialmente) como nudo significante.

Lorraine Verner y Luciano Boi afirmaron con respecto a la potencialidad topológica de su forma:

> Las *fuerzas* del nudo se manifiestan en *formas* enlazadas. La compresión espacial que involucra el nudo tiene el efecto de una implosión: los pliegues, el lienzo plegado de los quipus y aún la porción de lienzo torcida, se sumergen en el nudo, que muchas veces se coloca en los bordes del marco. (2002: 197)

En esta exploración plástica, el lienzo o los lienzos que provienen de los bordes del marco son afectados por un trabajo de torsión y compresión espacial que genera un efecto de implosión que los constituye en nudo, en cuerpo del signo o signo del cuerpo. El modo y las posibilidades de la torsión y compresión están determinadas por las características materiales de los lienzos.

Esto nos sugiere que la presentación/comprensión que Eielson efectúa de los quipus está atenta a lo que el nudo dice no solo como signo o cifra, sino como resultado del proceso de elaboración material

---

[3] Se pueden encontrar imágenes (fotografías) de estos nudos en Canfield 2002 y Padilla 2002. También se las puede encontrar en la red.

de una forma que se constituye en signo y lo que sugiere el mismo proceso. Es decir, el ámbito de inscripción que cubren los nudos de Eielson implica una semiosis donde el devenir en signo se expresa no solo como el devenir de una forma significante, sino como el proceso material de elaboración y presentación del nudo. Lo que deviene es algo que se convierte en cosa (nudo) y signo al mismo tiempo. El nudo como signo-cosa.

En *La muerte de Guilia-no* (1971), Eielson manifestó el mismo interés por los quipus, pero en relación con la escritura. Una de las líneas discursivas de la novela es una indagación sobre la consistencia y posibilidades del sentido, trascendiendo, quizás utópicamente, las ideologías y los discursos sociales. El narrador, en un pasaje de la novela, ante la insuficiencia de su propio lenguaje frente al deseo de alcanzar una «escritura de la luz», apela al saber de los antiguos andinos. Particularmente a una instancia de la producción del sentido que se presenta como umbral entre el lenguaje (lo simbólico) y la vida real (la experiencia):

> Ninguna computadora de vigésima generación, o posterior a ella, podría descifrar, durante miles de años de incesante trabajo, lo que un solo nudo de color ocultaba en su seno impenetrable. En la brillante desnudez conceptual de aquellos *gestos* nacía la unidad fundamental de lo creado. (2000: 131-32; énfasis mío)

Cabe preguntarse, ¿qué es lo que oculta el nudo en su seno? ¿La huella del *gesto* (la experiencia) que produce el nudo? ¿La referencia a un lugar en el cuerpo físico del lenguaje, que hace a este cuerpo, lenguaje? Si la aserción va en ese sentido, nos encontraríamos ante otra mirada tanto del cuerpo como del lenguaje. Así, lo que sugeriría el narrador sería que los nudos de los quipus llevarían inscritos, tal vez como huella, el trabajo de las manos, del cuerpo, que produce el *lenguaje*[4].

---

[4] Hay un mayor desarrollo de este tema en Rivera 2016.

No sería esta una reflexión que apuntase a la existencia de un lenguaje esencial de la imaginación, ni sería la contraposición romántica entre imaginación y razón, sino la búsqueda de la huella o restitución del cuerpo en el lenguaje, la búsqueda o restitución de la experiencia física del cuerpo en la producción del sentido. Esta no sería tampoco una indagación de la percepción –no es de orden fenomenológico–, sino una exploración formal y poética sobre la fundación de los lenguajes en/con el cuerpo, en/con la materia[5].

Una de las reflexiones más profundas de la obra de Eielson la hace José Ignacio Padilla, quien examinó la obra considerando la relación entre poesía e imagen, significación y a-significación, visualidad y materialidad. Particularmente, exploró dos polos: el deshacimiento del lenguaje y la recuperación de la materia por el lenguaje: «Nos acercamos, imaginamos la dimensión material y no-significante en el momento en que toma la forma de lenguaje» (2014: 88).

La poesía y la plástica de Eielson comparten un mismo espíritu, podríamos decir una *poiesis*, que Padilla reconoció en otros términos: «Lo que tienen en común es la *salida del territorio idealista de la significación y el abordaje de una práctica material en* situación de experiencia, que implica el cuerpo del participante» (2014: 136). Desde la serie *Paisaje infinito de la costa del Perú* (iniciada alrededor de 1957), se viene desarrollando este trabajo cuya muestra más acabada se manifestó en sus quipus, los que Padilla describió como «formas emergiendo de lo informe, forma y significación emergiendo de la materia» (2014: 85). O mejor aún: «La operación de los *Quipus* consiste en señalar la zona de emergencia del signo y de la forma (el signo emergiendo del objeto, la forma emergiendo de la materia)» (2014: 137). Esa sería una característica distintiva de la *poiesis* de Eielson, que se distancia de manera

---

[5] En el mismo sentido de esta indagación eielsoniana, Virno señaló posteriormente que el pensamiento verbal tiene un fondo cósico. Toda su reflexión sobre el lenguaje va en esta línea, el título del libro que contiene el ensayo sobre la reificación lo demuestra: *Cuando el verbo se hace carne.*

radical de toda concepción de la semiosis y los procesos de significación que evitan abordar lo material o lo orgánico en la simbolización, como ocurre, por ejemplo, con el psicoanálisis lacaniano[6].

En suma, Padilla señaló que el énfasis de la obra de Eielson en la materialidad, en la objetualidad, busca «la reificación de las condiciones de existencia del lenguaje, lo que supone tanto abordar sus dimensiones rituales y no significantes, como desbordar el concepto fonético de escritura» (2014: 126)[7].

El cuerpo como signo o la escritura de la violencia

Nos interesa en este trabajo la relación entre cuerpo y significación en el sentido de la manifestación del cuerpo que otra vez va a ser signo, en el cuerpo devenir signo, donde se pueden *leer* el devenir y el signo o el devenir como signo. El cuerpo que, en tanto características físicas o materialidad, se vuelve de otro modo significante. El cuerpo que es nuevamente configurado por el sentido, no para convertirse en humano o sujeto, sino en objeto significante, y poder ser usado;

---

[6] Lacan descartó, a propósito del concepto de libido, la reflexión sobre la «hipótesis sustancialista» que la refiere a la materia por parecerle una forma ingenua y superada, y por ser ajena al campo de la psicología (2003: 83-84). Hoy se puede apreciar una reflexión sobre subjetividad y materialidad no solo en Virno sino también en Badiou, leído por Ruda 2015, y en Žižek 2014.

[7] A diferencia de Virno, Merleau-Ponty reflexionó sobre esta relación entre el cuerpo (o la experiencia del cuerpo) y el lenguaje como una huella en la palabra (oral): «la palabra, la que yo profiero o la que oigo, está preñada de un significado que es legible en la textura misma del gesto lingüístico, hasta el punto de que una vacilación, una alteración de la voz, la elección de una determinada sintaxis basta para modificarlo, y sin embargo nunca está contenido en aquel, ya que toda expresión se me aparece siempre como una huella». Luego agrega: «Mi enfoque corporal de los objetos que me rodean está implícito, y no supone ninguna tematización, ninguna "representación", de mi cuerpo ni del medio. El significado anima la palabra como el mundo anima mi cuerpo: por una secreta presencia que despierta mis intenciones sin desplegarse ante ellas» (1964: 106-107).

o el cuerpo que es usado como objeto y, por lo mismo, convertido en objeto significante.

A partir del examen de la obra de Eielson, formularemos algunas características de la noción de cuerpo que participa en la objetificación.

El cuerpo existente es algo dado, y dado en tanto su materialidad (el lienzo, las cuerdas) como su forma y significación (el nudo) emergen de lo informe (del borde mismo del cuadro, de su límite), y esta emergencia es simultánea. Pero, además, la emergencia y lo informe están referidos desde el cuerpo (nudo) con el sentido de que *emergen desde allí*, de ese lugar *original*; es decir, es un *envío* que va del cuerpo existente a lo informe (el límite, donde se *encuentra* la fuente de lo orgánico, la materia). El sentido de este emerger desde allí, de este *provenir*, se inscribe por otro lado como la producción del cuerpo (torsión y compresión de la tela), que es también la producción de su forma en tanto signo. Siendo, entonces, que la producción refiere un emerger conjunto del cuerpo y su significación, es decir del cuerpo existente (nudo), donde además queda inscrita en este *como* una huella de la acción material que lo produce. A partir de ahí se puede considerar:

a) El cuerpo dado (el que actúa, no el representado) no es posterior ni anterior a la materialidad y la forma, ya que estas son atributos constitutivos del cuerpo. Aunque el cuerpo aparezca como remitiendo a una materialidad anterior, en realidad esa remisión se hace una vez dado el cuerpo y la referencia es a lo *informe*[8]. Así, la remisión a la materialidad (que es una inscripción del sentido) es un envío al límite, apertura, discontinuidad del más allá del sentido donde *está* el cuerpo que, sin embargo, *existe* en la materialidad y la

---

[8] La remisión a lo informe opera de manera análoga a la «excripción» que postula Nancy: «La *excripción* de nuestro cuerpo, he ahí por donde primeramente hay que pasar. Su inscripción-afuera, su puesta *fuera de texto* como el movimiento más *propio* de su texto: el texto *mismo* abandonado, dejado sobre su límite» (2003: 14).

forma. La materialidad se inscribe como tal en esa remisión. No hay una materia y una forma que después se inscriban social y culturalmente como cuerpo, ni una instancia esencial pre-simbólica donde se manifieste la existencia del cuerpo como tal. La existencia que es la emergencia referida, simultánea e indesligable, de lo material y su sentido es la que configura e informa el cuerpo en su materialidad y sentido.

b) El cuerpo es siempre un cuerpo producido por la existencia. En cuanto a la materialidad, la inscripción de esta producción es doble, como materialidad referida a un límite donde *está* aquello que existe y como la consecuencia del trabajo material que produce aquello que existe (lo orgánico, la concepción, el nacimiento, etcétera). Más aún, la inscripción de esta producción o la producción de esta inscripción configura e informa la materialidad del cuerpo, siendo que desde la huella de lo que existe y su acción se intenta colmar la significación.

c) Si el cuerpo es siempre un cuerpo producido y la materialidad del cuerpo aparece como referida, entonces necesariamente el sexo y el género como atributos del cuerpo son también producto de la inscripción, pero de una inscripción hecha por la existencia que contempla lo material y su sentido. Entonces, no hay cuerpo y después sexo, ni cuerpo y después género; el cuerpo se produce, existe, siempre sexuado o asexuado, con género o a-genérico, con etnicidad o sin ella, y estas categorías mismas (no solo su contenido o diversidad) son también construidas en otro momento articulatorio.

d) El cuerpo dado genera una remisión, un envío a la cultura (la torsión y compresión de los nudos como la acción del otro/a), que prescribe su modo de producción-inscripción-lectura. Es así como el cuerpo existente se da dentro de un campo cultural y se articula necesariamente en relación con las estructuras hegemónicas que configuran el cuerpo y regulan su uso. El sentido, forma, género y usos del cuerpo son producto de una práctica social y cultural significante que no escapa a la normalización y regulación políticas. Así, por ejemplo, las estructuras del género, la sexualidad y la etnicidad se presentan políticamente reguladas, y en nuestra época y ámbito epistémico de forma interseccional[9].

---

[9] Otros aspectos de la producción del cuerpo fueron considerados por Foucault, primero cuando examinó la producción/delimitación del cuerpo en términos de represión y disciplinamiento (2000) y luego al considerar el contacto de las tecnologías de poder y del yo (1991). Se puede decir que allí el cuerpo es *legislado* y objeto de un cuidado que lo informa, lo que genera una identificación entre cuerpo y ley, y entre cuerpo y cuidado. A su vez, Butler señaló que en el cuerpo «actos, gestos y realizaciones –por lo general interpretados– son *performativos* en el sentido de que la esencia o la identidad que pretenden afirmar son *invenciones* fabricadas y preservadas mediante signos corpóreos y otros medios discursivos» (2007: 263-267). Lo que permite la obra de Eielson, además de contemplar lo anterior, es considerar la remisión a la materialidad del cuerpo.

La estructura de la objetificación

La interpelación amenazante

La objetificación ejerce violencia porque produce y posiciona a quien es objetificado/a como *ser para mí* u *objeto-para mi uso*, y despliega, además, una fuerza de inscripción de la identidad. La objetificación tiene la forma de una imposición, dice «eres un objeto para mí», «eres mi objeto»; no pregunta «¿quién eres?». De esta forma se dirige al otro/a y en su actuar, en el uso, expresa el sentido de su intención. Allí radica su amenaza.

Ahora bien, si la objetificación genera la sujeción de objetos humanos *para* un propósito determinado, se puede comenzar a pensar su estructura en el sentido de la interpelación. Althusser formuló de manera decisiva el sentido de esta en relación con la ideología:

> [...] la ideología «actúa» o «funciona» de tal modo que «recluta» sujetos entre los individuos (los recluta a todos), o «transforma» a los individuos en sujetos (los transforma a todos) por medio de esta operación muy precisa que llamamos *interpelación* [*interpellation*], y que se puede representar con la más trivial y corriente interpelación policial (o no). «¡Eh, usted, oiga!».
>
> Si suponemos que la hipotética escena ocurre en la calle, el individuo interpelado se vuelve [*se retourne*]. Por este simple giro físico de 180 grados se convierte en *sujeto*. ¿Por qué? Porque reconoció que la interpelación se dirigía «precisamente» a él y que «era *precisamente* él quien había sido interpelado» (y no otro). (2003: 55)

La interpelación es una operación muy precisa que ejecuta la ideología de tal modo que «recluta» o «transforma» a todos los individuos en sujetos, y lo hace mediante Aparatos Ideológicos de Estado que le otorgan fuerza de ley. La ideología busca a través de la interpelación que el individuo dé cuenta de sí y se reconozca en los términos que ella predica, y ello genera la sujeción de este, ahora *transformado* en sujeto. Este reconocimiento ideológico implica también el reconocimiento entre sujetos y entre un sujeto consigo mismo. La ideología, entendida como una «*representación* de la relación imaginaria de los individuos con sus condiciones reales de existencia» (2003: 43), le otorga al sujeto el sentido de realidad del mundo y la existencia[1].

Pero también, según Althusser, «Los individuos son siempre ya sujetos», aunque de manera abstracta e incluso antes de nacer (2003: 57). Por lo cual el reconocimiento lo presentaría como un sujeto único, singular, con una identidad reconocible ideológicamente. Althusser no elaboró más sobre este punto, pero el reconocimiento entre sujetos o iguales (que es casi una tautología) no permite pensar el modo de ser objeto de la objetificación. Y, como se ha observado antes, la objetificación se *origina* en la ob-jeción, que se daría en un momento *anterior* a la acción de la ideología y el conocimiento[2]. Sin embargo, la interpelación como operación intersubjetiva sí permite pensar en la imposición y amenaza que conlleva toda objetificación.

Para quien objetifica, no importa que alguien dé cuenta de sí mismo/a, y si importa, es para que dé cuenta de sí aceptando ser

---

[1]   Butler señaló que el «dar cuenta de sí» se ejecuta también dentro de la estructura de la interpelación: «Si doy cuenta de mí misma y lo hago *para* alguien, estoy obligada a entregarla, a cederla, a quedar despojada de ella en el mismo momento en que la establezco como mi razón. No es posible dar cuenta al margen de la estructura de interpelación, aunque el interpelado sea implícito e innominado, anónimo e indeterminado. La interpelación establece el carácter de la razón que doy de mí como tal, y esta solo se completa cuando es efectivamente extraída y expropiada del dominio de lo que es mío» (2009: 56).

[2]   Según Althusser no hay un estar fuera para la ideología, la ideología no dice nunca «soy ideológica». Solo se puede contemplar el estar fuera desde el conocimiento científico (2003: 56). Aunque este, como constructo humano, también tiene un horizonte ideológico. Althusser no reparaba en ello.

objeto. Lo que le concierne, sobre todo, es demandarle como objeto. Es, en un nivel, una forma de auto-confirmación del saber-poder propio. Se puede afirmar que el sentido de interpelación se mantiene todavía, aunque de manera polémica, porque la objetificación, además de la imposición o por esta misma, se dirige a alguien con una fuerza que no discute, valora ni interroga el estatuto de este/a, sino que le aprehende y le atribuye la identidad de objeto en los términos que ella predica.

De hecho, cuando alguien no es consciente de la interpelación que se le dirige o no recibe directamente su acción, *la estructura de la objetificación se despliega igual y le es dirigida* (por ejemplo, un hombre espiando a una mujer en la ducha). La objetificación opera como una interpelación, pero una *interpelación amenazante*[3].

Ahora bien, frente a esta interpelación, el *cuidado* hace que quien ha sido objetificado/a «se vuelva» y *vislumbre* la objetificación que se le dirige (se está dando cuenta de que se le toma como objeto-para). Este volverse, en su alerta y receptividad, adopta la forma de una *expectativa* y despliega el horizonte que hace posible la lectura del vislumbramiento[4].

La presencia de la expectativa se puede explicar a partir de la experiencia que el sujeto tenga del cuerpo, tanto de la objetificación recibida como de la dirigida a los otros. La experiencia de objetificar y haber sido objetificado/a en la práctica social, o de haber atestiguado

---

[3] Butler utilizó antes esta noción, sin problematizarla demasiado, para señalar la amenaza sobre una vida precaria, pero situándola dentro de la estructura del reconocimiento, que difiere de la de la objetificación (2006: 142).

[4] Butler elaboró más este «volverse»: «Quien se da vuelta en respuesta a la llamada no responde a una exigencia para volverse. La media vuelta es un acto que está, por así decir, condicionado tanto por la «voz» de la ley como por la receptividad de la persona interpelada por ella. La «media vuelta» [*turning around*] es una rara forma de terreno neutral (que se produce, quizás, en una rara forma de «voz neutral»), determinada tanto por la ley como por el destinatario, pero por ninguno de ellos de manera unilateral o exhaustiva» (2001: 120).

ello en los otros, comenzando con la experiencia de la transicionalidad que ocurre en la temprana infancia y a lo largo de la vida de
cada quien[5]. Esta experiencia prepara, alerta, sensibiliza y permite la
proyección del horizonte hermenéutico que pueda vislumbrar la objetificación que se le dirige o se le pueda dirigir. Genera una *expectativa*.

Desde el otro lado, el de la objetificación, la expectativa se manifestaría como un resto de la experiencia propia que afecta la intensidad de la objetificación y la fuerza de uso. Quien objetifica también
ha sido objetificado/a y durante el vislumbre *entiende* que de esa
expectativa del otro/a (que fue expectativa suya también en algún
momento) puede emerger una respuesta rechazando la objetificación.
Esta experiencia se puede registrar como una huella situada en la
estructura de la objetificación, que le *sugiere* a quien objetifica que
un objeto humano siempre puede presentar, o configurar otra vez,
su condición de sujeto frente a él/ella. Que la objetificación siempre
puede ser revertida. Incluso cuando no se haya experimentado antes la
objetificación específica que se le dirige a alguien, ni se pueda concebir
experimentarla, está ese resto, la huella, de haber sido instrumento,
de haber sido para los fines de otro/a (por ejemplo, la relación amo-
esclavo en la Modernidad). Esto sugeriría, además, que la experiencia
personal de haber sido objeto y las características de esta experiencia
como la frecuencia o el tamaño del peligro de haber-sido-para los
fines de otro/a, influye en la intensidad y fuerza con que se dirige la
objetificación y el uso. En todo caso, la objetificación se manifiesta
aun cuando se *sospecha* que ese alguien, ese cuerpo, que no es un-
ser-como-yo, *no puede ser solo objeto*.

El despliegue de la interpelación amenazante pude darse desde un
aparato ideológico o institucional que demandara un objeto-para (el
pongaje, la prostitución, la publicidad que usa modelos humanos); y
si no ocurre así, ello no lo excluye de tener una dimensión ideológica,
de hacerse de acuerdo con una serie de normas, gustos, necesidades

---

[5] Es fundamental el trabajo de Winnicott (1993) sobre el objeto transicional.

o mandatos culturales que informan su proceder. Es el caso del simple deseo amoroso que demanda un objeto sexual; conlleva un discurso de género (por ejemplo, heteronormativo) o étnico («me gustan las rubias», «prefiero a los morenos») con el que se constituye. La dimensión ideológica de la objetificación se verifica también en el *para* de la interpelación amenazante, porque el modo de hacer de la instrumentación se constituye en relación con la concepción de la vida y el mundo. Se instrumenta a los seres humanos según los usos y prácticas que se gestan en o contra la cultura.

EL DISCURSO OBJETIFICADOR

El cautiverio presenta la disponibilidad permanente de las cautivas para la violación. Pero esto no es una acción espontánea, única, sin precedentes ni historia, sino que está regida como una práctica.

Rita Segato analizó un corpus de casos de violación en Brasil y concluyó que el violador obedecía un «mandato de violación». Este mandato, «planteado» por la sociedad, se presenta en el contexto de la comunicación entre el violador y sus pares (en las sombras) a los cuales «dirige su acto y en quienes este adquiere su pleno sentido». Y expresa:

> el precepto social de que este hombre sea capaz de demostrar su virilidad, en cuanto compuesto indiscernible de masculinidad y subjetividad, mediante la exacción de la dádiva de lo femenino [...] La entrega de la dádiva de lo femenino es la condición que hace posible el surgimiento de lo masculino y su reconocimiento como sujeto así posicionado. En otras palabras, el sujeto no viola porque tiene poder o para demostrar que lo tiene, sino porque debe obtenerlo. (2003a: 39-40)

Si la violación es el *uso*, la objetificación pasa por posicionar a un cuerpo para la exacción/entrega de la «dádiva de lo femenino». El «precepto social» es el discurso que regula y ordena la práctica, y, además, interpela al objetificador-violador conminándolo a la acción bajo el riesgo de no poder concretar su masculinidad. Segato dice literalmente: «el cuerpo genérico de la mujer se reduce para adherirse definitivamente a la función de objeto destinado al consumo en la construcción de la masculinidad» (2003b: 256).

La interpelación se dirige a ambos lados de la objetificación, pero tiene un signo diferente en cada uno. Si, por un lado, quien porta «la dádiva de lo femenino» sufre la conversión en objeto antes o durante la violación, que le dice Eres *mi* objeto sexual y por eso *te* uso, por el otro el violador vive con la amenaza, antes y después de la violación, de no ser verdaderamente un sujeto masculino o no ser reconocido como sujeto masculino por sus pares si no cumple con la exacción. Este discurso social amenaza al hombre con no ser masculino ni viril (dentro de esta masculinidad tóxica y criminal), pero opera de manera diferente a la amenaza de ser objeto, porque no se funda en el dominio de su cuerpo ni corre peligro de ser-para-otro/a.

El cautiverio sexual ejecutado desde el punto de vista de este discurso (que no tiene por qué ser necesariamente el único discurso que genere el cautiverio) representaría para el hombre que lo ejecuta la forma más cercana a la plenitud de la masculinidad (otra vez, de esta masculinidad tóxica y criminal); pero también, en su reverso, revelaría un sentimiento de disminución y angustia profundos por su carencia[6].

---

[6] La naturaleza amenazante de esta interpelación también se puede encontrar en otros discursos sexuales como los de iniciación sexual. Norma Fuller, en una investigación sobre las identidades masculinas de la clase media en el Perú, señaló: «En contra de ciertas suposiciones acerca de los gustos sexuales de los "machos latinos", la prostituta no pertenece al espectro de afecto de los varones de las clases medias quienes no disfrutan particularmente al tener relaciones con ellas. Más que un momento de placer, la "ida al burdel" es un paso necesario para probar al mundo (de hecho, al grupo de pares) que un joven puede realizar el acto sexual» (1997a: 150). Los varones se ven obligados a este rito por sus pares, quienes «certifican su virilidad» en experiencias que algunas veces resultan humillantes. También se puede observar en el acoso sexual callejero; véase Marieliv Flores 2019.

La fuerza interpelativa de este discurso es indiscutible; sin embargo, no está claro hasta qué punto prescribe el uso violento (la violación). ¿Contempla todas las posibilidades del uso? ¿Construye la decisión para la acción? Se pueden advertir dos posibilidades con respecto a su formulación: 1) Prescribe o *manda* la acción como violación (el uso de la fuerza) expresamente, o 2) No la prescribe necesariamente (ni la prohíbe), pero el violador *interpreta* un mandato de actuar violento en el vislumbramiento de la objetificación. De una u otra manera el «mandato de violación» se manifiesta, pero la posible indeterminación de su posición en la interpelación generaría un lugar polémico para la responsabilidad discursiva que oscilaría entre el «discurso criminal» y la «mala lectura» que, por supuesto, no exime de responsabilidad fáctica a quien viola porque su hacer (violación) inscribe y le da existencia al mandato.

Examinemos otros análisis de casos de violencia contra la mujer en Latinoamérica, donde se hace también evidente la presencia de un discurso interpelador amenazante.

a) El primero es una formulación general, pero que se presenta en el contexto de la experiencia de las mujeres violadas durante el Conflicto. Francesca Denegri postuló, a partir de la reflexión de Agamben sobre el *homo sacer* y la *nuda vida,* que el sujeto femenino, una vez despojado del marco legal de ciudadanía, adquiere el estatuto de violable: «Solo la *gine sacra* es la *violable*, es decir, definida en su potencialidad de cuerpo penetrable por el hombre» (2016: 82).

La condición de violable se da en el sentido de que el hecho de ser-despojada-del-marco-legal opere como una norma particular (no dirigida a todos los seres humanos), donde su consistencia discursiva se confirma en su iterabilidad (que le otorga un sentido de prescripción) y en la existencia de una comunidad o grupo que la actualice a través de la objetificación y el uso. Aunque Denegri no lo formule así, la definición de este discurso y su alcance dirigido solo al sujeto femenino hace pensar que proviene de una consideración de hombre y mujer cisgenéricos enunciada desde una conciencia heteronormativa patriarcal[7]. Es decir, desde una conciencia que reconoce una diferencia sexual y de género como masculina y femenina de manera exclusiva y excluyente o casi excluyente, y que asigna roles sociales específicos en función de esta diferencia, como fue la que se manifestó en las violaciones sexuales del Conflicto[8].

En ese sentido, la condición de violable es generada por un discurso que interpela de manera amenazante a la mujer como objeto sexual y prescribe su uso a través de la violación. La *gine sacra* provendría, entonces, de un «mandato de violación» que estaría inscrito en el mismo discurso objetificador y no sería consecuencia de la *lectura* activa del violador[9].

---

[7] Asumir la exclusividad de la violación para el sujeto femenino, como lo hace Denegri, resulta problemático para el sentido general de la violación, ya que construye una escena única: el hombre penetra, viola, a la *gine sacra,* donde la humanidad ha sido reducida a dos figuras: el sujeto masculino u hombre y el sujeto femenino o mujer; y tiende a esencializar la *gine sacra* en tanto sufre la violación en exclusividad. Según esto, la *gine sacra* solo sería posible en la remisión implícita que hace a la anatomía, en la que se configura y delimita el cuerpo con un elemento que asegura la identidad del sujeto femenino: la vagina. Por lo que la violación que sufre la *gine sacra* sería en efecto una violación vaginal, que al asumirse solo como violación postularía un carácter universal que llevaría a expresar de manera implícita la identidad entre sexo y género (cisgénero) construida desde una consciencia heteronormativa patriarcal. Además, como ha señalado, entre otros, Segato: «la violación –en cuanto uso y abuso del cuerpo del otro– no es una práctica exclusiva de los hombres ni son siempre las mujeres quienes la padecen» (2003a: 23). En la asunción de Denegri quedarían excluidos otros casos de violación.

[8] Aquí sigo la noción de heteronormatividad de Michael Werner (1991), quien la propone, por primera vez, como la ideología heterosexual dominante históricamente en la cultura que determina, norma y prescribe la naturaleza y relaciones de los sexos y géneros (como masculinos y femeninos, donde la homosexualidad o la diversidad sexual podría ser o no ser tolerada, pero no incluida efectivamente), así como de los comportamientos individuales y las instituciones sociales.

[9] Sobre la diferencia de roles de género en el contexto de la violencia política y la memoria, Véase Jelin 2012: 127-142. Sobre el Conflicto, entre otros: CVR 2003b; Coral Cordero 1999; Denegri 2016; Hibbett 2016; Boesten 2008, 2014 y 2016; McCullogh 2016; Silva Santisteban 2008 y 2016; Bueno-Hansen 2015b.

La *gine sacra* articulada como «mandato de violación» se podría observar en el caso (3), donde una mujer sufre violaciones repetidas. Si suponemos que el primer violador vislumbró el objeto sexual y lo objetificó (para-sí) actualizando el discurso objetificador como «mandato de violación» (donde el eco de hechos similares, pero en otro contexto, podría haber estado *resonando* en su cabeza), los siguientes violadores podrían haber actuado según este discurso ya actualizado para ellos por la primera violación (esta mujer es violable) como un mandato diseñado para la ocasión, el que prescribiría la exacción/entrega de la «dádiva de lo femenino» de manera violenta.

b) Rocío Silva Santisteban identificó en *El factor asco* un discurso de basurización en contextos de violencia política. Sin definirlo de manera expresa, hizo visible su dimensión conceptual en varios momentos de su reflexión. Por ejemplo, cuando se refirió a la figura del «desaparecido» en el contexto de las dictaduras latinoamericanas, señaló que su cuerpo «debe ser evacuado del sistema de forma anónima para que todo siga funcionando» (2008: 67); o cuando se refirió a una mujer que sufrió una violación múltiple (nuestro caso 2): «un ser humano sobrante, que atora la fluidez de un sistema simbólico y que, por lo tanto, debe ser re-significada fuera de él» (2008: 70); o cuando afirmó, considerando un contexto donde una mujer ha sido tomada prisionera: «El cuerpo femenino es *basurizado*, dentro de este contexto de perversión moral, porque se le concibe como espacio donde se puede ejercer la degradación y el sometimiento» (2008: 83). Silva Santisteban identificó un discurso actuante en estas situaciones de violencia al que denominó *basurización simbólica*. Este señala un proceder de carácter político y moral que implica verter fuera lo que no es funcional al sistema y reinscribirlo en otro lugar (botar la basura). Cuando su acción recae sobre un sujeto determina la posibilidad de concebirlo como resto (basura) o «sujeto-vertedero»[10].

---

[10] Se debe considerar que esta basurización es sobre todo político y moral, ya que los cuerpos siguen teniendo una utilidad sexual (en el caso de las mujeres) y

En los términos de la objetificación, este discurso prescribiría un uso doble o se manifestaría la presencia de dos discursos de basurización. El primero prescribiría la objetificación de alguien para convertirlo en basura (objeto) y poder desecharlo (uso), o desecharlo y así convertirlo en basura. El segundo prescribiría la objetificación de alguien como «vertedero» (objeto) para poder «ejercer la degradación y el sometimiento» (uso), o ejercer esta degradación para convertirlo en vertedero[11].

c) En el análisis ya mencionado de Gonzalo Portocarrero sobre un grupo de testimonios de trabajadoras domésticas del Cusco (que entraron al servicio de niñas o adolescentes), se identificó y describió una serie de «tácticas» que empleaban los patrones (particularmente las patronas) para someterlas y ejercer una «dominación total». Portocarrero resumió estas tácticas en una «fórmula»: «aislamiento, sobreexplotación, violencia y manipulación afectiva componen la fórmula con la que se trata de convertir a una persona en una máquina» (1985: 166).

En los términos de la objetificación, esta «fórmula» con la que operan los patrones guía y orienta cómo debe efectuarse la conversión de una niña de los pueblos originarios en objeto («máquina») para el trabajo doméstico. La fórmula no es otra cosa que un discurso de dominación social y cultural, dado que, por un lado, rige las acciones de los patrones dirigidas contra las sirvientas y, por el otro, prescribe que se instruya a otros/as cómo se debe actuar con respecto a ellas (por ejemplo, el intercambio de consejos entre las patronas para retenerlas y disciplinarlas mejor).

---

social, aun cuando son valoradas y tratadas como basura. Es decir, la basurización se despliega para un propósito determinado y así los sujetos basurizados adquieren, paradójicamente, utilidad. No serían basura en otros ámbitos.

[11] Un discurso similar operaría también en casos de desvalorización moral y desprecio profundo sufrido por mujeres que pierden la virginidad antes del matrimonio en contextos extremadamente patriarcales y conservadores, que hace de ellas un «lugar» para la vejación.

Ahora bien, del análisis de todos estos casos se puede establecer que toda objetificación se despliega a partir de un *discurso objetificador* que la orienta, norma y prescribe. Es un envío que informa la producción y el uso de quien será objetificada/o, que proviene de, o remite a la cultura y sus instituciones, de las que toma determinaciones y prescripciones como las de las estructuras de género, la sexualidad, los usos del cuerpo, y más.

El discurso objetificador puede tener también una fuerza interpelativa dirigida a quien objetifica para que actualice, reproduzca y efectúe el uso. El *vislumbramiento* implica la recepción, lectura, *escucha* o interpretación del discurso objetificador frente a una situación dada. En algunos casos como en el del empleador de una fábrica que objetifica a sus trabajadores, la posible interpelación dirigida a él (debes contratar mano de obra) no ocluye ni precluye los mecanismos constructivos de su sujetificación, los que se darían en el sentido del reconocimiento; pero en otros, como en el de los violadores analizados por Segato, la interpelación puede resultar amenazante para la subjetividad (sin correr el peligro de ser para otro/a) y conminar al uso.

El discurso objetificador se puede observar tanto a nivel del uso individual como en una práctica social o institucional. Por ejemplo, en el caso (3) la permisividad de algunos mandos militares con la violación de las detenidas sentenciadas a muerte formaba parte de un discurso objetificador justificado por la «higiene sexual». Este discurso podría haber alentado la práctica de la violación de la tropa (la autorizó), pero no habría sido necesariamente el discurso objetificador manifestado en la acción individual de cada uno de los soldados. No habrían cometido necesariamente el acto por higiene sexual o solo por eso, sino por alguna otra razón como la de asegurar su masculinidad o responder ante otros (por ejemplo, vengarse de otra mujer o de los senderistas). El discurso objetificador actualizado en el uso individual puede ser o no ser el mismo discurso objetificador social o institucional que lo autoriza o que al menos abre el camino para que se manifieste.

También cabe señalar la existencia de macrodiscursos objetificadores que operan como marco general para la objetificación en una
determinada época. Es el caso de la gran objetificación capitalista que
transformó el paisaje social convirtiendo a seres humanos en mercancías y objetos para el trabajo a escala industrial. Esta objetificación se
retroalimentó, además, con otros grandes discursos de dominación
y control, donde los aparatos institucionales instauraron prácticas
sociales y discursivas de control de los cuerpos (las que Foucault identificó como generadas por un biopoder). Este es el caso también de
las prácticas de administración y control de la reproducción dirigidas
a las mujeres, o el del trabajo obligatorio y esclavo de las poblaciones
del África Subsahariana y de los pueblos originarios de América, que
además condujo a la configuración del racismo[12].

El cuerpo anudado y la estructura de la objetificación

En la objetificación nunca hay reconocimiento (un conocerse),
solo hay ob-jeción, vislumbramiento y confirmación del objeto que
es el otro/a. El discurso objetificador tiene una estructura impositiva
y por lo tanto no demanda una respuesta. Sin embargo, su *despliegue
en el uso* conlleva una latencia, indecisión o indefinición (nunca llega
a ser completamente una apertura) que puede esperar el consentimiento de quien se objetifica o cerrarse e ignorarle completamente.

---

[12] Aquí algunos textos fundamentales para este periodo. Sobre la incorporación masiva del *hombre* europeo como fuerza de trabajo, véase Marx 2009: 891-
970. Sobre otros discursos disciplinadores, Foucault 2000 y 1999. Sobre el control
de las mujeres y el disciplinamiento de sus cuerpos, Federici 2010: 85-178 y
219-286. Sobre la esclavitud y el racismo, Thomas 1997: 25-86 y 153-234 y Quijano 2020 y 2000a. El caso del capitalismo, como el de otros macrodiscursos
objetificadores, implica también distintas formaciones localizadas regional y
temporalmente, donde adquiere características específicas, como el periodo de
la segunda industrialización en Inglaterra o el caso del «capitalismo *gore*» en el
presente siglo en la frontera entre México y Estados Unidos. Para este último
caso, véase Valencia 2010.

Esta latencia, dubitativa y porosa a la acción de quien se objetifica, se manifiesta como un límite de cierre/apertura donde se hace posible aún la caracterización o reinscripción de quien es objetificado/a.

Cuando esa latencia se define e ignora, no atiende o rechaza la respuesta, se presenta una objetificación y uso de estructura cerrada que produce lo que denominaremos *cuerpo anudado*. Para esta objetificación no hay más exterioridad, ob-jeta al otro/a cerrándole la posibilidad de valorarle como sujeto y forzándole a *yacer* frente a quien objetifica como objeto para el uso (por ejemplo, una violación sexual). Produce al otro/a como *cuerpo anudado*, donde el *anudar* designa la instrumentación radical que lo ata y somete para el designio de quien objetifica, y el sentido subyacente de *nudo* alude a la desnudez como desprotección y a un cuerpo que es a la vez signo-objeto para el uso como en el nudo de los quipus[13].

Es más, esta objetificación debe actualizarse constantemente para mantenerse efectiva porque, aunque definida y cerrada, ya no siendo latente, habita en la huella que señala que el *cuerpo anudado* puede irrumpir en cualquier momento y hacerse presente como alguien que *es*, que existe y tiene una historia singular, que puede consentir el uso o desanudar el lazo de la instrumentación y rechazarlo y vivir para sus propios fines. La *expectativa* que se experimenta cuando se es objetificado/a se haría presente en el uso, en el otro lado, y generaría ese momento de latencia[14].

---

[13] La noción de *cuerpo anudado* debe distinguirse de la «nuda vida» que propone Agamben. Esta designa específicamente una vida que está incluida en el ordenamiento jurídico como excluida, y a la que por tanto cualquiera puede dar muerte (1998: 18). Asimismo, debe distinguirse de las nociones de «sujeto sujetado» y «cuerpo sujetado» que propone Sayak Valencia (inspirada en Agamben y Foucault) para designar a sujetos y cuerpos sometidos a un poder determinado (el capitalismo *gore*) y al mismo tiempo excluidos-incluidos y dados a un determinado campo de acción (2010: 139-171).

[14] Segato señaló con respecto a la estructura de la violencia, tanto la horizontal que se da entre pares como la vertical que expresa la jerarquía y la clase: «[Entre los pares] Lo que se obtuvo por conquista está destinado a ser reconquistado

Asimismo, si tenemos el caso de una acción del *cuidado* que disuada el uso (por ejemplo, una resistencia exitosa frente a un intento de violación), esto no anula que la objetificación se haya desplegado como una estructura cerrada de *cuerpo anudado* porque la acción del uso o su intento marca la estructura y lo que se frustró fue solo la acción efectiva del uso o su éxito como uso. De igual manera, un uso consentido (el de un/a *stripper*) no anula necesariamente una objetificación de estructura cerrada. Lo que ocurriría en ambos casos es un uso pasivo, que en el primer ejemplo intenta pasar a un uso activo sin conseguirlo y en el segundo solo permanece como pasivo.

En sentido estricto toda objetificación sería cerrada porque, como se verá más adelante, pasa por el uso pasivo de la mirada, y la mirada es inmediata y no se abre necesariamente al consentimiento. Es en el uso activo, el que *toca* el cuerpo, donde esta latencia podría manifestarse de manera más clara como un momento expectante. Esto permite señalar que la estructura de la objetificación podría estar condicionada en el uso activo por la presencia o ausencia de la acción del *cuidado* (es decir, aun cuando no se actualice), y ello siempre desde el punto de vista de la objetificación.

La posible acción del *cuidado* operaría como una *exterioridad constitutiva* de la estructura de la objetificación que se despliega en el uso[15].

---

diariamente; [entre las clases, los desiguales] lo que se obtuvo por exacción o usurpación, como rendición de tributo en especie o en servicios o de pleitesía en un juego de dignidades diferenciadas demandará la agresión como rutina, por más naturalizado que sea su aspecto» (2003b: 258). La violencia debe reafirmarse constantemente para asegurar la dominación. En el mismo sentido, pero con respecto a la formación de sujetos por el poder, apuntaba Butler: «Para que puedan persistir, las condiciones del poder han de ser reiteradas: el sujeto es precisamente el lugar de esta reiteración, que nunca es una repetición meramente mecánica» (2001: 27). El poder debe reafirmarse tanto en la formación de sujetos como de objetos humanos.

[15] El afuera constitutivo o la exterioridad constitutiva fueron teorizados fundamentalmente por Derrida (1998: 40-85) y Butler (2002: 17-94).

El despliegue de la objetificación motiva un movimiento por fuera que se focaliza en el mismo lugar donde se manifiesta la exterioridad constitutiva. La *expectativa*, desde la perspectiva de la objetificación, se manifiesta *dentro* de la estructura como la huella de la exterioridad (de ese más allá de donde *proviene* el sujeto/objeto) que genera la *latencia* que la constituye, la que se muestra porosa a que el otro/a acepte o no acepte, responda o no responda, actúe o no actúe en consecuencia con la objetificación. Desde la perspectiva de quien es objetificado/a, desde el otro lado, la expectativa es la instancia o *lugar* para el despliegue del *vislumbre* que identifica la objetificación dirigida contra él/ella. La expectativa no es la misma para cada lado. No tienen la misma modalidad ni la misma temporalidad, solo se focalizan en el límite del despliegue de la objetificación y la acción del *cuidado*.

Entonces, si la posibilidad del objeto se da dentro de la estructura de la objetificación, la posibilidad del sujeto se da en el exterior, en la acción que contesta a la objetificación. Pero tanto este exterior desplegado como el sujeto son motivados siempre por la objetificación. La estructura de esta *sujetificación* se manifiesta como un hacerse responsable de sí ante la amenaza de la objetificación, de esta depende su articulación y se da en el sentido del *cuidado*.

El trabajo de la objetificación

La objetificación y el uso señalan la producción de un objeto humano. Ello implica, como se estableció anteriormente, que se efectúa un *trabajo* sobre alguien a partir de un modelo para transformarlo e inscribirlo como objeto.

La producción es la realización de ese modelo y su repetición implica una diseminación que se proyecta como infinita[16]. Es un

---

[16] Arendt señaló que es importante que la imagen o modelo «no desaparezca una vez terminado el producto, que sobreviva intacta, presente, como si dijéramos,

trabajo regido por un discurso objetificador que *ob-jeta* y *vislumbra* el objeto humano, incluso en su *conversión* y/o *sustitución* por características físicas no humanas como en la animalización o mecanización.

Esto implica una re-producción del cuerpo, porque se parte de una imagen previa que *se vislumbra* en el cuerpo de alguien o de la posibilidad de concebirla desde un discurso corporal o un discurso objetificador anterior, según la cual se reajusta, enajena, reduce, convierte, sustituye o simplemente se repite *en* el cuerpo que se objetifica-reproduce.

La reproducción actuante en la objetificación se debe entender en el sentido que Derrida le da a la representación:

> Por una parte, volver presente sería hacer venir a la presencia, en presencia, hacer o dejar venir presentando. Por otra parte, pero este segundo sentido habita el primero en la medida en que hacer o dejar venir implica la posibilidad de hacer o dejar venir de nuevo, volver presente, como todo «volver» [*rendre*], como toda restitución, sería repetir, poder repetir. De ahí la idea de repetición y de retorno que habita el valor mismo de representación. (2017: loc. 4225)

Para la reproducción, consideramos la idea de repetición y retorno que implica el «re» de la representación, con lo cual quien objetifica puede tomar una imagen dada y repetirla, retornarla, reproducirla, señalando una objetificación anterior que ahora se trae a la presencia o se hace presente, siendo esta función reproductora un tanto pasiva. Pero a la vez la reproducción implica *volver a producir*, y la noción de producción se refiere a la fabricación, lo que le asigna un rol activo a quien objetifica. Esto conlleva que el discurso objetificador que se actualiza en la reproducción se *recree*, por lo cual se abre a modificaciones, invenciones y reinvenciones.

Mientras la imagen modelo y el discurso objetificador se manifiestan como productos sociales y/o culturales (o contraculturales),

---

para prestarse a una infinita continuación o fabricación» (2009: 162).

incluyendo las formas y prescripción del uso, en cambio la actualización del uso es un hacer que le corresponde exclusivamente a quien objetifica. En la diferencia entre el discurso objetificador y la acción que lo actualiza (el uso) se localiza la responsabilidad individual.

Como se observó en la definición de cuerpo, este es producto del hacer de los otros, es un envío que remite a la cultura. Particularmente a una ideología del cuerpo que inscribe, legisla y enmarca el uso y las prácticas donde participan los cuerpos. Esta ideología provee las estructuras fundamentales (sexo, género, *raza*, motricidad, gestos, etcétera) a partir de las cuales se producen los discursos objetificadores y, por tanto, el trabajo de la objetificación y el uso.

La potencia corpórea y el vislumbramiento

En el vislumbre de alguien se lee la posibilidad de asumirlo/a como objeto o se está ya dando el objeto (que aún no es para-sí). ¿Pero qué es *lo* que específicamente *se lee* que permite vislumbrar el objeto humano según el discurso objetificador? ¿Cuál es el punto de articulación o vislumbramiento?

Marx nos puede sugerir algo con la noción de «fuerza de trabajo»:

> Por fuerza de trabajo o capacidad de trabajo entendemos el conjunto de las facultades físicas y mentales que existen en la corporeidad, en la personalidad viva de un ser humano y que él pone en movimiento cuando produce valores de uso de cualquier índole. (2009: 203)[17]

---

[17] Esta fuerza de trabajo, además, logra convertirse en un objeto de intercambio cuando quien la posea «la ofrezca y venda como mercancía» (2009: 204). De aquí se desprende que el capitalista compra la «fuerza de trabajo» *localizada* en el cuerpo como una capacidad. Asimismo, la objetivación ejecutada por el capitalismo hace que el trabajador (el obrero es el modelo de Marx) «ponga en movimiento» eso que «posee»: el conjunto de sus facultades físicas y mentales. El materialismo de Marx hace que localice las facultades mentales en la corporeidad.

Hay algo particular en esta fuerza de trabajo que *se tiene* y pone en movimiento. No solo expresa una capacidad del cuerpo, sino que también señala una orientación de las facultades físicas y mentales para algo, el trabajo; esa orientación está determinada (objetivada o reificada) por el capitalismo. Esta capacidad orientada o capacidad corpórea con orientación no radica en una parte específica del cuerpo, sino que expresa de manera general la capacidad del cuerpo. Existe en el cuerpo como orientada al hacer (del trabajo), pero no tiene representación alguna. Solo se *visibiliza* o viene a la existencia como una remisión durante la realización del trabajo o la producción misma.

En la objetificación y el uso, llamaremos a esta capacidad orientada o función del cuerpo *potencia corpórea.*

La potencia corpórea tiene la consistencia de una huella y es consecuencia propia o inevitable del envío del sentido. La potencia corpórea, de manera análoga a la fuerza de trabajo que expresa una capacidad para el trabajo, expresa una capacidad para la articulación de la objetificación, la que solo viene a la existencia como tal en el vislumbramiento y el uso del cuerpo.

Particularmente la potencia corpórea permite la articulación de la *disponibilidad* del cuerpo o de las actividades corporales (el hacer del cuerpo). Representación y objetificación comparten el mismo régimen simbólico, pero además en la segunda el objeto humano (el otro/a) es presentado como *disponible para* los fines de quien objetifica. Esta disponibilidad viene ya contemplada por la misma naturaleza del régimen simbólico, por su inscripción como envío/remisión; y se intensifica y define en la objetificación con la imposición del para-sí, aquella de ser un objeto *para mi uso*[18].

---

[18] Con respecto al régimen de la representación, Derrida señaló: «En la representación importa ante todo que un sujeto *se* dé, *se* procure, dé sitio para él y ante él a objetos: aquel se los representa y se los envía, y por eso es por lo que dispone de ellos» (2017: loc. 4759). Lacan también afirmó en el mismo sentido: «En la medida que yo percibo, mis representaciones me pertenecen» (1987: 88).

La potencia corpórea no apela a un significado ni contenido más allá de ser potencia corpórea. Radica en el cuerpo como un lugar que paradójicamente no tiene lugar, pero que el vislumbramiento puede situar únicamente con la ayuda del discurso objetificador. Así, por ejemplo, desde la potencia corpórea se pueden desplegar vislumbres que lleven a objetificaciones como cuerpo-sexo (el discurso objetificador de la cautiva; o el de las relaciones sexuales consentidas), cuerpo-forma (el discurso objetificador del modelaje), cuerpo-fuerza de trabajo (el discurso objetificador del obrero). Allí, el vislumbramiento repara en la disponibilidad del cuerpo, iluminado por el discurso objetificador.

El sueño del pongo y el cuidado

«*Pongoq mosqoynin* / El sueño del pongo», recogido y narrado por José María Arguedas, cuenta la llegada de un pongo a la residencia de un hacendado para trabajar como sirviente[1]. Es un pongo de apariencia insignificante ante la mirada del narrador y los demás (el hacendado, los colonos): «Era pequeño, de cuerpo miserable, de ánimo débil, todo lamentable; su ropas, viejas» (2004: 530). El hacendado lo percibe desde el inicio como de condición subhumana: «¿Eres gente u otra cosa? [*¿Runachu kanki icha imataq?*]» (2004: 530), le pregunta. El pongo no responde, en general casi no habla y siempre presenta una expresión de «espanto». A raíz de esto el hacendado empieza a martirizarlo. En una muestra de su omnipotencia le ordena que se comporte como un animal:

> –Creo que eres perro. ¡Ladra! –le decía.
> El hombrecito no podía hablar.
> –Ponte en cuatro patas –le ordenaba entonces.
> El pongo obedecía, y daba unos pasos en cuatro pies.
> –Trota de costado, como perro –seguía ordenándole el hacendado.
> El hombrecito sabía correr imitando a los perros pequeños de la puna. El patrón reía de muy buena gana; la risa le sacudía todo el cuerpo.
> [...]
> –¡Alza las orejas ahora, vizcacha! ¡Vizcacha eres! –mandaba el señor al cansado hombrecito–. Siéntate en dos patas; empalma las manos.

---

[1] Arguedas escuchó la versión oral en quechua de un comunero y luego la transcribió y tradujo al español. Señaló que trató de reproducir «lo más fielmente posible la versión original, pero, sin duda, hay mucho de nuestra "propia cosecha"» (2004: 534).

Como si en el vientre de su madre hubiera sufrido la influencia
modelante de alguna vizcacha, el pongo imitaba exactamente la figura
de uno de estos animalitos, cuando permanecen quietos, como orando
sobre las rocas. Pero no podía alzar las orejas. (2004: 531)

El poder del hacendado es tal que obliga al pongo a comportarse
como un perro y una vizcacha. Esta animalización manifiesta y
comunica la dimensión de su poder y, además, genera la diversión
propia y de los presentes. Ese parece ser su propósito, exhibir su
poder y divertirse. Pero no todos reaccionaban igual: «Algunos de sus
semejantes, siervos, rezaban mientras tanto el Ave María, despacio
rezaban, como viento interior en el corazón» (2004: 531).

El pongo consiente en todo momento. Incluso más que consentir
obedece las órdenes de su patrón sin mostrar la más mínima resistencia, como si obedecer fuera su forma natural de actuar no importando
el sentido y consecuencia de estas órdenes. Es un objeto humano
que vive según el deseo del patrón. Pero una tarde, a la hora del Ave
María, el pongo se atreve a pedir licencia para hablarle. Y una vez
autorizado procede a contarle un sueño donde los dos habían muerto
y se presentaban ante el «gran Padre San Francisco»:

–Viéndonos muertos, desnudos, juntos, nuestro gran Padre San
Francisco nos examinó con sus ojos que alcanzan y miden no sabemos hasta qué distancia. Y a ti y a mí nos examinaba, pesando, creo,
el corazón de cada uno y lo que éramos y lo que somos [*Sonqochista,
ima kasqnchista llasaykachaspa ina*]. Como hombre rico y grande, tú
enfrentabas esos ojos, padre mío.
–¿Y tú?
–No puedo saber cómo estuve, gran señor. Yo no puedo saber lo
que valgo.
–Bueno. Sigue contando. (2004: 532)

El sueño recrea una suerte de juicio final presidido por San Francisco. Los dos, hacendado y pongo, se presentan desnudos en la

muerte, tal como vinieron al mundo. Se sugiere de esta manera el cierre del ciclo vital: sus vidas enteras han transcurrido, el mundo y las cosas mundanas han quedado atrás, y ellos vuelven a su condición original. La mirada divina de San Francisco examina esas vidas en el sentido del conocimiento («lo que éramos y lo que somos»), evaluando su calidad moral y/o sus sentimientos («pesando, creo, el corazón de cada uno»). En esa situación, el pongo reconoce la actitud de enfrentamiento del hacendado, actitud mostrada en vida que ahora vuelve a presentarse. Pero no sabe dar cuenta de sí mismo, no sabe lo que vale porque el sueño no le ha mostrado todavía quién es ni él tampoco ha podido averiguarlo. No tiene conocimiento de sí mismo en esa situación que lo pone frente al patrón y San Francisco.

El sueño presenta una vida *post mortem* o una post-vida que no ha ocurrido en un tiempo humano, pero sí en un tiempo divino que comprende la totalidad de la existencia: «Con sus ojos [los de San Francisco] que colmaban el cielo, no sé hasta qué honduras nos alcanzó, juntando la noche con el día, el olvido con la memoria» (2004: 534). En esta temporalidad divina, San Francisco dicta sentencia y ordena que un ángel «hermoso» y «excelso» unte la miel de una copa de oro sobre el cuerpo del hacendado. El pongo narra el resultado: «Y te erguiste, solo; en el resplandor del cielo la luz de tu cuerpo sobresalía, como si estuviera hecho de oro, transparente» (2004: 533). Luego San Francisco le ordena a otro ángel, «el de menos valer, el más ordinario», que traiga un tarro con excremento y embadurne el cuerpo del pongo: «Entonces, con sus manos nudosas, el ángel viejo, sacando el excremento de la lata, me cubrió, desigual, el cuerpo, así como se echa barro en la pared de una casa ordinaria, sin cuidado. Y aparecí avergonzado, en la luz del cielo, apestando» (2004: 533).

Hasta este momento el sueño reproduce en los detalles la radical condición de desigualdad en la que han vivido el hacendado y el pongo, uno con respecto al otro. El primero, rico y poderoso, asistido por un ángel excelso y ungido con miel que lo hace brillar como el oro; y el segundo, miserable y temeroso, asistido por un ángel viejo y ordinario que lo embadurna con excremento hasta la pestilencia.

En el último acto de la sentencia de este juicio final, San Francisco ordena: «Ahora, ¡lámanse el uno al otro! [*llaqwanakuychis*]» (2004: 534); luego le ordena al viejo ángel, ahora rejuvenecido, que su voluntad se cumpla. El sueño anuncia la ejecución de un proceder recíproco como última voluntad divina y acto de justicia. Aquí, la reciprocidad, que es una práctica fundamental y constitutiva de la vida social y cultural andina desde épocas prehispánicas, aparece como la norma que legisla la justicia. La justicia divina tiene la forma de la reciprocidad andina.

¿El pongo ha respondido a la objetificación? ¿Es responsable del sueño? ¿Ha confrontado con este sueño la dominación encarnada y ejecutada por el hacendado?

Los narradores

El cuento se narra a través de un autor implícito que siente simpatía por el pongo. Pero el narrador del sueño mismo es el pongo. El relato del sueño se presenta como la reificación de lo acontecido en el sueño, es allí donde se estabiliza y configura el sentido de las acciones oníricas. El pongo es *autor* del relato del sueño, pero no del sueño mismo. La autoría del sueño queda abierta, podría ser una intervención divina, un anuncio del destino o la acción de otra fuerza suprahumana. Una persona no puede ser señalada como autora de sus sueños. Los sueños llegan o le ocurren a uno/a, no hay una decisión ni voluntad de soñar que sea efectiva. No se puede soñar lo que uno/a desea conscientemente, aun cuando se pueda considerar lo que proponía Freud: el sueño como cumplimiento inconsciente del deseo. El sueño le fue dado al pongo, como se da la existencia de lo vivido, y luego este lo materializó en un relato.

LA SINGULARIDAD

El pongo no sabe quién es en el sueño, no tiene un conocimiento de sí mismo cuando está junto al patrón y ante San Francisco, dice: «No puedo saber cómo estuve, gran señor. Yo no puedo saber lo que valgo». La mirada del conocimiento de San Francisco no le revela quién es ni tampoco puede obtenerlo aún del sueño mismo, sigue comportándose de la misma manera que en vida: obedece, actúa con humildad. Sin embargo, el sueño lo presenta junto al patrón en condiciones de igualdad (desnudos como vinieron al mundo). Lo expone, lo hace visible como un igual al otro, y no solo eso, sino que recae en él la acción de un hacer que se replica también con el hacendado: ser embadurnado con algo. El acto recíproco de lamerse el uno al otro confirma esta condición de igualdad inicial y la acrecienta porque es un hacer de ellos mismos. Uno hace con el otro lo que el otro hace con uno.

Si seguimos las dos condiciones fundamentales para la existencia singular de Cavarero, la *exponibilidad* y la *narrabilidad* (2022: 48), se puede inferir que el pongo suele estar expuesto a otros pongos y colonos, sus iguales, y que es consciente de su narrabilidad frente a ellos (su historia singular se puede narrar). Pero no ocurre lo mismo frente al patrón, este lo trata como un animal, no es narrable como sujeto ante él ni para él, es un objeto humano, sin historia propia o sin historia que importe, un pongo. El poder de la dominación es tan grande que afecta esta consciencia de ser un yo narrable frente a él. En esta situación no hay relato que narre su vida o dé cuenta de ella, y así se ejerce presión sobre la actitud narrativa de la memoria. Frente al patrón, el pongo sabe *lo que* es (un pongo), pero no *quién* es o que es alguien *narrable*.

Las cosas cambian en el sueño. Su exposición en condiciones de igualdad (que es sobre todo corporal) frente al hacendado y la orden divina que genera la acción de un evento de su vida *post mortem* manifiestan su singularidad frente/junto a este. El sueño expone su cuerpo y le revela que es un yo narrable en la misma situación que comparte con el patrón. La mirada y la orden de San Francisco han revelado otro lugar desde el cual puede ser visto y evaluada toda su vida; un lugar configurado por la autoridad divina y la reciprocidad andina. Puede ser narrado desde ahí, y esta posibilidad no es otra cosa que la conciencia de su narrabilidad como alguien único. Entonces, el pongo va y relata el sueño que lo hace narrable y de esta manera se narra a sí mismo junto al patrón. Sin embargo, no sabe quién es. Lo que ha adquirido con el sueño y su relato es la conciencia de un nuevo lugar de enunciación que le permite considerar su narrabilidad y, por tanto, su singularidad frente al patrón; además, la reciprocidad lo inscribe en términos de igualdad. Lo sostienen, otra vez, la autoridad divina y la ley de la reciprocidad.

EL ACONTECIMIENTO

La respuesta a la objetificación del hacendado sería casi imposible en la realidad. El pongo no puede, ni probablemente esté en capacidad de rechazar la objetificación dirigida contra él, rechazar comportarse como un animal para el patrón. Las consecuencias podrían ser nefastas; es como un imposible para él, o simplemente no se contempla. Sin embargo, el sueño le *dice* al pongo (lo hace existir en esa consistencia onírica como si fuera la existencia de su vida) que es narrable frente al patrón, que puede tener una historia (como alguien) frente a él. Este es el acontecimiento, el *kuti* (transformación, revolución) para decirlo en términos andinos: ser narrable frente al patrón, y particularmente verse junto a él en una situación de igualdad legislada por la reciprocidad. Entonces, busca al hacendado para contárselo y para contarse.

Derrida ha señalado con respecto a *decir el acontecimiento* lo siguiente: «hay un decir que no está ya en posición ni de constatación, de teoría, de descripción, ni bajo la forma de una producción performativa, sino en el modo del síntoma [...] El acontecimiento

abate lo constatativo y lo performativo, el "yo sé" y el "yo pienso"»
(2006: 101).

Todo indica que el sueño se presenta como un acontecimiento, es
algo inimaginado para el pongo que se da y le llega sin relación con la
constatación, la descripción y el pensamiento. El pongo vive el sueño
o sueña que vive lo soñado. Y entonces se presenta la urgencia por
contar lo soñado, pero no contárselo a los otros como él, los colonos
y pongos, sino al patrón mismo: «Es a ti a quien quiero hablarte»
(2004: 532), le dice. Repite al menos dos veces que «quiere» hacerlo.
El sueño como acontecimiento referido deja de ser un acontecimiento
para el pongo; comunicar el acontecimiento no es más el acontecimiento, es informar o narrar. Pero aquí se revela otra dimensión del
acontecimiento u otro acontecimiento: el relato del sueño. El hecho
de que el pongo sea capaz de contarle algo al patrón y que ese algo
sea una historia donde los dos se presentan como iguales. Y aquí el
acontecimiento podría ser para los oyentes de este relato, que nunca
podrían haberse imaginado que el pongo pudiera contar algo así.

La voluntad de narrar

El pongo descubre que puede ser narrado en los términos de la
justicia divina y la reciprocidad y, además, junto al hacendado. Su
decir implica un yo que al no conocerse a sí mismo con respecto al
hacendado narra sobre su narrabilidad, sobre cómo fue actuado/
narrado por el sueño. El *cuidado* no sabe lo que cuida, no hay un yo
frente a la objetificación y al hacendado, no hay una conciencia de
lucha o política; sin embargo, cuida y manifiesta su singularidad. Su
capacidad de ser narrado (por el sueño) y de narrarse frente al otro.

Derrida señala que *decir el acontecimiento* se presenta en «el modo
del síntoma». Entonces, también se puede considerar que el pongo
contesta a la objetificación con la conciencia de su narrabilidad y su
saber-hacer de la reciprocidad; y esa reciprocidad así actualizada en
el relato se refiere a la igualdad de condiciones existenciales frente

al patrón. Mientras el sueño le es *dado* al pongo; el relato es un acto de su voluntad, que no asume la responsabilidad por lo acontecido o existido en el sueño. Si las acciones resultan negativas para el hacendado, eso es responsabilidad divina y del mandato de reciprocidad. Sin embargo, el pongo es a fin de cuentas responsable por el sueño, aun cuando no haya decidido soñarlo, porque el sueño se le da. ¿En qué consisten entonces la decisión y responsabilidad del pongo, su voluntad de narrar?

Derrida elabora un pensamiento de la decisión donde señala que esta es siempre decisión del otro/a:

> Cada vez que yo digo «mi decisión» o bien «yo decido», se puede estar seguro de que me equivoco. Mi decisión deberá ser —sé que esta proposición parece inaceptable en toda lógica clásica—, la decisión debería ser siempre la decisión del otro. Mi decisión es de hecho la decisión del otro. Eso no me exime o no me exonera de ninguna responsabilidad. Mi decisión no puede nunca ser la mía, ella es siempre la decisión del otro en mí, y yo soy en cierta manera pasivo en la decisión […] porque soy responsable por el otro y decido por el otro; es el otro quien decide por mí, sin que por ello yo sea exonerado de «mi» responsabilidad. (2006: 99)

Si consideramos esto, el sueño decide por el pongo: lo expone, lo presenta narrable, lo figura como sujeto de reciprocidad frente al patrón. Al pongo se le da el sueño, llega hasta él como un don, viene de *afuera*, de lo otro. La decisión de contar el sueño, por tanto, viene a ser para el pongo la disposición para cumplir con lo que el sueño en tanto acontecimiento decide. La fuerza del acontecimiento que recae en el pongo trae consigo la decisión de contar, o hace inevitable para él contar lo acontecido (la *fidelidad* al acontecimiento en los términos de Badiou). El pongo es responsable de ese sueño (porque se le da como un don) aunque no lo sea de su contenido, no es su autor. De esta manera contesta a la objetificación: relata el sueño que le ha sido dado, del que es responsable, aunque él no decida sobre el sueño ni sobre las acciones que en él tienen lugar. La voluntad de narrar, y por tanto de responder a la objetificación, ya viene configurada en la dación/recepción del sueño mismo como un acontecimiento. Responder es la decisión del otro/a, de la cual uno/a (el pongo) se hace responsable.

LA RECIPROCIDAD ANDINA

La reciprocidad, tan constitutiva de la vida social y cultural del mundo andino, se presenta a través de un acto específico a ser reciprocado: lamer. «¡lámanse el uno al otro! [*llaqwanakuychis*]», ordena San Francisco. Lamer es una acción sobre el otro/a que comporta un doble procedimiento: dar y recibir. En estas condiciones revela el núcleo mismo de la reciprocidad, el acto que presenta y representa una de sus figuraciones mayores o su *esencia*. El lamer como *dar* toca al otro/a, lo acaricia, como hacen las madres de ciertos animales cuando lamen a sus cachorros, revela un proceder natural, primordial del animal humano; este dar es una entrega de afecto. Pero también, el lamer como *recibir* toca al otro/a para obtener su sabor, recibe algo propio, íntimo, del otro/a, algo que lo identifica; es conocer, recibir algo singular del otro/a. La reciprocidad andina como forma de vínculo social, contacto con el otro/a, revela su sentido más profundo bajo la figura del lamer: *dar afecto y conocer al otro/a*[2].

Según esto, tanto el pongo como el hacendado se darían afecto el uno al otro, un afecto desrealizado porque es consecuencia de un mandato, no es espontáneo; y conocen o reciben un conocimiento del otro. Este lamer-conocer les revela algo que está en la superficie, sobre la piel, algo que recubre el cuerpo pero que no da a conocer el cuerpo mismo. El lamer-conocer les dice que este algo no es lo que

---

[2] Sergio Franco ha interpretado el lamer como una actitud homoerótica (2006: 34-36). Sin negar esta interpretación, la consecuencia que trae asumir el lamer como acto recíproco que aquí señalamos (además de ser un hecho del cuento), permite pensar a través de su figuración lo social (reciprocidad), lo afectivo (elemento constitutivo de lo social en el mundo andino) y el conocimiento del otro/a.

efectivamente es el otro. Este algo figura la condición a la que han sido
sometidos cada uno en vida, el excremento y la miel, respectivamente;
condición sugerida como resultado de la acción dirigida del uno al
otro en vida. La reciprocidad como acto simétrico sugiere luego una
justicia de la restitución que opera como premio/castigo (¡es el juicio
final!): el pongo saborea la miel que *donó* al otro en vida y el patrón
absorbe el excremento que arrojó al otro en vida.

Además, desde la perspectiva de la reciprocidad (de su moral) se
estaría señalando la injusticia de la situación del pongo. Entonces
prescribe: el otro también debe ser tu objeto o un objeto para tu uso.
No habría aún, en este momento apenas dado el acontecimiento, una
consciencia que recrimine la instrumentación, sino solo la desigualdad. Pero la desigualdad en la instrumentación (el que solo uno/a
animalice u objetifique al otro/a) está en la base de la dominación. Por
tanto, la reciprocidad es posicionada como lugar de articulación para
la construcción de una respuesta a la objetificación que impugne la
jerarquía y la dominación, o para un discurso o acción revolucionarios
que desafíen el orden establecido de las condiciones existenciales[3].

EL CUIDADO

El sueño opera como un síntoma o la huella del deseo por tener
vida propia y justicia (ser para los fines de uno), que adquiere el sentido
de un proceder pre-político[4].

---

[3] Con otro lenguaje, Julio Noriega (1989) ha interpretado el sueño como
una utopía de liberación que anuncia el futuro. Es justamente la calidad de
acontecimiento que tiene el sueño lo que posiciona a la reciprocidad como lugar
de articulación de un discurso político. En general, el cuento se ha interpretado
en términos de respuesta política (liberación, deseo de venganza, revancha, acto
subversivo). Véase, entre otros, Forgues 1989: 358-359; Quezada 1999; Noriega
1989; López-Maguiña & Portocarrero 2004; S. Franco 2006; Mancuso 2019.

[4] Sergio Franco ha considerado además la «instancia orientadora de la conducta» del sueño en este cuento como parte de una concepción andina (2006:

Si el *cuidado* se encarga de cuidar la calidad de sujeto y no objeto, de ser para-sí y no para los fines de otros (en otros términos, cuidar al sujeto de deseo o el deseo de alguien de cuidarse que así adquiere una consistencia sujetiva), podemos asumir que el *cuidado* advierte el peligro que representa la objetificación para el pongo y por ello lo lleva a contemplar en el sueño su desigualdad con respecto al patrón y la posibilidad de revertirla a partir de la reciprocidad. Esto nos lleva a pensar que el *cuidado* puede actuar incluso en una instancia preconsciente y aun allí manifestarse en relación con el deseo. En el cuento, la reacción del *cuidado* a través del sueño termina desplegando una instancia pre-política: el acto recíproco de lamerse[5].

---

329). Aquí la presentamos asociada al *cuidado*.

[5] Es sintomático que algunos trabajos críticos sobre este cuento imaginen una continuación de las acciones o incluyan otros elementos no narrados, y con esto ya pueden interpretar la acción del pongo otorgándole un estatuto político (por ejemplo, de resistencia o liberación); véase Noriega 1989, López-Maguiña & Portocarrero 2004 y Franco 2006. También se podría valorar la acción del pongo como colaboración en el sentido de que *ingenuamente* comunica un proceder que puede atentar contra el orden establecido.

3.
EL CUIDADO Y EL CONTROL DE USO

El discurso objetificador es amenazante en tanto manifiesta un interés declarado en el uso del cuerpo de alguien en menoscabo de su capacidad sujetiva expresada en el ser-para-sí y dar-cuenta-de-sí. El *cuidado* reacciona ante esta amenaza, ante esto que se le dirige a una/o, y despliega un hacer para prevenir, controlar, y/o confrontar el uso. Las características propias de cada discurso objetificador son las que permiten un menor o mayor margen de acción para lo que podemos denominar el *control de uso* del *cuidado*, que en algunos casos podría llevar a la desrealización inmediata o demorada de la amenaza.

Es decir, el *control de uso* se despliega desde la consideración del *cuidado*, que es el ámbito donde se vigila, autoriza, confronta y controla el uso o se decide protegerse de él. Sin embargo, su configuración está en relación de dependencia con la estructura de la objetificación que lo motiva. El *control de uso* es el procedimiento, la estrategia o el hacer espontáneo que contesta la objetificación, que se manifiesta y orienta según la dinámica del uso efectivo.

El *control de uso* se refiere tanto a la capacidad que tiene como a las acciones que efectúa quien ha sido objetificada/o para evitar, moderar, aminorar, controlar, confrontar o rechazar el uso. Así, por ejemplo, el modelaje, en términos de su estructura, opera a través de un discurso objetificador donde se prescribe el uso específico del cuerpo. El acuerdo o contrato que formaliza y consiente el uso implica, primero, que quien modela (o su representante) está en la capacidad de acordar, rechazar o modificar cualquier propuesta del discurso objetificador, o sugerir algo más, previamente al acuerdo o contrato mismo; y segundo, que durante el modelaje (por ejemplo, al posar) puede tomar acciones de *control de uso*. En el caso de una violación sexual, el uso de la fuerza del perpetrador se puede dar tanto para contrarrestar las acciones del *control de uso* como para prevenir que este se despliegue: desde la perspectiva de la objetificación y el uso se reconoce de antemano la capacidad del *control de uso* para contrarrestar o prevenir el uso.

El *control de uso* se puede activar tanto en el vislumbramiento como en el padecimiento del uso. En el caso de una objetificación consentida puede llevar a compartir parcial o totalmente el discurso objetificador y/o el uso efectivo con quien objetifica. Esto no conlleva necesariamente un acuerdo predeterminado, sino que es producto del vislumbramiento dado en la situación. Por ejemplo, en el caso de una pareja que consiente libremente hacer el amor, el *control de uso* se regiría por el discurso objetificador que comparten o por el que una/o reconoce en la otra/o; o, si acaban de conocerse, por el vislumbre, es decir, por lo que la situación va revelando del discurso objetificador del otro/a. En el caso de una trabajadora sexual, el *control de uso* se regiría por el contrato que incluye explícita o implícitamente un discurso objetificador que esta consiente, pero también sería vigilante durante el acto mismo.

Ahora bien, hay algo fundamental que presenta «El sueño del pongo». El relato del sueño operaría allí como *control de uso*. Este es el que se haría cargo y respondería apelando a la justicia de la reciprocidad. Sin embargo, no desactiva necesariamente la moralidad o inmoralidad de la objetificación, ni la aborda críticamente; sino que propone otro tipo de relación humana legislada por la reciprocidad. Incluso el sueño mismo podría estar escenificando una objetificación prescrita por la divinidad y la ley de la reciprocidad, donde los cuerpos del pongo y el patrón se usarían *para* expresar/performar la igualdad y la justicia.

¿Pero a qué reacciona específicamente este *control de uso* (sueño)? El pongo se presenta ante el patrón, le solicita licencia para hablar y sigue comportándose como un pongo. Luego, como sabemos, le dice sobre sí mismo: «No puedo saber cómo estuve, gran señor. Yo no puedo saber lo que valgo [*Imaynachá karqani, papay, noqallayqa. Manan chaniynita yachaymanchu*]» (2004: 528-532). El pongo actúa como pongo, pero no sabe cómo estuvo («*Imaynachá*» [cómo será]) ni lo que vale, sabe que no sabe sobre sí. No se manifiestan dudas en su actuar como pongo, pero sí expresa un no-saber con respecto a lo que es y lo que vale (frente al patrón).

Esta declaración, más allá de que sea sincera o no, permite observar que el cuento reconoce un ámbito correspondiente a la actuación como pongo y otro al conocimiento del valor propio, lo que una/o *es* en relación con el saber (saber lo que una/o vale), es decir, ser en el sentido de saberse, de ser-conocer lo que una/o *es*. *Actuar* y *ser*, experiencia y conocimiento, fenómeno y verdad, son puestos en cuestión en el relato.

Hegel, en su análisis del reconocimiento, identificó precisamente dos momentos correspondientes con el *actuar* y el *ser* en la relación entre el señor y el siervo:

> Y aquí es, pues, donde reside aquel momento del reconocimiento que consiste en que la otra conciencia se suprime y borra [*aufhebt*] como ser-para-sí, *haciendo*, por tanto, ella misma aquello que la primera conciencia hace contra ella. Y en ello reside también el otro momento que consiste en que ese hacer de la segunda conciencia [eso que la segunda conciencia también hace] *sea* el propio hacer de la primera conciencia [sea lo que la primera conciencia hace]. (2009: 296; acotaciones de la traducción, énfasis mío)[1]

---

[1] En principio, el reconocimiento es un fenómeno entre dos autoconciencias, que se da «de forma que ambas se *acreditan* cada una ante sí misma y la una frente a la otra» (2009: 291). Pero al no haber una acreditación mutua entre el señor y el siervo, el reconocimiento es unilateral. El siervo reconoce al señor, pero este le dirige un no reconocimiento al siervo que no le permite a él mismo asegurar su ser-para-sí: «Pues no hay allí para él tal conciencia autónoma, sino, al contrario, una conciencia no autónoma; por tanto, no puede estar allí seguro [no puede cobrar allí seguridad] de su *ser-para-sí*» (2009: 297).

Si actualizamos estos dos momentos en el lenguaje de nuestro análisis, el primero refiere a cuando una conciencia se suprime y borra la conciencia como ser-para-sí, y en este borrar y suprimirse reinscribe («hace») *aquello* que hace la primera conciencia (no reconocerle como ser-para-sí), es decir, el hacer-inscripción orientado a *lo que hace* la primera conciencia contra la segunda; y el segundo, cuando la reinscripción de la segunda conciencia *es* el hacer-inscripción de la primera conciencia, es decir, el hacer-inscripción orientado a la *identidad* del hacer.

Estos dos momentos del reconocimiento resultan correspondientes con los ámbitos que distingue «El sueño del pongo»: actuar y ser. Visto desde nuestro punto de vista, la amenaza y fuerza de la objetificación se focaliza en estas dos instancias: impone una *actuación* como objeto y demanda *ser* objeto para quien objetifica. Sin embargo, y aquí radica la diferencia con Hegel, el *cuidado* no permite que la segunda conciencia se suprima y borre como ser-para-sí, incluso cuando se consiente activamente el uso. Está en su potestad rechazar o consentir la objetificación y el uso, y para ello despliega el *control de uso*[2].

El actuar y el ser, vislumbrados desde el *cuidado*, resultan ser las instancias donde se focaliza la interpelación amenazante, a las que este debe atender y según las cuales debe desplegar el *control de uso*. Desde allí se puede contemplar una taxonomía que registre su acción en el consentimiento y el rechazo de la objetificación y el uso.

EL CONSENTIMIENTO

La acción del *cuidado* se manifiesta en el sentido mismo que adquiere el *control de uso* como consentimiento o rechazo. Si examinamos el verbo *consentir*, este comporta los sentidos de «permitir»,

---

[2] Incluso en Hegel (2009: 296), el suprimirse y borrarse de la segunda conciencia señala una instancia del hacer y la inscripción donde todavía se manifiesta el ser-para-sí. Pero no elaboró más sobre este punto.

«condescender» (*DLE*), y etimológicamente proviene del latín *consentio* (inf. *consentĭre*), cuyas acepciones van de «estar de acuerdo», «ser de la misma opinión», «decidir de común acuerdo» hasta «armonizarse», «corresponderse» (*Vox*). En español el sentido se orienta a pronunciarse con respecto a algo dado y ese pronunciamiento supone *dejar hacer* a lo dado. En latín se sugiere la disposición común a un hacer (acordar, decidir, corresponder) *con* alguien o algo, en el sentido de hacerlo juntos o hacerlo de la misma manera[3].

Una acción del *control de uso* consintiendo *dejará hacer*, pero también y al mismo tiempo podría *hacer con* quien objetifica. Podemos señalar que el consentimiento circula por ambos campos semánticos, como si se reintegraran los sentidos del latín y el español.

El consentimiento atenderá a las dos instancias de interpelación y *dejará hacer/hará con* quien le objetifica y/o *consentirá ser* objeto. Por un lado, la inscripción que efectúa sería el proceso de *reinscripción del hacer-inscripción* de quien objetifica, es decir, una inscripción orientada a actuar como objeto para otra/o; y, por otro lado, el proceso de *reinscripción de sí mismo/a como objeto*, según el hacer-inscripción de la objetificación, es decir, una inscripción orientada a identificarse como objeto.

Volviendo al caso del pongo, el sueño y el relato del sueño son la manifestación de la acción del *control de uso* que reacciona/responde a la objetificación. El pongo obedece, deja hacer, y actúa como animal u *objeto*, porque probablemente asume que obedecer es su condición natural y normal para actuar; incluso podría no tener una consciencia muy clara de ser para los fines de otro/a, porque este otro no sería en verdad el otro/a para él: es el patrón, el garante del orden del mundo, y por tanto no podría consentir ni rechazar. Sin embargo, sí sabe,

---

[3] El valor semántico de *consentio, consentĭre*, en latín, está más cerca del de concordar / discrepar en español que de los polos semánticos aceptar / rechazar o permitir / impedir, que son los que fundamentalmente acotan el valor de uso de *consentir* en español.

ahora sí, que el patrón también puede ser un objeto para la voluntad divina de San Francisco *igual que él*, y esta voluntad se materializa en la reciprocidad. El *control de uso* presenta esta igualdad, legislada por la reciprocidad, y abre la posibilidad para que pueda vislumbrar al patrón, en un momento dado, como un objeto para-sí, para sus propios fines. No se recusa la objetificación en sí, sino la objetifica-ción-dominación unilateral[4].

Ahora bien, cuando el consentimiento de quien es objetificada/o consiente sobre todo *ser objeto* más que *actuar como objeto*, basta eso para que se manifieste una *objetificación consentida*, dado que se consiente *ser* para los fines de otra/o. Allí, la condición asumida de objeto quedará marcada como una función de su inscripción como sujeto bajo el *cuidado* y el *control de uso*.

Si, en una modalidad de consentimiento diferente, la otra instan-cia de la interpelación, el actuar como objeto, es consentida a la par que el ser objeto, se marca un hacer colaborativo. Es el caso de una pareja de amantes que se objetifican recíprocamente y consienten el uso de sus cuerpos, como lo reflejaría la expresión «soy tuya/o, hazme lo que quieras», y luego se actúa en consecuencia con ese «hacer»

---

[4] Cuando Hegel abordó el reconocimiento mutuo, apeló a una simetría lógica, formal; y cuando se trató del reconocimiento unilateral, señaló que el hecho de terminar con la servidumbre se focalizaba fundamentalmente en el trabajo del siervo, lo que daría lugar a su autoconciencia en el sentido del paso de la servidumbre a la «consciencia desgraciada»; es decir, señaló un hacer propio sobre el cual adquiere autonomía (porque también el trabajo es *del* señor) (2009: 295-299). En el caso del sueño del pongo, se legisla la reciprocidad para la justicia. Se termina con la servidumbre apelando a la acción mutua y recíproca del *lamer*, al hacer de hacendado y pongo *dando afecto* (o cuidando) y *conociendo* al otro. Si abstraemos esta relación, se sugeriría una formulación en términos éticos, en el sentido de que uno/a se hace responsable del otro/a y viceversa; mientras en el caso del siervo hegeliano, el hacer queda de su lado más como un acto individual y autoconsciente de búsqueda de la autonomía. Es más, Hegel no reinscribe el lugar del señor ni prescribe un hacer para él. No hay una reconfiguración de la situación donde ambos, señor y siervo, puedan actuar en relación con el otro.

de la otra/o. La perspectiva del «hacer» se haría indistinguible por momentos, o solo alternadamente, dado que el «hacer» resultaría un «querer» (una demanda) de ambos. Una/o sería el objeto de la otra/o y viceversa, pero al mismo tiempo. La focalización está dada tanto en el *ser* como en el *actuar* objeto. Se consiente no solo la objetificación sino también el uso activo marcado por una actitud de disposición y colaboración –de concordancia– con el hacer de la otra/o. Incluso este hacer colaborativo podría tomar la forma de una auto-objetificación, donde se posa, se presenta y ofrece una/o misma/o como objeto para la otra/o. Se observa, además, que quien objetifica recepciona la respuesta del *control de uso* (decir, actuar) de quien es objetificada/o bajo la forma de una constatación del consentimiento de la otra/o, lo que hace de su objetificación una objetificación consentida y de la otra/o un sujeto doblemente agente, porque objetifica y consiente[5].

Ahora bien, este consentimiento puede alcanzar la forma de la *entrega*, del darse, donarse una/o misma/o, ser para la otra/o. El *control de uso* efectivo se desactivaría y se entregaría el *cuidado* a la otra/o. La *entrega* implica una colaboración y un darse bajo una forma particular de auto-objetificación que cede el control de sí a la otra/o. En esta el actuar y ser objeto para sí misma/o ha sustituido su objeto con el objeto vislumbrado y objetificado por la otra/o (por quien le dirige la objetificación), ocultándose esta sustitución para sí misma/o, lo que resulta en última instancia en un actuar y ser para la otra/o. Las causas y modalidades de la entrega se pueden pensar a partir de consideraciones psicológicas, sociales y hasta místicas, como sugieren las figuras de la seducción, la fascinación, el deslumbramiento, el hábito y la servidumbre voluntaria, que ofuscarían la función del *control de uso*[6].

---

[5] Aunque también podría haber un consentimiento que no alcance a ser recepcionado por quien objetifica, donde el hacer de este se oscurece para sí mismo/a al no saber si está forzando la relación. Como diría Hegel, no hay acreditación porque no se puede constatar el reconocimiento mutuo.

[6] La situación de la «servidumbre voluntaria» fue planteada por E. La Boétie en el siglo XVI. Para un análisis de su formulación y de los intentos que explican

Un caso de entrega se puede observar en el cuento «Los censores» de Luisa Valenzuela. Allí, en una anónima sociedad dictatorial, Juan le envía una carta a su ex-novia, Mariana, que vive en París. Luego se siente mortificado porque esta carta podría traerle complicaciones a Mariana, y a él, aunque no haya razones claras para ello: «Sabe que no va haber problema con el texto, que el texto es irreprochable, inocuo. Pero ¿y lo otro? Sabe también que las cartas las auscultan, las huelen, las palpan, las leen entre líneas...» (1983: 89). Esto lo lleva a postular al Departamento de Censura para poder interceptar su carta y retirarla, y entonces consigue un puesto de censor. Allí va aprendiendo el trabajo de censura, ascendiendo de posición por su eficiencia (y en una ocasión por denunciar a un compañero que quería formar un sindicato). Llega a dedicar su vida exclusivamente a este trabajo: «Juan no quería saber nada de excesos: todas las distracciones podían hacerle perder acuidad de sus sentidos y él los necesitaba alertas, agudos, atentos, afinados, para ser un perfecto censor y detectar el engaño. La suya era una verdadera labor patria» (1983: 92). Juan se entrega a su trabajo, se da en cuerpo y mente. Su deseo es ser un «censor perfecto», el mismo deseo del Departamento que lo objetifica como una pieza de la maquinaria de censura. Al final, la carta que le había escrito a Mariana llegó a sus manos: «Como es natural, la condenó sin asco. Como también es natural, no pudo impedir que lo fusilaran al alba, una víctima más de su devoción por el trabajo» (1983: 92). Juan, literalmente, se *entrega*. En ese momento se ha convertido en un objeto para sí mismo, pero este objeto que *es* él, es el que ha sido vislumbrado y objetificado por la maquinaria de censura. Su objeto de deseo es el deseo de esta, que se cumpla el deseo de esta, y lo que entrega es el *cuidado*. La voz narrativa es consciente de lo que significa esta entrega. Al inicio del cuento, sabedora del desenlace, menciona lo que está en juego:

o podrían explicar su proceder en relación con el totalitarismo y la dominación, véase Abensour 2007b y Gachet & Abensour 2008.

«Estas cosas pasan cuando uno se descuida, y así como me oyen uno se descuida tan pero tan a menudo» (1983: 89). El descuido, el haber dejado de cuidarse, llega al final al punto de la entrega del *cuidado* a quien lo objetifica, a quien tiene poder de vida y muerte sobre él. Este acto de entrega es voluntario, es una servidumbre voluntaria: el deseo está puesto en ella[7]. ¿Por qué? El cuento mismo lo interpreta. La eficiencia y devoción de Juan al trabajo le otorgan valor y esto se lo reconocen, pero no la maquinaria objetificadora sino el rostro que la representa: la Patria. El hábito de servir a la Patria lo lleva, irónicamente, a *entregarse* a esta.

Otro caso distinto se observa en un/a *stripper*, donde se consiente la objetificación pero se rechaza el uso *activo* (relaciones sexuales). Ya sea que se consienta ser objeto o no en el uso activo, el consentimiento del uso *pasivo* implica una colaboración con el uso de la mirada (posa, se auto-objetifica), consiente en actuar y ser objeto para esa mirada. El *cuidado* despliega el *control de uso* y circunscribe la acción del otro/a a una modalidad pasiva del uso. A este consentimiento, donde alguien consiente ser objeto y colabora actuando en consecuencia, pero sin entregar el *cuidado* a quien objetifica, lo identificaremos como *consentimiento activo*.

Por el contrario, en el caso de un pongo consciente de la objetificación que lo sometía, se puede contemplar un consentimiento en ser objeto y una actuación que no expresa necesariamente colaboración, pero tampoco rechazo. Allí el ser objeto no está problematizado, pero el *cuidado* tiende a distanciar el actuar como objeto de la imposición que ejecuta el uso (por ejemplo, actuar con desgano o por la fuerza de la costumbre). Este caso presentaría un *consentimiento pasivo* o *consuetudinario*.

Cuando el *cuidado* llega a consentir sobre todo el hacer del uso sin consentir necesariamente ser objeto, se implica un sometimiento

---

[7] A nivel ontológico la estructura del cuidado sigue presente en tanto es existencial, pero es ya un cuidado impropio, un existir abandonando la existencia.

de la calidad de sujeto a la fuerza de la objetificación. Desde estas condiciones se pueden observar dos posibilidades:

a) Una que se manifiesta en situaciones extremas de alienación y contextos de represión donde se coacciona la voluntad de las personas. Por ejemplo, durante el Conflicto, algunos representantes de las fuerzas del Estado conseguían *favores* sexuales de algunas mujeres detenidas a cambio de mejores condiciones para sí mismas o, si no estaban detenidas, para salvar la vida de familiares detenidos. Aquí el consentimiento es producto de un acuerdo forzado que se focaliza más en el actuar que en el ser objeto, y que se podría resumir en la expresión: «consiento que lo hagas, pero no soy tu objeto». Se consiente el hacer (ser usada/o como objeto), pero se rechaza la carga identitaria del discurso objetificador (ser objeto). A este consentimiento lo identificaremos como *consentimiento forzado*.

b) Cuando el *cuidado* se activa y puede reinterpretar una relación anterior con el otro/a vislumbrándola ahora como objetificación. Esto se observa desde un nuevo punto de vista que puede darse al adquirir una conciencia propia de la situación o desde un lugar exterior a la relación donde se intenta *sostener la sujetificación* de quien ha sido objetificada/o[8].

Es el caso inicial del pongo en «El sueño del pongo», donde la relación de subordinación con respecto al hacendado va más allá del consentimiento y es concebida, desde su punto de vista, como un orden natural. No habría necesidad de consentimiento porque la

---

[8] Hegel había considerado ya la posibilidad de que la *conciencia servil* pudiera obtener su autonomía: «la servidumbre, en el proceso de su realización, ha podido muy bien convertírsenos […] en lo contrario de aquello que ella inmediatamente era; y en efecto, en cuanto conciencia *hecha volver sobre sí* o hecha retroceder sobre sí o represada sobre sí [*zurückgedrängte*] habrá de volver a sí misma y experimentar un vuelco que la convierta en la verdadera autonomía» (2009: 297). Hegel señaló además que gracias al *trabajo* la conciencia servil podría conseguir la autonomía (del señor como conciencia de la verdad) y aspirar a la libertad, en tanto (y al igual que el señor) alcance la autonomía con respecto a las cosas.

objetificación se presentaría como el orden de las cosas y no habría lugar para ser contestada. No tiene conciencia de ser objeto para otra/o o la conciencia de ser-para-sí frente a la otra/o es reducida. El *cuidado* estaría vigilante frente a otra situación (una enfermedad, un accidente de trabajo), pero no desplegaría el *control de uso* frente al uso como objeto del patrón. El ser y actuar como objeto, sin dejar de ser amenazante, se manifiesta como *deber ser* hasta la llegada del sueño. Este es el que le revela al pongo un punto de vista diferente, otro lugar desde el cual valorar su relación con el patrón, y su sola manifestación cuestiona la relación de dominación. Allí, la reciprocidad lo presenta en condiciones de igualdad con el patrón y lo sostiene como sujeto.

Otro caso lo recoge Portocarrero en el análisis ya mencionado de los testimonios de empleadas domésticas. Se pregunta «¿cómo se da la ruptura?», a lo que responde: «La conciencia de la vida que llevan se genera siempre a partir de un diálogo con una amiga con quien pueden ensayar a ser ellas mismas» (1985: 170). Es el diálogo con alguien exterior a la relación de dominación el que genera que la empleada tome conciencia de la objetificación a la cual está sometida; y no solo eso, sino que ensaye y adquiera la conducta de ser y actuar para sí misma. Esta conciencia se da en el ámbito del *cuidado* y lo alerta o activa, permitiendo que se despliegue el *control de uso*.

También podría ser el caso de valorar como sometimiento la condición de una esposa reducida únicamente a la labor de su cuerpo (tareas domésticas, sexuales y de reproducción). El simple hecho de que pueda ser consciente de su sometimiento, ya sea por la acción de alguien desde el exterior o por ella misma en un momento posterior, señala la impugnación que se hace ahora de su condición.

En estos casos, lo que procede desde la nueva posición es señalar la precariedad del consentimiento anterior (si se tiene algo de conciencia de la objetificación) o la conducta sometida (si no se es consciente de la objetificación), donde no había la posibilidad para quien fue objetificada/o de apelar a un punto de vista o discurso desde el cual vislumbrar su situación de dominación y rechazar la objetificación y el uso, o apelar a otro discurso objetificador que le genere un mayor control de uso. Este nuevo punto de vista o discurso generaría una diferencia y le permitiría vislumbrarse a sí misma/o como sometida/o y, en el mismo proceder, alertar al *cuidado* y desplegar el *control de uso*.

Sobre esta situación, podemos decir con Bourdieu que se da un pseudoconsentimiento de la objetificación producto de la asimilación (que puede llegar hasta la naturalización) que efectuó quien-fue-objetificada/o del marco con que operó el objetificador/a para la dominación[9]. Esta inconsciencia o casi inconsciencia frente a la objetificación, pero que acata y cumple con su imposición (como algo naturalizado o normalizado), señala la precariedad ideológica con que actúa quien es objetificada/o. Este actuar expresaría un *consentimiento débil o precario*.

En el caso de las cautivas, que en términos estructurales denota un rechazo absoluto a la objetificación y el uso, la dominación las forzaba a aceptar unas normas de conducta con respecto a la labor de sus cuerpos para la satisfacción de las necesidades de sus dominadores (cocinar, lavar la ropa, estar disponibles sexualmente). En algunos casos, como registra Uceda, esto podía generar una zona privada y doméstica de convivencia bajo el dominio del dominador que se abriera a la posibilidad de establecer un vínculo (¿afectivo?) o acuerdo

---

[9] Bourdieu señaló: «La violencia simbólica se instituye a través de la adhesión que el dominado se siente obligado a conceder al dominador (por consiguiente, a la dominación) cuando no dispone, para imaginarla o para imaginarse a sí mismo o, mejor dicho, para imaginar la relación que tiene con él, de otro instrumento de conocimiento que aquel que comparte con el dominador y que, al no ser más que la forma asimilada de la relación de dominación, hacen que esa relación parezca natural; o, en otras palabras, cuando los esquemas que pone en práctica para percibirse y apreciarse, o para percibir y apreciar a los dominadores (alto/bajo, masculino/femenino, blanco/negro, etc.), son el producto de la asimilación de las clasificaciones, de ese modo naturalizadas, de las que su ser social es el producto» (2000: 51). Hegel había señalado que la *conciencia autónoma* del señor era para la conciencia servil la *verdad* (2009: 297).

entre dominador y dominada, a partir del cual se hiciera posible la llegada de un momento posterior de valoración de su sujetividad o de poder obtener la libertad (2004: 122-124)[10]. La posibilidad de este momento de valoración o la promesa de libertad permitía atenuar las condiciones de dominación (el uso y el rechazo, cuyo modo y temporalidad estaban sujetos a la eventualidad), y configurar la esperanza de algunas cautivas. Sin embargo, más allá de que la relación de dominación se abra a esta posibilidad como algo factible o de que sea usada por el dominador para tener un dominio menos resistido, la situación de la cautiva no cambia como cautiva, es decir, *su respuesta está confinada a manifestarse dentro de una estructura de objetificación* ya cerrada a la exterioridad (dominación) como es la del *cuerpo anudado*.

En ese sentido, su respuesta consintiendo o resistiéndose menos no es una respuesta para la objetificación porque esta no la atiende, o la atiende solo en el orden de la posibilidad o el simulacro. A su vez, para las cautivas, esta respuesta puede ser también una estrategia del *control de uso* en la que se simula el consentimiento para conseguir un dominio menos violento, reservándose para sí un rechazo absoluto de la objetificación. También puede ocurrir que crean efectivamente que se le da una atención verdadera a su respuesta inicial de rechazo, con lo cual el simulacro de atención del dominador se impondría como realidad desde su perspectiva y su nueva respuesta oscilaría entre un rechazo disuadido y un consentimiento débil. O podrían mantenerse en la incertidumbre con respecto a la veracidad y factibilidad del vínculo o acuerdo, con lo cual sus respuestas se oscurecerían para sí mismas o se *administrarían estratégicamente* (dada la temporalidad del cautiverio), pero siempre desde la posición del rechazo inicial y el *control de uso*.

---

[10] La situación de dominación impide una valoración justa de los afectos. En *Muerte en el pentagonito* y la novela *La hora azul* se menciona un afecto correspondido desde el punto de vista del dominador y de quienes lo asumen, que no refleja la enunciación de la víctima. En el fondo opera como una coartada.

Un ejemplo paradigmático para la región andina se da en el discurso de Manco Inca, según la crónica de su hijo, Titu Cusi Yupanqui, donde el Inca exhorta a sus súbditos a consentir y rechazar al mismo tiempo el dominio español:

> Lo que podreis hacer sera dar muestras por de fuera de que consentis a lo que os mandan y dar algun camarico y lo que pudieredes [...] Lo otro, que esteis sienpre con abisso para quando os enbiare a llamar o avisar de lo que con esta gente aveis de hazer. (1992: 51)

La respuesta es un consentimiento «por de fuera», no por *dentro*, no consentir *ser* objeto o instrumento de los otros, los dominadores. Es un consentimiento a «dar» o actuar según el mandato de los otros, pero que siempre está en alerta y se mantiene fiel al llamado del Inca para actuar en contra. Es un consentimiento del orden del simulacro, porque quien lo otorga no consiente *ser* objeto, solo simula *actuar* («por de fuera») como objeto. El propósito es conseguir un manejo favorable de la situación de dominación sin dejar de resistirse. En esta situación, *el control de uso a través del simulacro adquiere la forma de un discurso de resistencia*[11]. Sin embargo, no se manifiesta ni prescribe un cuidado individual. La posible sujetificación de los súbditos (el responder contra la dominación) está *sostenida* por el Inca y su discurso, cuya fuerza depende de la fidelidad de estos y de otra subalternización frente al Inca. Esta es una forma de consentimiento configurada por el simulacro a la que se le puede denominar, *consentimiento de por fuera*.

---

[11] Esta sería la estructura fundamental que actualizaría formas como la de la «resistencia pasiva», el «se acata, pero no se cumple» de la sociedad colonial, o lo que Steve Stern señaló como *resistant adaptation*, la estrategia desarrollada por ciertas comunidades andinas contra la administración colonial en el siglo XVII (1987: 29-33), que luego Carlos Iván Degregori traduce como *adaptación-en-resistencia* para analizar el rol de las rondas campesinas durante el Conflicto (1996).

Todas las posibilidades mostradas en estos casos resultan administradas por el *control de uso* desde la preocupación del *cuidado*. El *control de uso* se presenta como la *respuesta activa* que está atenta a los modos, cambios y temporalidad del uso efectivo, pudiendo generar en cualquier momento alguna de las formas del consentimiento o el rechazo. El *control de uso* responde cuando es consciente de la interpelación y acción del uso efectivo. De esta manera, el sujeto se configura como una manifestación del *cuidado* a través de las acciones del *control de uso*[12].

EL RECHAZO

El rechazo se manifiesta en la expresión (pensada, enunciada o actuada) que contesta, se resiste e impugna la objetificación y el uso, sin importar para su realización que quien objetifica lo recepcione o no. El rechazo, al igual que el consentimiento, dirige su hacer-inscripción a las instancias de la interpelación: ser objeto y actuar como objeto. En ese sentido, se puede advertir:

a) Un rechazo a *ser* y *actuar* como objeto en cualquier circunstancia y temporalidad, al que denominaremos *rechazo absoluto*. Es el rechazo, por ejemplo, de Cura Ocllo, hermana de Manco Inca, al intento de violación de un grupo de conquistadores, quien prefirió dejarse matar antes que dar su consentimiento (Titu Cusi 1992: 58).

---

[12] La reducción de la respuesta de quien ha sido objetificada/o a solo un consentimiento o un rechazo ha sido cuestionada, como lo demuestra el análisis de violación de mujeres durante el Conflicto de Pacha Bueno-Hansen, quien señaló que el marco legal peruano sufre una miopía de consentimiento/coerción insuficiente y reductora para comprender la dinámica interseccional (sobre todo el cruce patriarcal y colonial) de violaciones concretas o individualizadas (2015a). Creo que la perspectiva del *cuidado* y el *control de uso* y las distintas formas de consentimiento y rechazo a la objetificación, o la ausencia de estas, que aquí presentamos, permitirían definir mejor las circunstancias y particularidades de cada caso de violación.

b) Un rechazo a *ser* objeto, pero que consiente el uso (activo y pasivo), que sería un rechazo que ha sido disuadido de ser absoluto. Es el caso mencionado antes de los *favores* sexuales pedidos a algunas mujeres a cambio de beneficios para sí mismas o para familiares detenidos, donde la resistencia inicial ha sido disuadida. No sería el caso, obviamente, de alguien que se ofreciera de manera voluntaria a concederlos, ya que estaríamos frente a una auto-objetificación que entraría en correspondencia con la objetificación que se le dirige. Esta forma de rechazo se puede identificar como *rechazo disuadido*, correspondiente con el *consentimiento forzado*.

c) Un rechazo del uso, pero que consiente en *ser* objeto, no puede darse en sentido estricto, o puede darse solo a nivel imaginario. El uso es el que inscribe la objetificación; no hay, entonces, un rechazo del uso que no implique un rechazo a ser objeto y por tanto de la objetificación. Sin embargo, la naturaleza del uso que contempla un uso activo y uno pasivo, como analizaremos más adelante, permite considerar un rechazo del uso activo y un consentimiento del uso pasivo. Es el caso mencionado de un/a *stripper* que consiente el uso de la mirada pero no la relación sexual, lo que se puede resumir en la fórmula «mírame, pero no me toques». Este sería un *rechazo del uso activo*.

Sin control de uso o la ausencia de respuesta

Siempre puede darse el caso de una ausencia de respuesta. Esto podría ocurrir, por ejemplo, cuando en una situación se insinúan cosas en doble sentido o deliberadamente imprecisas dirigidas hacia alguien más (por ejemplo, una conversación donde de pronto uno de los participantes, un hombre, hace una alusión de tipo sexual *dirigida* [¿o no?] hacia una mujer presente), generando que su recepción se abra a la interpretación o se oscurezca. Si se asume como una objetificación el *cuidado* entra en alerta y puede ser respondida bajo la forma del consentimiento o del rechazo, o puede que no se despliegue el *control de uso* debido a alguna fuerza que cohíba, impida o intimide hacerlo (sorpresa, temor). Pero también puede no recepcionarse la objetificación y el uso, y por tanto, no habría lugar para la alerta del *cuidado* ni la respuesta.

Por otro lado, que se oscurezca la recepción de la objetificación o que no se pueda desplegar el *control de uso* no significa que deba asumirse el consentimiento o el rechazo como algo tácito. El *control de uso* no se ha desplegado y no puede reaccionar frente a la demanda de ser y actuar como objeto. El *cuidado* no puede manifestar su voluntad al respecto. Esto nos lleva a considerar que *solo en el consentimiento activo y cualquiera de las formas del rechazo se expresa la voluntad de quien ha sido objetificada/o*; por tanto, ante una ausencia de respuesta la objetificación llegada al uso connota la imposición de una objetificación de *cuerpo anudado*[13].

Un caso extremo se presenta cuando una persona violada sexualmente queda paralizada (de pánico, de terror), manifestándose así un trauma. El *cuidado* vislumbra la objetificación y el uso y/o constata su manifestación, pero aparentemente no habría una respuesta, ni física (no patalea ni se defiende) ni simbólica (no se niega ni pide auxilio ni grita), ya que el *control de uso* estaría afectado. Sin embargo, la naturaleza misma del trauma en el momento de la violación (como lo revelaría la incapacidad para manifestarse), la inhabilitación del *control de uso*, expresa paradójicamente el impacto de una violencia no deseada, y no deseada en términos somáticos a la manera de un síntoma. Esta sería una forma de reaccionar a la violación, cuya inscripción efectiva como respuesta se manifestaría cuando quien perpetra la violación y/o un tercero/a lo adviertan, o la misma víctima cuando despliegue efectivamente el *control de uso* en un momento posterior, y logre significar el evento y/o actuar en relación con lo sucedido.

---

[13] Esto se puede contemplar particularmente en los casos donde se necesite la distinción entre sexo consentido y el abuso y/o violencia sexual.

En este caso se puede presentar una disociación en el sentido de
que *mi-cuerpo* no es más *mi* cuerpo, se ob-jeta, es otro, se desliga de
una/o, no es más parte de mí, lo que le ocurre no está en *mi* historia,
no me ocurre a *mí*. En el sexo consentido soy cuerpo sintiendo-pade-
ciendo otro cuerpo, ob-jetando-siendo objetado, gozando, abierto en
el «más allá» al contacto de lo otro (no se existe, se padece). En este
caso de violación o en la actuación de alguna trabajadora sexual el
cuidado se desliga o tiende a desligarse temporalmente del cuerpo
como *para-mí*. Allí el *control de uso actúa desactivándose* (es decir,
todavía queda un resto, un punto de articulación desde donde *se*
desactiva) dejando al *cuidado* sin una respuesta temporal.

En otro tipo de situaciones, donde no se establece ningún tipo
de comunicación o interacción entre quien objetifica y quien es
objetificada/o, la ausencia de reacción del *cuidado* es tácita. Sin
embargo, no se descarta que la objetificación pueda ser advertida y
contestada por quien ha sido objetificada/o en un momento posterior
a su manifestación. Es el caso de un hombre que filma a una mujer
mientras se ducha sin que ella se percate, y por tanto el *cuidado* no
pude entrar en alerta. Sin embargo, si la mujer descubre luego la
filmación, puede desplegar el *control de uso*.

Estos últimos casos señalan que el *cuidado* puede entrar en alerta
de manera diferida, cuando se vislumbre la objetificación que se le
dirigió y constate el uso. Al igual que el uso, el *cuidado* y el *control de uso* están afectos a la temporalidad, pero no comparten con
este necesariamente la misma temporalidad. La temporalidad del
uso puede afectar y determinar la naturaleza del *control de uso*, su
temporalidad y el sentido de su respuesta (o acciones); además, el
control de uso procede en relación con la capacidad individual y los
condicionamientos de la situación para su despliegue, y por tanto, su
temporalidad, como la del *cuidado* (que en un sentido fundamental es
la estructura existencial misma), excede, y en algunos casos precede, a
la del uso. La precede cuando se vislumbra una posible objetificación
y uso, y el *control de uso* actúa en consecuencia, llegando incluso a

formulaciones colectivas como las demandas del movimiento *Ni una menos* contra la violencia contra las mujeres. O la excede en casos de *retraso* como los que se presentan en las denuncias de violación sexual de mujeres en el movimiento *MeToo*.

Finalmente, en otros casos de violencia sexual, la recepción de la respuesta de quien ha sido objetificada/o, es decir, entender que sí o que no se consiente la objetificación y por tanto el uso, puede quedar atrapada en una suerte de desencuentro hermenéutico. Entre la manifestación de un rechazo (absoluto, temporal, o del uso activo que consiente el pasivo), que inscribe el uso como violencia sexual, y la recepción de un consentimiento que hace quien objetifica, que inscribe el uso como no-violencia (por ejemplo, frente a un rechazo temporal o del uso activo, pero que consiente el pasivo). Esta zona de indeterminación, que se genera como un conflicto de lecturas, se abre a una discusión que implica el marco del vislumbramiento de quien objetifica y de quien es objetificada/o (donde son fundamentales la comprensión de los usos del cuerpo y la sexualidad), los marcos cognitivos desde donde se concibe la violencia sexual (de ambos y/o de una instancia judicial), y el dominio de la ética (donde se legisla la preservación y fidelidad al ser en tanto sujeto y no objeto), con lo cual la producción-inscripción que efectúan la objetificación y el uso estarían sujetas siempre a su inscripción/reinscripción cognitiva y ética.

4.
EL USO

El *uso* es el hacer (acción, enunciado, mirada, etcétera) que produce-inscribe a un ser humano como objeto para un fin determinado. El uso es la manifestación de la objetificación que ocluye la sujetificación y le otorga al cuerpo un rol determinante en el sentido de la instrumentación. El uso es del orden de lo performativo y no se presenta objetificación sin uso. Es decir, en un mismo proceder se usa lo que se objetifica y se objetifica lo que se usa[1].

La idea de instrumentación del cuerpo es algo constitutivo de la concepción de *tener* un cuerpo. Por un lado, si mastico para comer o camino, no tengo que pensar que instrumento mi cuerpo, sino que es algo que mi cuerpo hace naturalmente[2]. Por otro lado, si rompo el vidrio de una ventana con el puño para ingresar a una habitación o uso los dedos para sacar algo de un frasco de boca estrecha, entonces estoy instrumentando *mi* cuerpo. La frecuencia de esta práctica, la costumbre, puede llevar a su naturalización y convertirla en un hacer irreflexivo o automático que se hace como un proceder reactivo. Ahora bien, esta instrumentación del cuerpo, natural en la vida diaria del ser humano, se *proyecta a los otros*, particularmente al cuerpo de los otros, en el uso.

---

[1] Se sigue el sentido de performativo y enunciado performativo de John L. Austin (1982).

[2] Según Merleau-Ponty, el actuar del cuerpo no pasa primero por una consciencia elaborada, sino por la realización en sí de su posibilidad: «la motricidad como intencionalidad original [como movimiento de existencia]. La consciencia es originariamente no un "yo pienso que", sino un "yo puedo"» (1993: 154).

El uso instrumenta, sobre todo, las características físicas del cuerpo. Cuando Marx reflexionó sobre el valor de uso de una cosa se refirió expresamente a las propiedades del cuerpo de esta cosa:

> La utilidad [*Nützlichkeit*] de una cosa hace de ella un valor de uso [*Gebrauchswerth*]. Pero esa utilidad no flota por los aires. Está condicionada por las propiedades del cuerpo de la mercancía, y no existe al margen de ellas. El *cuerpo* mismo *de la mercancía*, tal como el hierro, trigo, diamante, etc., es pues un *valor de uso* o un bien. (2009: 44)

Más allá de que esta noción de valor de uso se presente hoy como insuficiente, lo que es particularmente interesante para nosotros es que se define en relación con la utilidad y con la noción de valor en función de las necesidades humanas: «El *worth* [valor] natural de cualquier cosa consiste en su aptitud de satisfacer las necesidades o de servir a la comodidad de la vida humana» (2009: 44)[3]. Si consideramos esta definición, la valoración del uso del cuerpo humano estaría fundamental pero no exclusivamente condicionada por la instrumentación de sus características físicas y mentales. Es decir, el objeto humano es tal porque se ha constituido a partir de lo que las propiedades de su cuerpo le permiten instrumentar al uso[4].

Pero el uso es más que solo instrumentación, es un hacer como el del nudo eielsoniano. Este, al elaborarse, se produce como un signo que hace evidente el origen y características materiales que lo informan. Además, se observa la huella (la torsión y compresión) del trabajo que desarrolla alguien para elaborarlo. De manera análoga, el uso no solo inscribe-produce un objeto humano, sino que tam-

---

[3] Marx, como él mismo señaló, siguió la noción de valor de Locke.

[4] Al igual que la valoración de cualquier otro producto o mercancía, el valor del objeto humano también puede estar afecto a otros condicionamientos, como por ejemplo el del prestigio social que otorgaba tener esclavos y/o siervos y/o concubinas en distintos momentos de la historia.

bién se pueden advertir en su manifestación el discurso que dirige la producción y prescribe el uso.

El uso implica una utilidad que se repite. Se configura a partir de su iterabilidad y por lo mismo opera como una prescripción con respecto al objeto. La repetición del uso contiene en sí el despliegue del hábito. Si retomamos el ejemplo de subir a un caballo apoyándose en el cuerpo de una persona, se puede entender como: a) la utilización espontánea del cuerpo de alguien en una situación determinada; b) el uso del cuerpo de alguien «como un banco», sin que este alguien tenga la conciencia de ser un banco humano; c) el uso del cuerpo de alguien «como un banco» para subir al caballo, donde este alguien tiene la conciencia de cumplir esta función, que era uno de los usos que se le daba a un pongo. En los tres casos se manifiesta la utilización de determinadas características y posición del cuerpo, pero solo en los dos últimos se manifiesta el uso. El segundo se diferencia porque quien usa tiene la conciencia del uso (humano o no), y el tercero, porque quien usa y quién es usado/a tienen la conciencia del uso (se dé o no se dé en una relación de dominación). Esta conciencia revela que el uso de un cuerpo humano es una práctica y como tal se informa, regula y prescribe. El uso concreto es pues la apertura hacia una utilización constante que actualiza un discurso objetificador y se orienta a través de él.

La intención del uso

Todo uso persigue una intención. Esta debe entenderse como la orientación de la instrumentación para un fin específico o la orientación del uso según el discurso objetificador. La intención se puede reconocer de manera explícita o no, y en último caso se podrá interpretar el uso en relación con el contexto de su manifestación. Pero también, el uso podría hacerse indiscernible si se manifiesta en el pensamiento, dado que este, como proceso que sigue una dirección, tiene un propósito que podría ser consciente o inconsciente y su manifestación exterior del orden del síntoma.

Un caso donde se puede apreciar la intención en el contexto del Conflicto se da en un pasaje de *Muerte en el pentagonito* de Ricardo Uceda. Allí se presenta una situación donde un ejecutor, agente del servicio de inteligencia del ejército, confronta a una senderista que se había resistido con entereza al interrogatorio durante varias jornadas. Ella lo miraba sin parpadear, clavando sus ojos en él, y este reacciona:

> –Anda, grítame –dijo él–. Y desde ahora quiero que sepas que voy a cacharte.
> Carla le contestó con la misma mirada pesada: No te tengo miedo.
> El resto de detenidos observó la escena. El agente solo quería hacer una bravuconada y ver cómo respondía la senderista. (2004: 119)

La senderista no había podido ser reducida por los interrogatorios anteriores, marcando siempre su actitud como sujeto político, y el agente la amenaza ahora con violarla. La intención fue intimidarla y de haberse ejecutado la violación, humillarla y derrotarla como sujeto político, convirtiéndola en objeto sexual[5]. Particularmente aquí, se presenta la situación de la violación como arma de guerra[6].

Este ejemplo revela que la intención tiene un alcance y dominio que excede al uso prescrito. El *para*, que indica la instrumentación del uso, adquiere ahora un sentido más específico y expansivo a la vez. La amenaza contra esta detenida prescribe un uso efectivo que se manifestaría *para el sexo* (uso sexual y de género) y *para la lucha* (uso político-militar). Entonces, la producción primera del objeto humano se orienta a un uso determinado prescrito por el discurso

---

[5] La CVR señaló que las violaciones sexuales perpetradas por las fuerzas del Estado tenían muchas veces como objetivo «castigar, intimidar, coercionar, humillar y degradar a la población» (2003d: 343).

[6] Sobre este fenómeno en relación con el Conflicto véase, entre otros, Franco 2008; Fernández 2003; Espinoza 2003; Theidon 2004; Boesten 2008 y 2014; Denegri 2016; Hibett 2016; Silva Santisteban 2008 y 2016; Bueno-Hansen 2015b. En otros contextos, son importantes Brownmiller 1993; Diken & Laustsen 2005; Tamayo 2003; MacKinnon 1987.

objetificador, pero este puede expandirse o usarse indistintamente, según se actualice la intención.

La inclusión de una nueva intención tiene la capacidad de reinscribir el discurso objetificador haciendo que desde ese momento este la prescriba o al menos la contemple en el uso. La práctica del uso actualiza el discurso objetificador y lo produce para una situación específica. Incluso en el caso mencionado, donde no se concretó la violación, la intención declarada marca un uso pasivo (aun si es del orden del simulacro) que activa y reinscribe el discurso objetificador produciéndolo para la nueva situación. Ahora este agente y los otros (agentes y detenidas) que presenciaron la escena, si no lo sabían, sabrán que la violación puede tener otras intenciones o más de una intención. La nueva intención corresponde al hacer creativo de quien usa (activa o pasivamente) como parte de su desempeño individual.

Así como en la objetificación, el hacer del uso se *prescribe* a partir de un modelo de uso dado por la cultura y sus modos de conducta (incluso en un hacer contracultural); el uso como inscripción de la objetificación es siempre la actualización de un uso anterior o de la posibilidad de un uso. Nadie inaugura un uso de la nada, los usos y la posibilidad de usos nuevos siempre están inscritos en la cultura, aun cuando el uso pueda exceder creativamente a la cultura o contradecirla.

Por otro lado, puede ocurrir que se dé en algunas circunstancias una indeterminación del uso, o un uso recíproco simultáneo que genere la indeterminación. Esto ocurre cuando quien objetifica usa tanto su cuerpo como el del otro/a como objetos para-sí, y viceversa, consiente ser objeto para el otro/a. Es el caso de las relaciones sexuales consentidas. Allí los cuerpos son objetificados y usados por cada participante, pero a la vez, en el uso del cuerpo del otro/a se usa también el cuerpo propio, generándose durante el goce un espacio de indeterminación entre lo propio y lo ajeno, aunque en el deseo el uso pueda significarse con intención (por ejemplo, confirmar los códigos de masculinidad o feminidad en los cuales se inscribe). Incluso se puede considerar esta situación en el caso de una violación sexual; quien viola también está usando su propio cuerpo para cumplir con su propósito[7].

El uso de la mirada

La articulación visual es fundamental para comprender el mundo y desplegar la significación. Como señaló Merleau-Ponty:

> la función simbólica se apoya en la visión como en un suelo, no porque la visión sea su causa, sino porque es este don de la naturaleza que el Espíritu utilizaría más allá de toda esperanza, al que daría un sentido radicalmente nuevo y al que, no obstante, necesitaría no solo para encarnarse, sino también para ser. (1993: 143-144)

El despliegue de la objetificación se da fundamentalmente a través de una articulación visual, es decir, de la presentación de la corporalidad que la mirada producirá como objeto. Por ejemplo, en la frase «me miró como a una puta», se puede observar que una mujer *lee* en el acto de mirar del otro/a el vislumbre o la objetificación que la toma como objeto sexual (para-otros o para-sí).

La articulación visual *sitúa el espacio* donde se dan las cosas y seres, y es gracias a ella que se puede desplegar la mirada. Trae a la presencia una extensión y establece una relación con esta. Se puede apreciar, por ejemplo, en la mirada territorial. Pongamos los casos de un vecino en un barrio residencial y el de un pandillero (que

---

[7] Agamben propone una concepción del uso diferente de como se entiende de manera dominante hoy en día: «Hombre y mundo están, en el uso, en relación de absoluta y recíproca inmanencia; en el uso de algo, interviene el ser mismo del usante», y con respecto a la acción: «sujeto y objeto se desactivan y se vuelven inactivos, y son reemplazados por el uso como nueva figura de la praxis humana» (2017: 52-53). Queda esta línea por examinar: ¿en qué consiste el uso del cuerpo propio cuando se usa el cuerpo de alguien más?

también es un vecino) en su barrio. Al ingresar una persona desconocida o *diferente*, se despliega una mirada territorial que intenta leer el sentido de esa presencia (alguien amenazante, un indeseable, un invasor, un inspector municipal, etcétera). Pero esta solo se produce debido a una articulación visual previa o una mirada previa (y por tanto constituida por una articulación visual), que ha establecido una relación con ese espacio: «mi barrio», «mi espacio», «el lugar de los míos», según la cual se interpreta el sentido de esa nueva presencia. Si la misma persona se presenta en otro lugar, digamos el centro de la ciudad o la playa, la mirada será otra, dado que la articulación visual habrá situado estos lugares de manera diferente. Este *situar visual del espacio* puede darse de manera consciente o inconsciente, puede ser una percepción que no pasa por la consciencia cognoscente y que se revela solo en la acción, o ser ya una apercepción.

Distinguimos así la articulación visual (y el ver) de la mirada (y el mirar), pero considerando que no son procedimientos paralelos, sino constitutivos uno del otro. La articulación visual propone la extensión y la corporalidad, las presenta ante la mirada, y la mirada las significa; pero a su vez, para que la articulación visual pueda darse y orientarse (cómo ve y qué ve de lo que ve) debe haber sido inscrita previamente como un proceder específico por la mirada o, mejor, por el hábito de la mirada[8].

La mirada, una simple mirada, es además una «cierta manera de acceder al objeto», incide sobre este y es de una manera todavía no intrusiva *estar* en él. Lo describe así Merleau-Ponty:

---

[8] Para marcar un poco más la diferencia, cuando se dice «tuvo una visión» o «ver el futuro» o «es un visionario», se apela al sentido de la articulación visual, aun cuando no haya una relación directa y real con el objeto del ver. Opera como una metáfora que expresa la efectividad de la proyección imaginaria hacia el futuro que ofrece lo imaginado, como si fuera visto directamente. No ocurre lo mismo si decimos «tuvo una mirada», «mirar el futuro» o «es un *voyeur* o un mirón», que expresan otra cosa o se refieren más al sentido de lo que se ve que al mecanismo del ver que trae la temporalidad y el espacio.

Ver [*voir*] es entrar en un universo de seres que se *muestran*, y no
se mostrarían si no pudiesen ocultarse unos detrás de los demás o
detrás de mí. En otros términos, mirar [*regarder*] un objeto, es venir a
habitarlo, y desde ahí captar todas las cosas según la cara que al mismo
presenten. (1993: 88)

El ver, la articulación visual, presenta la dimensión espacial, la
extensión donde seres, objetos o cosas se muestran y singularizan
espacialmente. Mientras que el mirar, la mirada, viene a habitarlos y
captarlos, según lo que el ver comunica o lo que se presenta ante el ver.

La mirada tiende a estabilizar una primera imagen del cuerpo
incluso cuando no hemos visto a alguien. Por ejemplo, hemos oído
hablar bastante de un pintor, sabemos de él, tendemos a imaginarlo
visualmente de alguna manera (joven/viejo, alto/bajo, corpulento/
delgado, etcétera), aunque este proceso no sea algo muy consciente
o nada consciente. Luego lo vemos por primera vez y resulta ser más
joven o más bajo o más delgado o todo a la vez de lo que nos había-
mos imaginado. Incluso si no nos imaginamos nada, siempre hay la
consciencia de una corporalidad informe, de un cuerpo que existe, y
nos sorprendemos cuando de pronto vemos, por ejemplo, que es muy
alto o tiene el cabello rizado. Lo que ocurre es un ajuste de la mirada
según la nueva información visual. Para decirlo con Merleau-Ponty:
«Ver un objeto o bien es tenerlo al margen del campo visual y poderlo
fijar [mirarlo], o bien responder efectivamente a esta solicitación
fijándolo» (1993: 87). Esto nos lleva a una primera postulación que
ya se ha hecho fundamental: *la mirada se inicia incluso antes de la
realización física de la articulación visual*[9].

---

[9] Este reconocimiento primario de la distinción entre la mirada y la articulación visual se complejiza en el último desarrollo de Merleau-Ponty sobre
lo visible y lo invisible (2020), y da pie también a la reflexión de Lacan sobre la
mirada en relación con el ser mirado y la constitución del sujeto. Lacan señaló
que «de todos los objetos en los que el sujeto puede reconocer su dependencia en
el registro del deseo, la mirada se especifica como inasible. A ello se debe que,

En el uso, la mirada se inscribe con inmediatez y precede al uso, o es ya un uso primero que precede a otros usos. Se puede considerar que de una u otra manera todos los usos pasan por la mirada del cuerpo, con o sin una articulación visual efectiva. Así, por ejemplo, a partir del *uso pasivo* que despliega una mirada objetificadora (mirar a un/a *stripper*) se podría advertir la posibilidad de un *uso activo* ulterior (relaciones sexuales) o una acción tendiente a un uso ulterior que no sea consentido, como lo grafica la frase «no me toques».

La articulación visual juega un rol fundamental en la inscripción de dos formas de diferencia social: el género y la *raza*. Otra articulación, aunque minoritaria, que se manifiesta en la producción de la imagen del cuerpo, es la articulación auditiva, ya que conlleva una articulación visual. Las diferencias sociales de género y edad se pueden percibir en ella: una voz de niña, una voz de hombre mayor.

La articulación visual es un mecanismo tan poderoso que lleva casi instantáneamente a desplegar la producción/inscripción que hace el uso de la mirada y alienta incluso el uso activo. Un ejemplo extremo se da en un caso de violación grupal registrado en el *Informe final* de la CVR. Una mujer había sido degollada y la estaban violando unos soldados, cuando los sorprende un superior. Este cuenta mucho después lo sucedido: «¿Muerta? Muerta. Sabe por qué le digo, porque era alta, gringa, simpática. Pero ya estaba mal, ya no servía para satisfacer. La tropa la estaba violando. ¿Degollada? Sí, claro» (2003d: 343). El superior hace evidente una objetificación hecha por

---

más que cualquier otro, la mirada sea un objeto desconocido y quizá también por eso el sujeto simboliza en ella de modo tan logrado su propio rasgo evanescente y puntiforme en la ilusión de la conciencia de *verse verse*, en la que se elide la mirada. / Si la mirada es, entonces, este envés de la conciencia, ¿cómo intentar imaginarla?» (1987: 90-91). Esto sugiere que la mirada es un otro constitutivo y evanescente del sujeto. En nuestra reflexión nos referimos sobre todo a la mirada como un registro social que, por lo tanto, tiene también el signo de la otredad y que resulta esquiva (o no se tiene conciencia de ella) para el sujeto cognoscente durante la articulación visual.

la mirada de los soldados al mencionar las características físicas que inscriben simultáneamente diferencias de edad, contextura, género, *raza*, señalando además simultáneamente en la presentación misma una valoración estética y racializada. El cuerpo está deformado por el degollamiento; sin embargo, la presentación o *envío* de sus características físicas es tan fuerte para la tropa que lo vislumbra como objeto a pesar de su condición de cadáver, y así puede *sostenerlo* para un uso sexual.

Kaja Silverman, en su estudio sobre los mecanismos de la articulación visual y la mirada, *The threshold of the visible world*, distingue la mirada individual (*look*) de la mirada fijadora (*gaze*) en relación con la subjetividad, partiendo de la reflexión sobre la mirada de Lacan y problematizando su despliegue en relación con la cultura y la historia[10].

En el despliegue de la mirada en el campo de visión reconoce tres elementos fundamentales: la mirada individual (*look*), la mirada fijadora (*gaze*) y la pantalla. La mirada individual se refiere al hacer particular del sujeto, y la distinción entre esta y la mirada fijadora, que implica la mirada de la cultura, genera el espacio para que se pueda manifestar una mirada productiva.

Define la mirada fijadora (*gaze*), la de la cultura, la que nos fija, retomando primero el sentido que le da Lacan a la mirada (*regard*) al equipararla con una cámara[11]: «un "aparato" cuya única función es ponernos en la "foto"» (1996: 168). Pero, además, la función ejecutiva

---

[10] Señala que lo que separa a una época y cultura de otras tiene que ver con agudas variaciones con respecto a, por lo menos, tres dimensiones del campo de visión: «a cómo la mirada fijadora [*gaze*] es aprehendida; cómo es percibido el mundo; y cómo el sujeto experimenta su visibilidad» (1996: 134). De estas dimensiones, solo la primera es abordada efectivamente por Lacan, y las otras dos son las que analiza en su estudio. Todas las traducciones son mías.

[11] Traduzco *look* como mirada individual y *gaze* como mirada fijadora (que fija), dado que en la segunda se percibe una suerte de intención que orienta el sentido de la primera.

de la *mirada fijadora* solo puede hacer manifiesto lo simbólico dentro del campo de visión cuando se «proyecta» sobre la pantalla cultural. Es allí donde se puede comprender el sentido de dos dimensiones del campo de visión: cómo es percibido el mundo (cómo se nos «fotografía») y cómo el sujeto experimenta su visibilidad («los términos bajo los cuales experimentamos nuestra especularidad»). La pantalla representa el sitio donde la mirada fijadora es definida por una sociedad, y en consecuencia es responsable de la manera en que se experimenta la mirada y gran parte de la particularidad del régimen visual de esa sociedad (1996: 135). Es decir, la pantalla sería la conciencia visual de una cultura, la responsable de su régimen visual en un momento dado. Por un lado, «abarca la lógica representacional particular y el espectro de prácticas materiales»; por otro, «le da forma y significación a cómo somos vistos por los "otros como tales", cómo definimos e interactuamos con la agencia a la cual le atribuimos nuestra visibilidad, y cómo percibimos el mundo» (1996: 174)[12].

Ahora bien, volviendo a lo nuestro, en la objetificación y el uso la mirada que usa remitiría a la cultura a la manera de una mirada fijadora que «proyecta» el cuerpo *para-sí* (objetificándolo) en la pantalla cultural. Esta proyección no es sino la producción/inscripción del cuerpo como objeto que se ejecuta según el discurso objetificador (articulado de acuerdo con el régimen visual de la cultura), donde la mirada fijadora se hace cargo además de la instrumentación del objeto *para-sí* (el uso). Este es el proceder de la *mirada objetificadora*. O, para decirlo en otros términos, la *mirada objetificadora* actualiza el discurso objetificador en el uso, por lo que llega a ser el mecanismo constitutivo de la objetificación y el uso[13].

---

[12] Esta noción de pantalla parte de una conceptualización anterior que designaba una suerte de repertorio cultural de imágenes (Silverman 1992: 150).

[13] Si consideramos lo que afirma Bourdieu con respecto a la dominación simbólica, la *mirada objetificadora* sería producto del «hábito» dominante de la cultura: «El efecto de la dominación simbólica (trátese de etnia, de sexo, de cultura, de lengua, etc.) no se produce en la lógica pura de las conciencias conocedoras,

El no uso y la instancia de decisión

El vislumbre y la objetificación como violable de una persona no bastan para llegar a la violación, debe darse el uso activo; igualmente debe darse la condición de violable en la manifestación de un no-uso. Dado el caso de violación de una mujer (pero no en todo tipo de violación), el uso actualizaría la *mirada objetificadora* desde una conciencia heteronormativa y el no-uso vislumbraría a la mujer como objeto o la objetificaría, pero *decidiría* no usar ese objeto sexual y se abriría al reconocimiento de la sujetificación de la mujer[14].

Así como la objetificación manifiesta su sentido en el ámbito de la relación objetificación-sujetificación, el uso manifiesta el suyo en el ámbito del uso-no uso[15]. Además, si la objetificación se inscribe durante el uso, también se inscribe durante el no-uso. Esta aparente aporía se resuelve considerando que el uso efectúa la inscripción de la objetificación y que el no-uso efectúa la inscripción de la des-objetificación: el reconocimiento del otro/a como sujeto o un dis-

---

sino a través de los esquemas de percepción, de apreciación y de acción que constituyen los hábitos y que sustentan, antes que las decisiones de la conciencia y de los controles de la voluntad, una relación de conocimiento profundamente oscura para ella misma» (2000: 53-54).

[14] Es oportuno señalar que la tarea de una heterosexualidad alternativa a la heteronormativa pasa por generar otra mirada objetificadora, es decir, por reinscribir culturalmente el sentido de la mirada objetificadora al margen del falocentrismo. Esta reinscripción sería parte constitutiva de un discurso de género que presentase identidades de género alternativas a las heteronormativas, y dentro de ellas otras masculinidades en relación no jerárquica. Una barrera por derribar sería dejar de considerar a la mujer y otras identidades alternativas como lo *abyecto*, que es la exterioridad/interioridad desde donde se funda lo masculino (Butler 2002: 19-20 y 192-193); aunque más que *lo* masculino se debe hablar de identidades masculinas, como demuestra N. Fuller para el caso peruano (1997b). Sobre los ámbitos de construcción y reproducción de las masculinidades en el Perú, véase Fuller 1997a, y sobre los cambios en las masculinidades Fuller 2001: 463-473.

[15] No estamos contemplando aquí el no-uso por una incapacidad o un impedimento para la acción, ya sea propia o generada por otros.

tanciamiento de la objetificación. Allí, la objetificación estaría dada por alguien más y se presentaría como un vislumbramiento, o dada por uno/a mismo/a en un uso pasivo (la mirada o la audición). El vislumbramiento presentaría un posible objeto *para-otros*, la mirada objetificadora lo presentaría *para-sí*[16].

En consecuencia, el no-usar operaría como una apertura a la sujetificación o un devenir des-objetificador, que haría evidente la objetificación de partida y la posibilidad del uso activo. En este proceder, el no-uso descubre un espacio para la atención de quien es vislumbrado/a u objetificado/a, abriéndose a su sujetificación, o un espacio otro para la atención de sí de quien no usa. El no-hacer-uso se abre así a la responsabilidad por los otros o por sí mismo/a. Este sería el caso de algunos individuos que se niegan a participar en una violación sexual colectiva. La negación hace evidente la objetificación de los otros o el vislumbramiento que despliega como objeto *para-otros* o su propia mirada objetificadora que por alguna razón no llega al uso activo.

Un caso ejemplar se observa en la novela *Los ríos profundos* de Arguedas. Allí, Marcelina, una mujer considerada *opa* (con discapacidad mental) sufre de una objetificación sexual permanente y es asaltada con frecuencia por algunos estudiantes o demandada por un religioso del colegio. En un pasaje, un estudiante, Lleras, detiene a Marcelina, la tira al suelo y le exige a otro estudiante, Palacitos, que «se echara sobre ella». Pero este se niega: «¡No! ¡No puedo! ¡No puedo, hermanito!», dice. Palacitos decide no-hacer-uso y es auxiliado por sus compañeros, que interpretan la acción de Lleras contra él como un «abuso» (2005: 218-219).

En la manifestación del uso y no-uso se constata la existencia de una *instancia de decisión* en quien está para el uso. Es allí donde

---

[16] Asimismo, el no-uso puede manifestarse como no-inscripción en el sentido de una figuración inconsciente (por ejemplo, un sueño), donde la representación como sujeto de quien objetifica y de la objetificación misma se hacen insuficientes.

aparece la voluntad individual de quien usa o no usa. Al margen de la objetificación, siempre existe una instancia de la acción individual que hace manifiesta la conciencia-en-sí en relación con los otros. Esta instancia se presenta como una apertura donde podría manifestarse la responsabilidad (por el otro/a o por sí mismo/a) y sería del dominio de la ética si se abre al otro/a[17].

Por un lado, la objetificación, como toda relación con el mundo, pasa por lo que la cultura prescribe como un actuar con respecto al otro/a, pero en este caso según el vislumbramiento y el discurso objetificador que autorizan o generan una *fuerza de uso* que prescribe el uso específico de un cuerpo. Por otro lado, la relación con alguien pasa por hacerse responsable del otro/a, o de sí mismo/a frente al otro/a, donde la acción se marca bajo la forma de una voluntad de uso o no-uso, que implica la decisión de una consciencia del uso pasivo o activo frente a la prescripción de la fuerza de uso. Sea cual fuere la decisión, se presenta en los términos de la responsabilidad y en el ámbito de acción de los otros[18].

La fuerza de uso

¿Por qué alguien en una situación determinada se siente autorizado o al menos compelido al uso? ¿Cómo se construye el mandato de

---

[17] Aquí nos diferenciamos de la relación buen uso/mal uso que en su propia estructura configura un espacio que puede tener connotaciones morales. En ese sentido, Agamben, a propósito del verbo usar (*chresthai*) en la temprana obra de Aristóteles donde ya se hablaba del «uso debido», señala que este adquiere una connotación ética (2017: 28). Esto se juega dentro del ámbito de la manifestación del uso, pero no incluye toda la dimensión de su campo de significación como se hace con el no-uso.

[18] Desde aquí se puede completar la formulación de Derrida que dice que una decisión es siempre la «decisión del otro», en el sentido de que al ser responsable de mí o cuidar de mí con respecto a la objetificación de la cual estoy para el uso, el no querer usar puede significar que estoy siendo responsable de mí ante los otros, y no necesariamente responsable de quien ha sido objetificado/a.

objetificar y usar a alguien? Se han respondido parcialmente estas preguntas en varios momentos de nuestra argumentación, pero ahora vamos a integrar los elementos aislados en un todo que denominaremos *fuerza de uso*. Esta se refiere específicamente a la manera en que se autoriza el uso como una configuración en la que participa el contexto, el vislumbramiento, el discurso objetificador y la mirada objetificadora. Más aún, la *fuerza de uso* no se da simplemente como un ensamblaje unidireccional de esta serie de procedimientos, sino como un arreglo donde concurren distintas perspectivas que finalmente terminan por ser decididas por quien está para el uso[19].

El contexto estaría dado por los eventos de una situación histórica, los regímenes visuales y objetificadores disponibles en ese momento para quien está para el uso, y por el tipo de relación que establece este/a con estos elementos (la forma en que sitúa visualmente el espacio, la experiencia de la objetificación, la conciencia del cuerpo propio frente a los otros, etcétera). El vislumbramiento se refiere a la lectura de una situación específica en relación con alguien que permite advertir la posibilidad de su objetificación. El discurso objetificador o la articulación de discursos objetificadores es el que instruye y orienta tanto el vislumbramiento como la producción de alguien como objeto, y prescribe la forma de su uso. Todo esto genera ya una fuerza de uso que lleva a la *mirada objetificadora* a presentar al objeto humano como *disponible* (con los atributos de la pertenencia y la disposición que comparte con el régimen de la representación, como se vio anteriormente) y a usarlo pasivamente, o esta mirada

---

[19] La afirmación de Jonathan Crary con respecto al observador podemos hacerla extensiva al uso de la mirada: «existen disposiciones de fuerzas más o menos poderosas a partir de las cuales son posibles las capacidades de un observador», y estas fuerzas son contingentes, históricas: «Lo que cambia son las fuerzas y reglas plurales que componen el campo en el que ocurre la percepción. Y lo que determina la visión en cualquier momento histórico dado no es una estructura profunda, base económica o visión de mundo, sino más bien el funcionamiento de un conjunto colectivo de partes dispares en una única superficie social» (1992: 6; mi traducción).

sostiene la fuerza en la acción del uso activo. La instrumentación de un cuerpo humano es un proceso que se constituye como una fuerza que genera poder. O dicho de otra manera, el uso de alguien como objeto sería una manifestación/constitución del poder[20].

El uso implica a la objetificación y la inscribe, no hay objetificación sin uso. Pero si separamos los niveles de articulación, se puede distinguir que el vislumbramiento lleva a la objetificación como la *fuerza de uso* al uso. Desde la perspectiva de la objetificación, el discurso objetificador orienta e induce el vislumbre (de la ob-jeción a la objetificación); y desde la perspectiva del uso, la *fuerza de uso* induce y autoriza el uso a quien objetifica, lo que se podría resumir en «puedes/debes hacerlo». No obstante, esta fuerza por sí misma no garantiza la llegada al uso o la manifestación del uso, porque podría ser evaluada en una *instancia de decisión* donde la voluntad individual decidiría la acción de usar o no usar.

Veamos algunos ejemplos. En el caso (1) de Ynguill, que fue entregada como parte del rescate pedido por G. Pizarro a Manco Inca, aparecen determinadas condiciones en el contexto de la dominación colonial: el poder del Inca de entregar *acllas* (escogidas), el comportamiento de los conquistadores como vencedores con respecto a los vencidos (esclavitud, servidumbre, violaciones, etcétera), las estructuras de género y la concepción objetual de la mujer por ambos bandos, que determinan el vislumbramiento. Además, este considera elementos específicos de la situación: la fuerza militar que se posee, el supuesto complot de Manco Inca, la condición física de

---

[20] En este sentido, Foucault señaló con respecto al poder: «las relaciones de poder no están en posición de exterioridad respecto de otros tipos de relaciones (procesos económicos, relaciones de conocimiento, relaciones sexuales), sino que son inmanentes; constituyen los efectos inmediatos de las particiones, desigualdades y desequilibrios que se producen, y, recíprocamente, son las condiciones internas de tales diferenciaciones; las relaciones de poder no se hallan en posición de superestructura, con un simple papel de prohibición o reconducción; desempeñan, allí en donde actúan, un papel directamente productor» (1999: 114).

G. Pizarro, la autoridad para la acción que posee al ser el líder del grupo, las características físicas de la coya (mujer joven, Pizarro no sabe que le entregaron a Ynguill), así como su situación de poder ser parte de un rescate.

En el caso de la prisionera violada por unos soldados antes de ser ejecutada al pie de su fosa (Caso 3), aparecen determinadas condiciones contextuales generales que conforman el marco para el vislumbramiento: la fuerza militar de dominación, la situación de pérdida de derechos y privación de libertad de los prisioneros. En el vislumbramiento se leería o advertiría, además: la situación del espacio (el lugar donde se entierran clandestinamente los cuerpos), la condición física para el uso por parte de los soldados, las características físicas de la prisionera (mujer joven), la decisión extrajudicial de eliminarla, y la autorización específica del superior para la violación.

La *fuerza de uso* difiere en una objetificación consentida. Allí, el consentimiento opera como la validación de la *fuerza de uso* sin la cual no procedería el uso, y por tanto sería un elemento más que se agregaría a la *fuerza de uso final*. Esto se puede observar, por ejemplo, en la publicidad comercial donde se exhibe el cuerpo de un deportista para promocionar una bebida. Quien o quienes produjeron el anuncio vislumbraron ciertas características físicas del deportista (músculos, fuerza, velocidad), dentro de un contexto (el régimen contemporáneo de usar cuerpos humanos para la publicidad) y situación social (el prestigio y/o fama del deportista) donde se pudo articular el objeto humano a partir de un discurso objetificador integrado a la promoción mercantil. Luego, antes de la configuración de la imagen en los medios, vislumbraron el cuerpo del deportista en relación con la bebida. Todo ello generó la *fuerza de uso*; sin embargo, el anuncio no hubiera sido posible sin la autorización del deportista para el uso de su imagen. Y si este uso se hubiera dado sin su consentimiento expreso, se habría incurrido en un aprovechamiento ilícito, un uso que aliena la autonomía individual, lo que devendría en la producción de un *cuerpo anudado*.

Asimismo, dado el caso de un no-uso, quien no-usa no valora automáticamente como sujeto a quien ha sido objetificado/a o presenta una responsabilidad por el otro/a; sino que puede estar sujeto a una *fuerza de no-uso* que actúe sobre la responsabilidad que tiene sobre sí mismo/a o se manifieste el despliegue del *cuidado de sí* ante otra fuerza (la ley, una forma de coerción, la vergüenza de exhibir el deseo o violencia propios), donde la relación con el otro/a objetificado/a está mediada o borrada y no se alcanza a *mirarle* como sujeto.

Modalidades del uso

A partir de distintos elementos de la articulación de la objetificación, la acción del uso y el control de uso, se puede establecer una serie de modalidades del uso bajo las cuales recaerían muchos usos concretos. Como se mencionó antes, es posible reconocer un *uso pasivo*, que designa la no incidencia física sobre el cuerpo de quien es objetificado/a (pensar, mirar, oír); y un *uso activo*, que señala el contacto físico con el cuerpo del otro/a (besar, violar), incluso si se hace con la mediación de un instrumento.

Estas modalidades del uso según la incidencia en el cuerpo y la acción se complejizan cuando se considera el consentimiento o rechazo de la objetificación. Entonces, se puede contemplar un uso pasivo a partir de una objetificación consentida (por ejemplo, la publicidad con una modelo de lencería); un uso pasivo a partir de una objetificación no consentida (espiar a alguien desnudo/a); un uso activo a partir de una objetificación no consentida o rechazada (por ejemplo, el cautiverio sexual); y un uso activo a partir de una objetificación consentida (por ejemplo, el sexo consentido), que incluye muchos de los casos de objetificación focalizados en el trabajo remunerado (un obrero, una trabajadora sexual). Esta modalización tiene, por supuesto, sus zonas indeterminadas y resulta siempre excedida por la inscripción fenomenológica[21].

---

[21] Como se vio antes, Nussbaum reconoció siete formas de tratar a una

También, se pueden observar otras modalidades según la naturaleza del *hacer* del uso, si se considera la distinción entre *labor* y *trabajo* de Arendt. Para la *labor*, cuando se usa el cuerpo objetificado para satisfacer las necesidades de vida (por ejemplo, bailar o tener sexo); o para el *trabajo*, cuando se usa el cuerpo objetificado para la producción de un objeto para el mundo o para conseguir un beneficio material. En el primer caso, se puede reconocer un *uso no productivo*, como en la situación de las cautivas y los pongos; y en el segundo, *un uso productivo*, como es el caso del trabajo sexual, la esclavitud, la publicidad que usa cuerpos humanos, el trabajo operario en una fábrica y el alquiler de vientres.

Sin embargo, hay que precisar que el uso de un cuerpo implica siempre una primera finalidad e inscripción como cuerpo objetificado. Un bailarín de ballet y una futbolista objetifican su cuerpo en primer lugar para la danza y para el fútbol, respectivamente, donde se daría un uso en el sentido de la labor, en tanto valor de uso, que marcaría un uso para-sí. Luego, puede darse que el contexto de manifestación implique su valoración adicional como valor de cambio según las leyes del mercado (actuar en *El lago de los cisnes* en un teatro; un partido de la liga profesional), y tanto el bailarín como la futbolista ganen dinero por su actuación; es decir, el uso en el sentido del trabajo, que marcaría un uso para-sí y para los otros. Sin embargo, esto no cambiará que la objetificación y el uso se den siempre primero para la danza y el fútbol, aunque bailarín y futbolista se pudieran haber involucrado en sus respectivas actividades con la *intención* de ganar dinero.

Esto revela, una vez más, que en el consentimiento el uso para otros (consentir) está siempre relacionado o es concomitante con el uso para-sí. Consentir el uso sería una forma de usarse también.

---

persona como cosa (1995: 256-257). Y señaló que la objetificación tiene características ya sea problemáticas o buenas o malas, en un sentido muy aristotélico de la moral. Nuestro desarrollo difiere notoriamente al considerarse las instancias de la objetificación y el uso.

La temporalidad del uso frente a la del cuidado

El *cuidado* puede estar sujeto al condicionamiento de la situación de quien ha sido objetificado/a y desplegar un *control de uso* que no rechace ni consienta de manera absoluta el uso. Por ejemplo, una pareja de amantes puede consentir mutuamente tener relaciones sexuales en un determinado momento, pero en otro momento uno/a de ellos puede querer no hacerlo: «ahora no». Se consiente la objetificación (probablemente ya se esté dando una mirada objetificadora), pero no el uso activo. No sería un rechazo general de la objetificación y el uso, sino del momento para el uso.

Allí, se dan determinadas condiciones que afectan la temporalidad del uso, y tanto el consentimiento del uso activo como el uso activo mismo quedan *aplazados*, o solo se manifiesta un *rechazo temporal*.

En el consentimiento, el uso activo de uno/a queda a la expectativa de la acción del *control de uso* del otro/a y por ello su concreción está sujeta a la dinámica temporal y modal de la manifestación de este.

Segunda parte

5.
Colón y la producción del
CUERPO ANUDADO AMERICANO

Los estudios genéticos señalan que la raza humana es una sola o no existe diversidad de razas o que hay más diversidad dentro de las supuestas razas que entre ellas mismas[1]. Ahora bien, hay una serie de nociones históricas de raza con las cuales todavía se opera en la vida cotidiana. Estas se fundamentan principalmente en las características físicas diferenciables entre los humanos, como el color de la piel y ciertos rasgos fisiológicos (el cabello, los ojos, la forma de la nariz, etcétera) que operan como elementos distintivos provenientes de los ancestros. En algunos casos, se considera también el origen cultural, donde el linaje y las características étnicas y lingüísticas se hacen relevantes sobre la base de esa diversidad fisiológica[2].

Toda noción de raza hace evidente la mirada que constituye su sentido. Y esto no implica solamente advertir el despliegue de una diferencia corporal que se objetiva, sino que el mismo aparece articulado y significado dentro de un discurso que establece jerarquías

---

[1] Véase Long & Kittles 2009.

[2] Esta es una definición general y comprensiva de raza que trata de ir con el uso. En el *DLE* se hace solo una referencia a los caracteres biológicos, mientras que en otras lenguas como el inglés se considera, además, la implicancia de rasgos étnicos y lingüísticos en algunos de sus usos (Merrian-Webster). Por otro lado, cuando hablamos de razas en plural nos referimos a las nociones que se manifiestan en dos ámbitos diferentes: las de uso común que responden a las necesidades concretas de la vida social (identificar, discriminar, clasificar, etcétera), y las analíticas, que persiguen una definición comprensiva de las anteriores y sirven al pensamiento crítico y científico. Ambas mantienen relaciones de determinación, retroalimentación y ejemplificación entre sí.

(intelectuales, morales, etcétera), como lo demuestra el racismo. Es decir, la noción de raza es una manifestación de violencia simbólica, y por tanto su consistencia es de orden ideológico[3].

El racismo se refiere fundamentalmente a una evaluación de las características físicas y mentales, y se diferencia de los prejuicios étnicos y religiosos. Sin embargo, como estas características se manifiestan siempre en prácticas culturales y religiosas, es innegable la interrelación que hay entre racismo y etnocentrismo. O si atendemos a L. Wacquant, que considera «la raza como un *subtipo paradójico de la etnicidad*» (2022: 83), el racismo se inscribe como uno de los fenómenos radicales del etnocentrismo.

La diferencia entre el racismo y los prejuicios étnicos y religiosos, según la formula B. Isaac, es que estos dejan a sus víctimas con la presunción de poder elegir o cambiar, el racismo no:

> El prejuicio étnico y religioso les adscribe a sus grupos objetivos mentalidades comunes y patrones de conducta, mientras que el racismo asume la existencia de características físicas y mentales que pasan de una generación a otra y que no están sujetas a la elección individual ni a la posibilidad de cambio. (2009: 34; mi traducción)

No hay posibilidad de elegir o cambiar en el racismo en términos absolutos, pero sí podrían darse cambios relativos, como sugiere Portocarrero sobre la «utopía del blanqueamiento» en el Perú[4]. En

---

[3] Wacquant la define ya en ese sentido: «Dicho de otro modo, *la raza es una modalidad pura de violencia simbólica*, el doblamiento de la realidad social para hacerla encajar en un mapa mental de la realidad; o, por decirlo de manera más concisa, un caso limitador de la *realización de categorías*, el enigma situado en el núcleo de la sociología de Bourdieu» (2022: 83). Por su parte, Flores Galindo entendió el racismo «como un discurso ideológico que fundamentaba la dominación social teniendo como eje la supuesta existencia de razas y la relación jerárquica entre ellas» (1994b: 216).

[4] Esta indica que puede existir movilidad y cambio *dentro* del ámbito del racismo. «La asociación entre el color blanco de la piel, la prosperidad económica

todo caso, ya sea en términos absolutos o relativos, hay un núcleo de inmovilidad del racismo que está directamente relacionado con la naturaleza de la mirada que objetifica los cuerpos. Esta implica un modo de mirar donde los comportamientos culturales, sociales, mentales y religiosos de los cuerpos se objetivan y *biologizan* alcanzando la misma consideración de los rasgos fisiológicos. Y este modo de mirar dirigido a determinados cuerpos vislumbra la posibilidad de ser usados como objetos (esclavitud, servidumbre obligatoria, etcétera)[5].

El origen del racismo es todavía incierto. Desde la historización occidental, se han reconocido un proto-racismo y prejuicios étnicos desde épocas antiguas (Grecia, Roma) y el que se ha manifestado también en otras regiones del mundo (India, Japón). Pero es desde mediados del siglo XIX, con Gobineau, cuando la noción de raza y el racismo respaldados por la ciencia moderna adquieren las características de inmovilidad y se distinguen efectivamente de otros fenómenos

---

y la felicidad familiar es el fundamento de la "utopía del blanqueamiento" como proyecto transgeneracional de "mejora de la raza"» (2013: 168). Este discurso de blanqueamiento, dado desde la perspectiva de las víctimas del racismo y la discriminación étnica en el Perú desde la época colonial hasta el presente, implica un deseo de cambiar el estatus racial de las generaciones futuras en la sociedad a partir de determinadas estrategias (matrimonios convenientes, mayores ingresos económicos, una mejor educación, etcétera). Expresa la fluidez del sistema, la posibilidad de atenuar la condena del racismo y obtener de esta manera un «progreso social». Según Víctor Vich (2018), Portocarrero explicó el racismo en el Perú a partir de tres metáforas: el fundamento invisible, el fantasma del patrón y la utopía del blanqueamiento.

[5] A fines del siglo pasado se debatió sobre la determinación de dos tipos de racismo, como señaló Wieviorka. El racismo clásico, científico, universalista, basado en la jerarquía de razas; y el *nuevo* racismo diferencialista, que se basa en la irreductibilidad de las diferencias culturales (2009: 42-50). Este racismo, como señaló Balibar, sería «un meta-racismo, o lo que podríamos llamar un racismo de "segunda categoría", que se presenta como si hubiera aprendido del conflicto entre racismo y antirracismo» (1991: 39), y en él se tiende a posicionar la cultura en el lugar de la raza. Si consideramos a Isaac, caería en la categoría del prejuicio. Aquí nos interesa, sobre todo, aquella mirada del racismo que trabaja sobre el cuerpo.

del etnocentrismo como los prejuicios étnicos y religiosos[6]. En este contexto, hay una posición que sostiene con distintos argumentos que la noción de raza y el racismo se inician en relación con el comercio de esclavos subsaharianos en el siglo xv y la Conquista de América[7]. Por un lado, Aníbal Quijano, para quién la Conquista fue decisiva porque generó una estructura de dominación occidental a la que denominó «colonialidad del poder». Por otro lado, Ibram Kendi, quien en su investigación sobre el racismo en Norteamérica señaló que la crónica del portugués Gomes Eanes de Zurara (*Crónica dos feitos notáveis*, 1453) efectuó el primer registro de las ideas racistas (2018: 23-24)[8].

Si tomamos como hipótesis esta posición, se implica necesariamente la configuración de una objetificación de los cuerpos que

[6] Véase Gobineau 1937. Los estudios sobre el racismo son numerosos y diversos. Dos que me guían sobre su origen, Isaac (2004: 1-51), y Wacquant 2022, que hace una revisión de la bibliografía sobre el racismo y un análisis de los principios que rigen la conceptualización y el estudio de la raza. También, Wieviorka 2009 y Portocarrero 2007, que me orienta sobre la naturaleza particular del racismo en el Perú y Latinoamérica, donde no se puede comprender ni estudiar este fenómeno sin considerar la naturaleza del mestizaje, que generó una «discriminación individualizada».

[7] Nuevos y antiguos discursos sobre la esclavitud fueron puestos al uso durante este periodo. Es decir, discursos de objetificación de seres humanos fueron actualizados y/o producidos de acuerdo con cómo se iba desarrollando el comercio de esclavos y los «descubrimientos» de nuevos territorios. Los discursos sobre la esclavitud estaban centrados sobre todo en quién debería ser esclavizado (cristianos no; otros, sí) y no necesariamente sobre la corrección moral de la práctica de la esclavitud (Thomas 1997: 68-86).

[8] Consultar Quijano 2020, 2000a y 2000b y Kendi 2018. Quijano no precisa qué eventos históricos específicos permitieron este desarrollo ni cuáles fueron los procedimientos simbólicos que produjeron su sentido. Con respecto a la crónica de Zurara, véase también Thomas 1997: 21-24. La crónica se publicó en su totalidad recién en 1871, aunque sus ideas circularon inmediatamente entre marinos y comerciantes, y se publicó pronto una edición abreviada. Algunas de sus observaciones se mencionaron textualmente desde inicios del siglo xvi (Wey Gómez 2008: 132). También, Wieviorka data este origen en el siglo xv, pero sin darle mayor desarrollo (2009: 22).

dé cuenta de los *nuevos* humanos esclavizados o puestos en servidumbre. Desde allí, la objetificación habría ingresado a una etapa diferente donde los cuerpos se habrían racializado, es decir, donde se habría empezado a considerar de manera dominante que los rasgos fisiológicos expresaban naturalmente la calidad y jerarquía de los seres humanos, y se los habría instrumentado según esta condición[9]. Ahora bien ¿qué eventos específicos definieron su sentido? ¿Cuál fue el mecanismo discursivo que lo produjo? Y también, ¿la mirada del racismo implicó vislumbrar un cuerpo como objeto para el uso, o se pudo dar también como una diferencia jerárquica no asociada a la instrumentación?

La travesía de Colón

Las primeras representaciones de los pobladores y el mundo americano las produjo Cristóbal Colón en su *Diario de a bordo* y en la «Carta» que le escribió a Luis de Santángel, escribano y contador mayor de los reyes católicos. La mirada que desplegó allí inició la construcción no solo de una serie de estereotipos sobre la naturaleza y los pobladores americanos (el buen salvaje, el caníbal), sino una forma particular de mirar que objetificó los cuerpos. El análisis que se propone a continuación se apoya en la vasta bibliografía crítica que estudia la obra de Colón, particularmente en el trabajo de Beatriz Pastor, que ya sugiere un desarrollo en el sentido de la objetificación. Abordaremos de manera integral el despliegue de la mirada de Colón,

---

[9] Según Wacquant, racializar significa «*naturalizar*, convertir la historia en biología, las diferencias culturales en disimilitudes esenciales; *eternizar*, estipular que esas diferencias son duraderas o incluso inmutables en el tiempo, pasado, presente y futuro; y *homogeneizar*, percibir y describir a los miembros de la categoría racializada como personas fundamentalmente similares, que comparten una cualidad esencial permanente que las hace merecedoras de un trato diferencial en el espacio simbólico, social y físico» (2022: 87).

examinándola a partir del marco de la objetificación y el uso, para revelar la naturaleza y el alcance de la dominación que conlleva.

Los discursos que instrumentaban a los seres humanos o les restaban calidad sujetiva que Colón tuvo en mente cuando emprendió el viaje se basaban principalmente en dos fuentes: 1) las concepciones de mundo y la calidad humana de la Antigüedad clásica[10]; y 2) las experiencias recientes del tráfico de esclavos musulmanes y subsaharianos[11]. Uno de estos discursos de la tradición clásica (particularmente el configurado en la *Historia* de Heródoto), basado en simetrías y diferencias, señalaba que la percepción del clima, los recursos naturales, la calidad moral de la gente y las formas sociales dependían de la latitud donde se ubicaban lugares y seres humanos. Es decir, era una percepción latitudinal y vertical del mundo. Así, los lugares que quedaban en la misma latitud se consideraba que tenían el mismo clima (por tanto, las mismas posibilidades para la agricultura, la forma de vida y demás) y las personas una constitución física parecida. Según esta teoría, el Sur (aproximadamente la región al sur del Trópico de Cáncer, la zona tórrida de la tierra) era un territorio

---

[10] Además, uno de los elementos que generaban la identidad del colectivo ahora denominado europeo era en esa época la noción de Cristiandad (Moreno Mengíbar 1991: xvi-xviii).

[11] Hulme logró incluso definir dos discursos de expansión y colonización con los que la empresa colombina se pudo haber articulado o tuvo sentido, los cuales se le habrían presentado a Colón consciente o inconscientemente: el discurso mercantil genovés y el de expansión y conquista castellana (1992: 34-39). Ambos involucraban el comercio de esclavos. Sobre las incursiones y el tráfico de esclavos en la costa atlántica de África en este periodo, véase Thomas 1997: 32-86 y Wey Gómez 2008: 132-142. El impacto del comercio de esclavos en Colón fue tan grande que Thomas afirmó que «[Colón] fue producto de la nueva sociedad esclavista del Atlántico» (1997: 87). Además, hay que considerar que la esclavitud era una práctica antigua, que ya estaba en auge en el Mediterráneo. Solo en la península ibérica hasta 1492, cuando cayó el reino nazarí de Granada, cristianos y musulmanes se tomaban como esclavos por miles cuando unos vencían a los otros (Thomas 1997: 83-84).

infértil, casi imposible para la vida, solo habitado por seres de piel
negra bárbaros y monstruosos, donde también se podía encontrar
oro (los lugares de referencia eran Guinea y Etiopía)[12].

Durante su travesía, Colón se dirigió al sur; al parecer esa era su
intención porque allí encontraría oro y esclavos, pero no tenía autorización para ello[13]. El tratado de Alcáçovas entre Castilla y Portugal
(1479-1480) había establecido que Castilla reconocía la soberanía de
Portugal al sur de las Islas Canarias a cambio del reconocimiento de
Portugal de la soberanía de Castilla sobre estas islas. Portugal quería
así proteger el comercio de esclavos subsaharianos y su expansión
hacia el sur. Por tanto, los Reyes católicos le prohibieron expresamente
a Colón que no fuera más al sur de la latitud donde se ubicaban las
islas[14]. Siguiendo esta orden, se mantuvo próximo a la latitud de las
Islas Canarias, aunque ligeramente hacia al sur; pero después de arri-
bar a las Bahamas se dirigió claramente al sur (Cuba), y allí, según el
marco discursivo que lo guiaba, debería haber encontrado esa tierra
infértil, los seres de piel negra y los monstruos. ¿Los encontró?[15]

---

[12] Sobre el discurso de la historia en Heródoto, véase Hartog 2003; sobre el
proto-racismo de la Antigüedad clásica, Isaac 2006; sobre el marco cognitivo con
el que operó Colón, Leonard 1996; Pastor 1988; Todorov 1987; Delaney 2011;
Wilford 1981; Hulme 1992: 13-43; Zamora 1993: 102-129; Wey Gómez 2008:
107-292.

[13] Sobre este punto no hay una posición clara entre los especialistas. Hulme
sostiene que la ruta hacia el Sur la decidió, o la tomó, tres semanas después de
haber hecho el primer contacto (1992: 22-33). Wey Gómez defiende que la tuvo
como objetivo prácticamente desde el inicio (2008: 1-57). Para demostrarlo, ambos
presentan un extenso análisis de cómo influyó el marco cognitivo de la época en
cada una de las decisiones, rumbos y paradas del viaje.

[14] Thomas 1997: 76 y Wey Gómez 2008: 10-11.

[15] Pero no había seguridad en ello tampoco. Según Wey Gómez, tanto Colón
como antes Enrique de Portugal consideraban, a contracorriente de la época, que
el trópico no era necesariamente una tierra infértil e inhóspita (2008: 51, 339-
340). Además, Colón consideraba que la tierra era redonda, lo que según Wilford
no habría sido una novedad en la época: «Para 1492, toda la gente educada de
Europa occidental asumía que la tierra era redonda» (1981: 72; mi traducción).

EL VISLUMBRE POLÍTICO

Desde el primer día que pisó tierra americana, el 12 de octubre
de 1492, Colón mostró una preocupación en ese sentido y desplegó
una mirada particular sobre los cuerpos americanos:

> Ellos andan todos desnudos como su madre los parió, y también las
> mujeres, aunque no vi más de una harto moza. Y todos los que yo vi
> eran todos mancebos, que ninguno vi de edad de más de treinta años:
> muy bien hechos, de muy hermosos cuerpos y muy buenas caras: los
> cabellos gruesos casi como sedas de cola de caballo, y cortos: los cabellos
> traen por encima de las cejas, salvo unos pocos detrás que traen largos,
> que jamás cortan. De ellos se pintan de prieto, y ellos son de la color
> de los canarios ni negros ni blancos, y de ellos se pintan de blanco, y
> de ellos de colorado, y de ellos de lo que hallan, y de ellos se pintan las
> caras, y de ellos todo el cuerpo, y de ellos solo los ojos, y de ellos solo
> el nariz. (1985b: 65)

La mirada de Colón repara primero en la desnudez. Todos andan
desnudos. La vestimenta, un signo de expresión de la cultura y la
sociedad, es inexistente o casi inexistente. Luego advierte la belleza
de los cuerpos, la particularidad de sus rasgos (cara, cabellos), y
finalmente, el color de la piel. Ese color que identifica como el de los
canarios, y el color de la pintura que la cubre y prolifera por todo el
cuerpo. El color se hace relevante, abunda, es blanco, colorado, negro,
el que «hallan», el de «los canarios». El énfasis de la mirada de Colón
está puesto en la piel y en los cabellos. La piel desnuda y colorida; los
cabellos largos que tienden a cubrir la piel. Queda implícito que la
vestimenta se *suple* con la pintura y los cabellos. La desnudez y este
suplemento van en la dirección de una valoración cultural donde
circulan los sentidos de inocencia y primitivismo. Y esta significación
cultural y el color de la piel venían ya codificados por la ubicación
geográfica del lugar y sus pobladores: una latitud próxima a la de las
Islas Canarias, por eso *eran* como los canarios. Esta focalización en
el cuerpo será fundamental, se colocará en el centro de la valoración

humana. Desde allí, cualquier otra evaluación remitirá siempre a este cuerpo, desnudo y colorido[16].

Inmediatamente después, a renglón seguido, evalúa la capacidad bélica: «no traen armas ni las conocen, porque les mostré espadas y las tomaban por el filo… No tienen algún hierro» (1985b: 65), e incluso: «Ellos deben ser buenos servidores y de buen ingenio» (1985b: 67). Desde la perspectiva de Colón, no tienen fuerza militar, que es la capacidad para la agresión y la defensa, y por eso concluye que pueden ser «buenos servidores». Esta es claramente una evaluación de la capacidad militar con objetivos políticos: son sometibles, conquistables, susceptibles de ponerse al servicio. Se inicia el vislumbramiento de la instrumentalidad de los pobladores americanos, de su posibilidad como objetos para una voluntad política. Luego va reforzando esta percepción.

El 4 de noviembre escribe: «Esta gente es muy mansa y temerosa, desnuda como dicho tengo, sin armas y sin ley. Estas tierras son muy fértiles…» (1985b: 95). Otra vez el cuerpo. La evaluación de la capacidad bélica y la mansedumbre se refuerza o proviene de cuerpos desnudos y asustadizos. A tres semanas de su llegada, las premisas para la conquista están configuradas: son débiles y temerosos, la

---

[16] Gómes Eanes de Zurara había evaluado décadas antes a un grupo de cautivos/as norteafricanos y subsaharianos que iban a ser vendidos como esclavos y los había considerado como un solo grupo. Pero, a diferencia de Colón, no desplegó una focalización mayor en el cuerpo: «Hay entre ellos algunos de razonable blancura, hermosos y apuestos. Otros menos blancos que parecen pardos. Otros muy negros y desafectos en las caras y cuerpos […] Aquí unos tenían las caras bajas y los rostros lavados con lágrimas, llorando unos contra otros. Otros estaban gimiendo dolorosamente […] Otros tenían sus rostros en sus palmas» (1978: 107-108; mi traducción). Zurara no trata con ellos, no intenta comunicarse, no es responsable de ellos, solo los observa. Describe el color de la piel, privilegiando el blanco por su hermosura, pero más allá de eso, su mirada es más compasiva y psicológica. A pesar de ello, señaló los *beneficios* que la servidumbre y la esclavitud traerían para sus almas y dignidad humana (1978: 111-113). Fue una de las primeras, si no la primera, justificación de la esclavitud moderna; según Kendi, sentó las bases para las ideas racistas (2018: 23-24).

tierra es fértil. Solo falta la ejecución: derrotarlos y tomar la tierra. Unos días más tarde completa el argumento: «esta gente no tiene secta ninguna ni son idólatras, salvo muy mansos y sin saber qué sea mal ni matar a otros ni prender, y sin armas y tan temerosos que a una persona de los nuestros huyen ciento de ellos» (1985b: 100). Son seres temerosos, casi podría decirse *puros*, no conocen el mal o son aún amorales.

Sin embargo, el temor y la cobardía que Colón reconoce en ellos no eran nuevos, ya estaban codificados desde antes, eran los que correspondían a su localización en los trópicos[17]. Desde allí, Colón vislumbra: no es gente religiosa («no tienen secta... ni son idólatras»), tampoco política («sin armas y sin ley»), anda desnuda y es pacífica («mansa y temerosa»); por tanto, es posible dominarlos con facilidad. La mirada de Colón sugiere, no lo dice, que la conducta de estos seres se aproxima a la de los niños o los animales domésticos. Además, desnudos, temerosos y coloridos son pasibles de recibir la violencia física y ser subyugados sin atreverse a protestar por ello, y si lo hacen, no importa porque «solamente la gente que allá queda [los españoles que Colón dejó en el primer viaje] es para destruir toda aquella tierra, y es isla sin peligro de sus personas sabiéndose regir» (1985a: 234).

Esta mirada se repite a lo largo del *Diario* y la «Carta», en cada comentario que Colón hace de los pobladores americanos. Los vislumbra políticamente; carecen de los dos elementos principales para reconocer la capacidad política de la época: la fuerza militar y la ley (el gobierno). Y ante todo, está el cuerpo que *encarna* todo eso: están desnudos. Tampoco les reconoce capacidad para la protesta y la resistencia, o la ignora o no le importa, porque incluso, o por esto mismo, no alcanza a otorgarles la calidad de posibles enemigos. No se les reconoce ninguna subjetividad política, son cuerpos sometibles y gobernables.

---

[17] Wey Gómez 2008: 317.

La única resistencia al yugo podrían darla otros seres, los antro-
pófagos (o caníbales), pero estos, a pesar de su capacidad bélica, no
son considerados plenamente humanos:

> Así que de monstruos no he hallado ni noticia, salvo de una isla que
> es aquí en la segunda a la entrada de las Indias, que es poblada de una
> gente que tienen en todas las islas por muy feroces, los cuales comen
> carne humana. Estos tienen muchas canoas, con las cuales recorren
> todas las islas de India, roban y matan cuanto pueden. Ellos no son
> más disformes que los otros, salvo que tienen en costumbre de traer los
> cabellos largos como mujeres... (1985a: 235)

La gente feroz es puesta al mismo nivel de los monstruos. Colón
no los ha visto, pero los *mira*. Inicia la deshumanización vía la mons-
truosidad o cierta incongruencia corporal. Sugiere una humanidad dudosa o no plenamente humana. Otra vez el cuerpo: cuerpos
humanos que comen cuerpos humanos, cuerpos con «cabellos largos
como mujeres». Colón utiliza la palabra «humana», les reconoce
ese estatuto, pero no alcanza a tener el del «nosotros» que no come
carne humana. Una de las calidades de lo humano-como-yo hasta
ese momento se había dilucidado en la frontera con la antropofagia, e
incluso la manifestación de esta estaba cartografiada: el Sur (como el
Este, más allá del Mar Negro, lo había sido para los griegos). Y en ese
momento el Sur era la actual isla de Cuba. Pero tampoco esta gente
es tan feroz para él: «Son feroces entre estos otros pueblos que son en
demasiado grado cobardes, mas yo no los tengo en nada más que a
los otros» (1985a: 235). En el fondo, son iguales a los demás, indignos
de considerarse enemigos, no alcanzan esa estatura política. Son las
fieras a las que hay que reducir. Entonces, esta desnudez, sumada a la
debilidad militar, la ausencia de ley, de religión e incluso de capacidad
para el mal o el hecho de encarnar la barbarie, alentó la *fuerza de uso*
para convertirlos en seres sometibles, en *cuerpos anudados*[18].

---

[18] Llama la atención que recién se hayan dado a conocer las prácticas antro-
pofágicas que existieron en Europa hasta por lo menos el siglo XVIII. En América

EL VISLUMBRE ECONÓMICO

La valoración de los pobladores americanos en términos económicos es otra de las características de su objetificación. Se observa de manera ejemplar en la carta que le escribe a Santángel:

> ellos son tan sin engaño y tan liberales de lo que tienen, que no lo creería sino el que lo viese. Ellos de cosa que tengan, pidiéndosela, jamás dicen que no, antes convidan a la persona con ello, y muestran tanto amor que darían los corazones, y quier sea cosa de valor, quier sea de poco precio, luego por cualquier cosica de cualquier manera que sea que se les dé por ello sean contentos. (1985a: 227-228)

Dar y recibir: la forma de la reciprocidad. Ellos se muestran confiados, dan con generosidad y amor, sin importar el valor, y reciben cualquier cosa. La desproporción en el dar y recibir admira a Colón, es un signo de inocencia, pero también de incompetencia mercantil. Y Colón es también un mercader, no puede no reparar en ello. Pero, sobre todo, esta generosidad e inocencia mercantil, sumada a su incapacidad militar y política, los presenta como disponibles: «Y allende de esto se harán cristianos, que se inclinan al amor y servicio de Sus Altezas y de toda la nación castellana» (1985a: 228).

La mirada colombina evalúa este comportamiento, vislumbra la utilidad o el servicio que puedan prestar y decide que lo «harán». Ya dispone de ellos. Pero no es el servicio de un súbdito a la corona, sino el obligatorio de los siervos y esclavos. Por un lado, pueden ser cristianos y entrar al servicio de todos por sus buenos sentimientos; por otro, la incompetencia mercantil (no son agentes económicos), sumada a la incapacidad militar y política, refuerza la disponibilidad para el servicio.

En la conclusión de esta carta, Colón hace una propuesta a los Reyes Católicos:

---

fueron de carácter ritual, en Europa, medicinal. Véase Gordon-Grube 1988.

pueden ver Sus Altezas que yo les daré oro cuanto hubiere menes-
ter con muy poquita ayuda que Sus Altezas me dará ahora, especería
y algodón cuanto Sus Altezas mandaren cargar, y de la cual hasta
hoy no se ha hallado salvo en Grecia en la isla de Xío, y el Señorío la
vende como quiere, lináloe cuando mandaren cargar, y almáciga cuanta
mandaren cargar, y esclavos cuantos mandaren cargar, y serán de los
idólatras. (1985a: 235)

Los pobladores americanos fueron puestos al mismo nivel de las
mercancías, y son, en efecto, por el carácter económico de la oferta,
otra mercancía igual a las demás. La única especificación fue que
los esclavos vendrían de los idólatras, aunque esto no importó en el
futuro[19]. La evangelización tomaba su tiempo, y si no fueron esclavizados igual fueron organizados en repartimientos y encomiendas
para incorporarlos a la servidumbre obligatoria.

El vislumbre de la incapacidad simbólica

No se sabe muy bien cómo se comunicó Colón con la gente que
encontró primero, los taínos. Sin embargo, le sirvieron de informantes. Le señalaron otras islas, otros pueblos, le explicaron sobre las
rutas. También Colón entendió lo que deseaban, incluso *entendió*,
o es lo que quiso creer, que él y los españoles que lo acompañaban
eran considerados como hombres que venían del cielo.

En la entrada del 14 de octubre escribió: «…y entendíamos que
nos preguntaban si éramos venidos del cielo. Y vino uno viejo en
el batel dentro, y otros a voces grandes llamaban todos, hombres y

---

[19] De acuerdo con las convenciones de la época, el criterio para la esclavización
era religioso. Se podía esclavizar a quien no fuera cristiano; y en el caso de los
musulmanes a quien no fuera musulmán, como lo fueron los pueblos eslavos (de
los Balcanes, Crimea y Rusia), quienes para fines del siglo xv empezaron a hacerse
fuertes terminando con la esclavitud (Thomas 1997: 40-42). El término esclavo
en las lenguas nórdicas, germánicas y romances proviene de *eslavo*.

mujeres: "Venid a ver los hombres que vinieron del cielo; traedles de comer y beber"» (1985b: 69). La asociación del cielo con lo divino es clara para Colón, pero no sabemos si lo fue para los taínos. Colón repitió esta consideración en otras entradas del diario y en la «Carta». Nunca dijo que fueron considerados como dioses, pero un lector/a de la época, o uno/a actual, puede entenderlo así fácilmente.

Aunque Colón da a entender que la comunicación con los taínos se efectúa de alguna manera, duda de su capacidad lingüística. Ya desde el primer día, el 12 de octubre, señalaba: «Yo, placiendo a Nuestro Señor, llevaré de aquí al tiempo de mi partida seis a Vuestras Altezas para que aprendan a hablar» (1985b: 67). Colón se comunica con ellos, los *entiende*, observa cómo hablan entre ellos, pero para él ellos no «hablan». La comunicación lingüística que se da entre ellos no es reconocida por Colón como un hablar, al menos no en ese momento. Es en España donde aprenderán a «hablar». Dos días después, el 14 de octubre, señala: «como verán Vuestras Altezas de siete que yo hice tomar para les llevar y aprender nuestra habla y volverlos» (1985b: 69). Está dos días en esta tierra y ya ha «tomado» a siete de sus habitantes para que aprendan «nuestra habla». Esto implica que les reconoce capacidad para «hablar», pueden aprender «nuestra habla». Pero esto no indica necesariamente que reconozca un «hablar» entre ellos. Colón no es ajeno a la diversidad lingüística, en los países de la Cristiandad y entre los «herejes» hay también otras lenguas.

Más adelante hace clara la naturaleza de la comunicación. El 24 de octubre dice: «porque creo que sí es así, como por señas que me hicieron todos los indios de estas islas y aquellos que llevo yo en los navíos, porque por lengua no los entiendo» (1985b: 86). Se comunica por señas con ellos. Y embargado por la frustración de no poder comunicarse «por lengua», se sugiere la posibilidad de que ellos puedan tener un habla, aunque esta sea diferente. En la «Carta», escrita al final del primer viaje, lo reconoció: «En todas estas islas no vi mucha diversidad de la hechura de la gente, ni en las costumbres ni en la lengua, salvo que todos se entienden que es muy singular»

(1985a: 229). Colón entró en contacto con varios pueblos, los taínos y los arahuacos, pero no encuentra diversidad, ni cultural ni lingüística. Esta homogenización va reforzando la distancia entre él y los otros/as o va sosteniendo la distancia inicial. Ni en el *Diario* ni en la «Carta» se presentan personas individualizadas. Solo hay referencias comunes: mozo, moza, cacique, rey, mujer.

De las Casas, como narrador y editor del diario, menciona un nombre propio: «Creyó el Almirante que el rey Guanacanagarí debía de haber prohibido a todos que no vendiesen oro a los cristianos» (1985b: 169). No se registra tampoco una conducta única que destaque del grupo, y si efectivamente se identificó a alguien como parece ser, no fue lo suficientemente significativo como para registrarlo con nombre propio, para decirle a los demás como él que *conoció* a alguien. Es decir, más allá de que efectivamente lo pueda haber hecho, lo que queda registrado en el *Diario* y la «Carta» es esta mirada distante que generaliza[20].

Luego, en el memorial del segundo viaje, señala: «esta gente platican poco los de una isla con los de la otra, en las lenguas hay algunas diferencias entre ellos» (1985b: 248). Al final reconoce que tienen lenguas, que hay diferencias entre ellos. Esto genera una percepción ambigua y contradictoria, que finalmente se resuelve en una jerarquía. Opone «nuestra habla» a esas otras hablas de la gente americana, y esta oposición inscribe una jerarquía lingüística. Las lenguas de ellos

---

[20] Bartolomé de las Casas editó el *Diario* y se le puede atribuir por esto responsabilidad en alguna omisión. Pero cuando lo hizo ya era un campeón defendiendo la causa de los indios y más bien podría haber estado en favor de considerar una representación más individualizada y humana de este colectivo. Es el caso de la corrección que hace en *Historia de las Indias*: «el Almirante no entendía nada de los indios, porque los lugares que le nombraban no eran islas por sí, sino provincias de esta isla [...] Guarionex era el rey grande de aquella Vega Real [...] Querían decirle los indios o decíanle que en la tierra o reino de Guarionex estaba la provincia de Cibao [...] Esto pudo ser así, y pudo engañarse el Almirante, pues no los entendía, como en otras cosas» (1986: 294).

solo pueden adquirir este estatuto de lengua cuando se distingue un hablar *entre* ellos. Como afirmó Beatriz Pastor, «Colón habla la Lengua y representa la Cultura, y, por ello, es el que conceptualiza, formula y define Lengua, Cultura y Hombre» (1988: 45).

También, la distancia y la desconfianza sobre lo que estas lenguas americanas expresan afecta el reconocimiento de sus hablantes como agentes del conocimiento. «Colón les enseñó muestras de las mercancías que buscaba, los interrogó, los utilizó como guías e informantes. Y, sin embargo, la información que estos poseían sobre sus propias tierras y culturas nunca llegó a las páginas de la narración colombina», concluye Pastor (1988: 40). Colón no los reconoció como interlocutores.

Además, hay un proceder fundamental y anterior en el modo en que Colón tuvo de entender y representarse el mundo *descubierto*. Desde el primer momento, no descubre, sino que «Verifica e identifica […] llevó a cabo una indagación que oscilaba entre la invención, la deformación y el encubrimiento» (Pastor 1988: 5). Poseedor ya del saber, no está muy interesado en las lenguas de los otros/as, en la información que no se ajusta a lo leído y *conocido* por él. Incluso cuando una palabra de estas lenguas suena parecida, pero no igual a otra que había leído, la corrige, sugiriendo así que los pobladores americanos no saben hablar bien ni siquiera su propia lengua. Hay una descalificación de la información concreta que le dan y una descalificación de la gente misma como hablantes de su propia lengua[21]. Una vez más, estos seres, estos cuerpos desnudos y coloridos, no saben expresarse o no saben lo verdadero que él sabe ni se expresan como él. Son cuerpos que producen sonidos, que articulan alguna comunicación entre ellos; pero no pueden «hablar» como él.

---

[21] Véase Pastor 1988: 40 y Wey Gómez 2008: 409-410. Hulme analiza cómo el saber de Colón pudo haberle llevado a borrar el de la gente que le informaba y alcanzar conclusiones erróneas. Es el caso de cuando escucha la palabra «caniba», referida a los comedores de carne humana, y la corrige e interpreta como gente del «Gran Khan» (1992: 21-22).

El vislumbre de la incapacidad de hablar una/la «lengua» y de expresar lo que es «verdadero» trae como consecuencia que Colón se arrogue «el monopolio del lenguaje y, con él, de la representación verbal de la nueva realidad» (Pastor 1988: 44). Lo que implica la consideración de que el otro/a no puede dar cuenta verdadera de sí mismo/a y de su relación con el mundo. Se produce así una fuerza que lleva, por un lado, a usar a los pobladores americanos como informantes que corroboren lo ya conocido; y por otro, a ignorarlos como auténticos informantes que expresen lo nuevo verdadero, informantes de quienes hay que desconfiar. De esta manera, se va configurando un discurso objetificador articulado a partir de la biblioteca de Colón (o del imaginario occidental), que es la que provee las imágenes previas que orientan la representación y objetificación. La consecuencia es la inscripción de estos habitantes de América como seres limitados para la discursividad y el conocimiento.

Esta objetificación, sumada al posterior discurso evangelizador que sospecha de todo conocimiento de los pueblos americanos que no se pueda reconciliar con la fe cristiana, generará su descalificación como sujetos de conocimiento.

LA MIRADA OBJETIFICADORA: EL VERDADERO DESCUBRIMIENTO

La mirada de Colón describió *cómo son* los cuerpos americanos (desnudos, pintados, hermosos, débiles), cómo se *comportan* (temerosos, huidizos, comedores de carne humana, articuladores de hablas que no son *la* lengua), y no les reconoció a quienes existían en ellos calidad sujetiva alguna (ni de enemigos ni de interlocutores). El territorio americano, el espacio recién *descubierto*, ya estaba situado en la mirada previa de Colón, en su creencia y equivocación de haber llegado a Asia. Lo que hizo fue actualizar esa mirada, producir un discurso objetificador donde vislumbró la disponibilidad de estos cuerpos y prescribió su uso. Ejecutó ya desde ese primer momento, antes de dirigir la colonización (fue nombrado gobernador), un uso

pasivo de los cuerpos que sentó las bases para el *jus gentium* que
llevó a conquistar y someter a otros pueblos e imperios americanos,
y a otros como ellos. Por un lado, sugirió y alentó su ordenamiento
y disciplinamiento; por el otro, *descubrió* que podían ser un recurso
natural explotable. O en otras palabras, produjo a los pobladores
americanos como *cuerpos anudados* que se deberían administrar, usu-
fructuar, controlar y mantener sometidos, prescribiendo así la acción
y sentido del colonialismo moderno. A diferencia de los discursos
objetificadores previos de la esclavitud, elaboró o terminó de elaborar
(lo iniciado poco antes con la esclavitud de la población subsahariana,
como hizo Zurara) la lectura/vislumbramiento de la calidad de lo
humano, o su valor, su sentido, *en* el cuerpo y el despliegue de las
actividades corporales.

Colón fue particularmente un gran lector de mapas. A través de
ellos leía el espacio, el territorio y los objetos y lugares que se inscribían
en él. Los mapas de los que podía disponer antes de su viaje eran
diversos, como los de Ptolomeo y los portulanos, pero compartían
algo en común: eran narrativos y descriptivos[22]. El régimen visual
de aquella época para un letrado implica también la lectura narrada
del espacio, y esto era aún más trascendente para un navegante. Y
Colón leyó intensamente el *nuevo* territorio a partir de los libros y
relatos de exploradores, como mencionamos antes, pero también a
partir del modo de leer los mapas[23]. En parte, se sintió frustrado e
impotente ante la incomunicación con las personas que encontró, y
entre desconcertado y maravillado por el paisaje que no le ofrecía

---

[22] Los mapas de Ptolomeo se reconstruyeron a partir de su texto y con ellos
se reavivó el debate sobre la circunferencia de la tierra (Wilford 1981: 66-67).
Carla Lois también examina la diversidad cartográfica en la época de Colón y el
portulano que él mismo produjo (2004).

[23] Wey Gómez señaló que la geografía en la época de Colón «participó completamente en la empresa filosófica de aprehender la naturaleza de todas las cosas
situadas [...] trató de manera profunda la naturaleza de los lugares» (2008: 48;
mi traducción).

el *horizonte* necesario para poder asegurar la identidad de cosas y personas[24]. Pero por otra parte, encontró información exuberante en sus cuerpos. Es como si la falta de un horizonte necesario para la significación la hubiera compensado con el exceso de sentido encontrado al observar los cuerpos. La mirada objetificadora de Colón, además de instrumentalizarlos, desplegó una forma particular de acceder a ellos. Los convirtió en objeto de una lectura particular: en mapas o textos donde se podía leer no solo su posible valor como seres humanos, sino el de sus sociedades y cultura, o el de la carencia de estas[25]. Colón hizo narrar a los cuerpos americanos, los hizo decir la información que necesitaba, y esto le otorgó realce a la lectura física y objetivada de los cuerpos, los convirtió en lugares de lectura cultural y política, y más aún, en lugares donde se podía leer la jerarquía cultural y política[26].

---

[24] Según Merleau-Ponty: «El horizonte es, pues, lo que asegura la identidad del objeto en el curso de la exploración, es el correlato del poder próximo que guarda mi mirada sobre los objetos que acaba de recorrer y que ya tiene sobre los nuevos detalles que va a descubrir. Ningún recuerdo expreso, ninguna conjetura explícita podrían desempeñar este papel: solo darían una síntesis probable, mientras que mi percepción se da como efectiva. La estructura objeto-horizonte, esto es, la perspectiva, no me estorba cuando quiero ver al objeto: si bien es el medio de que los objetos disponen para disimularse, también lo es para poder revelarse» (1993: 88).

[25] Lois señala con respecto al mapa portulano de Colón: «Este disco, ubicado en un extremo de la carta portulana, pone en relación el espacio geográfico con el espacio simbólico y, así, parece reconciliar dos tradiciones de representación, dos modos de interpretación y representación del mundo. Esta combinación es una de las marcas de la escritura colombina» (2004: 24).

[26] Aunque no sobrevivieron más que algunos croquis de Colón (Wilford 1981: 80), la mirada colombina (compartida en la cartografía con Juan de la Cosa, quien navegó con Colón y trazó algunos mapas), atenta a la posibilidad de *leer* nuevos lugares y cartografiarlos, desarrolló también una serie de innovaciones en la escritura de mapas: «Los croquis y los mapas atribuidos a Colón y a su tripulación inauguraron una nueva modalidad en la práctica de escribir y registrar el viaje». Una de estas innovaciones era la de la «apertura» para que el

Así, el cuerpo americano habría sido el *primer* cuerpo racializado. La mirada objetificadora de Colón voluntaria o involuntariamente, consciente o inconscientemente, bienintencionada o sin intención, moralmente cristiana o no, asoció determinadas características y conductas sociales y étnicas al nuevo cuerpo humano o gracias a la valoración de estas características produjo un *nuevo* cuerpo humano que posicionó en un lugar subalterno. Este fue el despliegue de un archi-racismo; del racismo que se dio antes de la noción misma de raza. El descubrimiento de Colón no fue territorial ni el de un mundo cultural nuevo, sino el de una *nueva* forma de mirar, una *mirada objetificadora* que luego, articulada con otros elementos étnicos, autorizada desde los saberes modernos y respaldada por el poder militar, se estabilizaría discursivamente bajo la noción de raza y la práctica del racismo.

Asimismo, aparte de que Colón haya podido modificar o no ciertos aspectos de su valoración en sus siguientes viajes, esta mirada objetificadora se difundió rápidamente. La «Carta» que es casi un resumen del *Diario* se publicó de inmediato y se tradujo a varias lenguas europeas. Además, circularon textos basados en ella, en el *Diario* (aún no publicado) y en otras fuentes documentales del mismo Colón[27]. No importa que después los cronistas de la conquista hayan documentado la complejidad política y social de los imperios azteca e inca o se hayan admirado del esplendor de ciudades como Tenochtitlán y Cusco: la mirada objetificadora de Colón prevalecerá durante muchos momentos de la historia posterior de Occidente[28].

---

espacio fuera «rellenado» con información nueva: «Porque si había algo que no se discutía, era, precisamente, que el mapa debía ser completado con informaciones nuevas… que, a su vez, procederían de nuevas exploraciones (es decir, los agujeros en blanco trajeron consigo la voluntad de ser "rellenados" en los mapas y en el terreno)» (Lois 2004: 22, 43).

[27] Para la historia de la publicación de la carta, véase Sanz 1956.

[28] Beatriz Pastor identificó dos modelos de Conquista. El modelo colombino de percepción y caracterización de América como botín, donde la mitificación

El realismo discursivo desarrollado en Occidente en el periodo siguiente a la Conquista agregaría su cuota. Este nuevo régimen de representación se haría cargo de esta mirada y aseguraría su carácter verdadero. Michel de Montaigne publicará en 1580 «Los caníbales», un ensayo que tendrá tanta o más difusión que la carta y el diario de Colón. Allí, prescribiendo el uso de la razón y atendiendo a la información de un viajero no modificada por el «intelectualismo», señalará que las naciones americanas parecían muy bárbaras «porque han sido muy poco moldeadas por el espíritu humano y porque están

---

del oro llevaría a una reducción y subvaloración de otros aspectos de la nueva realidad (1988: 75-77). Y el modelo de Hernán Cortés de conquistador y Estado, que orientaría el resto de la conquista de América (1988: 148-150). En este modelo, la extensión de las tierras, el esplendor de los imperios conquistados y la enormidad de las riquezas obtenidas señalaban, por un lado, la dimensión de la empresa conquistadora y la talla de los conquistadores, y por el reverso la grandeza de los pueblos conquistados. Este modelo traía entonces como consecuencia otra representación y valoración de grandes grupos de pobladores americanos para la mirada occidental. Deborah Poole señala el caso de la «Operática Inca» en la Francia de la ilustración, donde la mirada sobre los cuerpos era aparentemente mínima y los cuerpos de las princesas incas no se diferenciaban del de las mujeres europeas; sin embargo, estos cuerpos habrían participado en el contexto de la construcción moderna de la diferencia sexual: «en la operática inca vemos claramente que el yo burgués o ilustrado construyó su identidad –por lo menos en parte– a través de un encuentro sensual con el *otro*, es decir, con el no-europeo. Aun cuando este *otro* no fuera descrito ni concebido como un ser físicamente diferente» (2000: 73-74). Allí, la mirada sobre el cuerpo de las princesas incas se habría articulado con una valoración asociada a lo sensual y sexual más «natural» (como aquí se verá luego con Montaigne): «una de las razones por las que sus cuerpos y su sexo eran tan atrayentes era por las formas en las que ellas (como mujeres) incentivaban un escrutinio más cuidadoso del yo burgués (masculino)» (2000: 73). La vista era un procedimiento menor con respecto al concepto dieciochesco de *sensorium commune*, según el cual «era el cuerpo –o el sistema nervioso– y no la vista lo que proporcionaba el contacto sensorial entre el ser y el mundo, entre el yo y el otro» (2000: 53); y era este concepto el que participaba en la articulación de la mirada del cuerpo. Entonces, la grandeza de los pueblos conquistados habría hecho accesible el cuerpo de sus princesas para la construcción de la mirada sexual burguesa.

aún muy próximas a su naturaleza original» (2007: 280). Esa cerca-
nía a lo natural la interpretaba, por un lado, como concurrente con
la bondad y pureza del mundo natural, las cuales Occidente había
perdido; pero, por otro lado, la mirada colombina atenta a la valoración de los cuerpos se deslizaba furtivamente para reinscribirse en
sus palabras como una naturalización ajena a la razón. Los hombres
y mujeres americanos eran simplemente seres naturales. Y su barbarie
no era una barbarie del salvajismo, la antropofagia o la crueldad al
dar la muerte, sino una barbarie producto de su insuficiencia en la
práctica de la razón: «podemos muy bien llamarlos bárbaros con respecto a las reglas de la razón, pero no con respecto a nosotros mismos»
(2007: 285). Así, el ser natural se presentaba como bárbaro frente al
ser racional. La jerarquía se volvía a reinscribir y se abría el camino
para la redefinición de lo humano en el ámbito de la *civilización* de
la razón occidental.

Además, la mirada objetificadora colombina habría participado,
o al menos sería un precedente importante, en la generación del
régimen visual que Martin Jay denominó el «perspectivismo cartesiano». Desde este «[el mundo se] concebía situado en un orden
espacio-temporal matemáticamente regular, lleno de objetos naturales
que solo podían observarse desde afuera con el ojo desapasionado
del investigador imparcial» (2003: 228). El perspectivismo cartesiano
se había inspirado en la *camera obscura*, que a fines del siglo XVI (al
mismo tiempo que la reflexión de Montaigne sobre los caníbales)
produjo una revolución en el régimen visual de la Europa occidental.
Jonathan Crary señaló, por otro lado, que la cámara oscura impedía
«*a priori* que el observador vea su posición como parte de la representación. El cuerpo [del observador] sería entonces un problema que la
cámara nunca podría resolver, salvo marginándolo como fantasma
para establecer un espacio de razón» (1992: 41; mi traducción). Así
la «visión» de la cámara oscura desplegaba un espacio al margen
del observador concreto, y tanto visión como espacio (la cámara)
darían forma a la mirada y el campo de la razón modernos. En ese

contexto, la mirada objetificadora colombina informada, por un lado, por libros, mapas y relatos, y por otro, por el examen intenso de los cuerpos, aportaría una *nueva* consistencia de los cuerpos como objetos que más tarde serían reinscritos en la *cámara oscura* de la razón moderna, que los racializaría de manera científica.

Para concluir, se puede afirmar que la condición fundamental de la «colonialidad del poder» habría sido la producción de un discurso objetificador de los pueblos americanos a partir de una mirada que leía y valoraba la calidad de lo humano en el cuerpo. Sus consecuencias fueron la incorporación de una *nueva* humanidad como subhumanidad, prescribiendo la forma de mirarla, tratarla y someterla. La división del nosotros frente al ellos, que es una práctica simbólica tan vieja como la humanidad, se rediseñó en este caso con un discurso e instrumento focalizado casi exclusivamente en la lectura del cuerpo. En suma, la mirada objetificadora colombina habría contribuido a la configuración de una cartografía de lo humano a escala global, aquella que se articuló a partir de la noción de raza y el racismo. Esta mirada fue, si no la primera, una de sus primeras formulaciones o la formulación decisiva.

LA TETA ASUSTADA O DEL VISLUMBRAMIENTO
COMO OBJETO SEXUAL

La trama de *La teta asustada* (Claudia Llosa, 2009) aborda el trauma que padece su protagonista de veinte años, Fausta, como consecuencia de la violación sexual múltiple sufrida por su madre en un pueblo de Ayacucho. Perpetua, la madre, la llevaba en el vientre cuando se produjo la violación, llevada a cabo por miembros de las fuerzas armadas del Estado peruano. Esto trajo como resultado que la niña naciera «asustada», *sin alma*, y que a lo largo de su vida desarrollara problemas de socialización y un temor atávico por los hombres.

La película comienza con la escena de la muerte de Perpetua y la consecuente decisión de Fausta de cumplir la voluntad de su madre de ser sepultada en su pueblo natal. Luego, para conseguir dinero y satisfacer esa voluntad, Fausta entra al servicio doméstico de una pianista que pasa por una crisis de inspiración. A Fausta le gusta cantar, y allí establece un contrato a pedido de la pianista: una perla a cambio de una canción. La nueva situación (la muerte de su madre y el tener que salir de casa para trabajar) la llevan a ponerse una papa en la vagina para protegerse de una posible violación. Sin embargo, con el tiempo esta va germinando, amenazando su salud, y al final pide librarse de ella.

La película narra la liberación de Fausta de la papa y del trauma en términos poéticos, a través de una sintaxis densa que articula canciones y metáforas visuales. Analizaremos, particularmente, la relación madre-hija para dar cuenta de cómo se procesa el trauma entre ellas. Luego, la manera en que se presenta el vislumbre que la sociedad contemporánea hace del cuerpo de la mujer, o de mujeres como Fausta y Perpetua, y cómo estas lo confrontan para cuidar de sí mismas.

La testigo nonata

El trauma que padece Fausta remite al diagnóstico andino popular de la «teta asustada». Kimberly Theidon lo registró en algunos testimonios:

> Aquí son muchos los niños enfermos, hasta hay jóvenes. El hijo de mi vecino ya es joven. Cuando estaba embarazada, a su madre le maltrataron [los soldados la violaron]. El niño era maltratado desde el embarazo, nació diferente, medio sonso, no puede hablar. Es como un loco. Es como si hubiera perdido la razón, no camina, es diferente, sonso. No es como un niño sano. Teresa Mendoza. (2004: 129)

Se consigna aquí que el «maltrato» no solo alcanza a la madre, sino al hijo y ya desde el embarazo. Theidon lo conceptualiza, según la percepción de los pobladores de las comunidades de Ayacucho, en los siguientes términos:

> Hay una teoría elaborada respecto de la transmisión al bebé del sufrimiento y del susto de la madre, sea esta transmisión en el útero o por medio de la sangre y la leche. Se dice que la *teta asustada* puede dañar al bebé, dejando al niño o niña más propenso a la epilepsia. (2004: 77)

La transmisión es de carácter físico, hay una conexión directa o un agente transmisor. En el caso de un nonato se asume por la conexión física entre la madre y el feto, y en el de un bebé el agente es la leche. La película elabora a partir de ahí la transmisión del sufrimiento de Perpetua a Fausta.

En la primera secuencia de la película, de gran densidad narrativa, se presentan la naturaleza de la relación entre madre e hija, el lugar que ocupa la memoria de la violación sexual y el sentido político de la existencia de ambas mujeres.

La escena inicial recrea visualmente el momento de la violación desde la perspectiva de Fausta. Comienza con una apertura en negro y se oye la voz en *off* de una mujer (que después se sabrá que es Perpetua) cantando en quechua los vejámenes terribles a que fue sometida veinte años antes:

> A esa mujer que les canta,
> esa noche le agarraron, la violaron
> no les dio pena de mi hija no nacida,
> no les dio vergüenza.
> Esa noche agarraron, me violaron con su pene y con su mano,
> no les dio pena que mi hija
> les viera desde dentro[1].

La mención a la hija nonata sugiere que la apertura en negro está recreando visualmente el tiempo de la violación, cuando la hija estaba todavía en el vientre materno y no podía ver, aunque la madre afirma que sí podía. De esta manera, se contrapone el punto de vista que habría tenido la hija nonata con el de la madre, que se puede formular como el de no ser capaz de *ver* frente al ser capaz de *mirar*. Luego aparece en primer plano la madre enferma descansando en una cama, y la enunciación del canto hecha en el presente convierte ese momento anterior de la apertura en negro en una memoria.

A la temporalidad diferente que marcan lo visual (pasado) y la canción (enunciación presente) se suma la alternancia entre la primera y tercera persona narrativa del canto. Entre el *yo* de Perpetua, que la posiciona como víctima, y el *ella* de «esa mujer», que la posiciona como testigo de sí misma[2]. Los hechos terribles que relata Perpetua son una memoria del evento, la alternancia entre víctima y testigo de

---

[1] La traducción al español de estas frases y las siguientes se han tomado de los subtítulos de la película.

[2] La diferencia de persona gramatical en la enunciación de Perpetua también se registra en el guion publicado de la película (Llosa 2010), lo que refuerza la intención de marcar esa oscilación. Hay que señalar que la traducción del quechua al español del guion, publicado después de la película, difiere ligeramente en algunos casos con la de los subtítulos de la película. En el guion no aparece la versión *original* en quechua.

su propia experiencia marcan su carácter de denuncia («la agarraron», «no les dio vergüenza»), pero no son aún una memoria para Fausta como sugiere enfáticamente la película con la pantalla en negro. El relato no es suyo.

Luego aparece Fausta en escena atendiendo a su madre enferma. La comunicación entre ellas es particular. Se da en un espacio femenino, el de la relación madre-hija, y se efectúa a través de una discursividad en quechua (canciones y frases)[3]. Es un espacio íntimo que apela a un modo expresivo característico del mundo tradicional andino: el de la comunicación de hechos y acciones a través del canto. Este diálogo se desarrolla con la naturalidad de lo cotidiano; a Fausta no le llaman la atención los hechos terribles que su madre acaba de cantar, ya ha escuchado esto antes. Le dice: «Cada vez que te acuerdas, cuando lloras mamá, ensucias tu cama con lágrimas de pena y sudor».

Esta memoria traumática, que todavía genera «lágrimas de pena y sudor», afecta el posicionamiento de Fausta con respecto a la violencia. Perpetua canta: «no les importó que mi hija les viera desde adentro»; esta forma de referirse al evento sitúa significativamente a su hija en la posición de testigo. Fausta, antes de nacer, adquiere ya la calidad subjetiva de testigo. Luego el diálogo continúa, pero Fausta cambia de tema y le reprocha afectuosamente a su madre el que no haya comido. Esta, sintiéndose próxima a la muerte, le propone un trato, cantando siempre en quechua:

> Comeré si me cantas,
> y riegas esta memoria que se seca,
> no veo mis recuerdos,
> es como si ya no viviera.

---

[3] En general, la relación entre madres e hijos es frecuente en la, hasta ahora, breve filmografía de Llosa: *Madeinusa* (2005), *La teta asustada* (2009), *Aloft* (2014), el corto *Loxoro* (2011), y *Distancia de rescate* (2021).

El trato consiste en comer a cambio de alimentar/sostener la memoria («regar») que está desapareciendo («se seca»). La naturalidad en el proceder y la aparente falta de reacción de Fausta sugieren que el pedido ya se había enunciado antes, por lo que no se vive como un acontecimiento. El nombre de la madre, Perpetua, señala y refuerza la función de su personaje. Se trata de alguien donde se perpetúan el abuso y la violencia, es la víctima; pero también se presenta como la agente que genera la memoria y demanda que esta se conserve. Esa memoria no es un simple recuento de acciones pasadas, sino el testimonio de su naturaleza y persistencia como violencia. Se inscribe con el sentido de abuso, violación, injusticia y muerte, y por ello adquiere el estatuto de una denuncia.

El contrato propuesto por Perpetua se suma al posicionamiento que hace de Fausta como testigo y adquiere fuerza interpelativa. La autoridad de la madre opera como el poder detrás de la ley que demanda en la interpelación. Por un lado, a Fausta le queda asignada la tarea de portavoz como un deber hacer que la llevaría a ser el sujeto que la madre espera de ella; y por el otro, la madre la inscribe como testigo fechando incluso esta identidad antes del nacimiento, antes de que sea efectivamente un ser humano separado del cuerpo de su madre. La interpelación, entonces, genera términos complejos para la inscripción de la subjetividad de Fausta: está llamada a *perpetuar* el testimonio de la madre, es decir, a ser un sujeto discursivo y político que denuncia, una testigo; y a identificarse con la imagen de un cuerpo nonato que era parte del cuerpo de la madre y que por tanto ha sufrido también la violencia, lo que la lleva a sentirse *vislumbrada* como objeto para la violación sexual a lo largo de su vida. A nivel simbólico, la tensión entre estas dos fuerzas genera una indeterminación que participa constitutivamente del trauma que padece. Fausta vive en el *vislumbramiento* de ser un objeto sexual violable.

Asimismo, la interpelación y el contrato para perpetuar esa memoria genera, por un lado, un discurso de génesis femenina (de madre a hija) mientras que, por otro, politiza todos los elementos de la inscripción simbólica: la hija oscila de manera tensa entre permanecer como víctima o ser testigo (agente); el canto usado para expresar lo cotidiano sirve ahora para contar esa memoria y denunciar el crimen, y el quechua asume la condición de lengua donde se articula el sentido de lo político.

A lo largo de la película, Fausta intentará cumplir con ese contrato, y durante sus cantos cotidianos ensayará articular la memoria de aquel episodio violento.

El control de uso o la objetificación involuntaria

Para confrontar este vislumbramiento permanentemente como objeto sexual violable (*gine sacra*, en la definición de Denegri) Fausta se protege con una papa en la vagina. Esta es una acción del *cuidado* que puede identificarse como un proceder histórico de las mujeres andinas desde la conquista hasta el presente. Es una acción destinada a tener cierto *control de uso* que se manifiesta como un cambio en la apariencia corporal para desanimar a los posibles agresores. Titu Cusi Yupanqui, hijo de Manco Inca, ya mencionaba un caso parecido, el de su tía Cura Ocllo, hermana del Inca, que intentaba defenderse de los españoles:

> los quales llegaron con mi tia al pueblo de Panpaconac, a donde intentaron forçar a mi tia y ella no queriendo se defendia fuertemente, en tanto que vino a ponerse en su cuerpo cosas hediondas y de disprescio, porque los que quisieran llegar a ella hubiesen asco, y ansi se defendio muchas vezes en todo el camino. (1992: 58)

También se menciona este *cuidado* en los testimonios que recoge Theidon sobre el Conflicto:

> Otras mujeres describieron como llenaron sus faldas con ropa, fingiendo estar embarazadas para disuadir a los soldados, mientras que otras echaron sangre en su ropa interior, esperando que su estado san-

grante desanimara a los violadores. Y, notablemente, otras recurrieron a los «embarazos estratégicos» para ejercer alguna forma de control sobre sus cuerpos. (2004: 111)

En el caso de Fausta, el *control de uso* que implica la protección con la papa (símbolo de la cultura y patrimonio agrario andinos) inserta en la vagina sugiere una serie de caracterizaciones discursivas de la objetificación y el *control de uso* mismo. Sin un agente efectivo que objetifique, este acto se abre a una miríada de interpretaciones: a) como discurso bélico, donde la papa opera como un elemento que cierra el paso y defiende el cuerpo de la violación, que es el de la interpretación de Fausta; b) como discurso biológico, donde la papa completa el cuerpo formando parte de él (en algunas regiones del Perú, un nombre vulgar para la vagina es papa), y que de manera implícita reduce el cuerpo a una entidad biológica, material, incompleta; c) como discurso agrario, dado que la papa comienza a germinar *convirtiendo* el cuerpo de Fausta en *tierra* (Pachamama), es decir, en elemento natural, y además situándolo como objeto reproductor; y d) como discurso de violencia, donde la papa al germinar daña físicamente el cuerpo y por tanto reproduce, en otro nivel, la violación.

Este *control de uso* escenifica a nivel simbólico una paradójica defensa-violación, que por su carácter ambiguo contribuiría a reforzar el trauma que padece Fausta y a mantenerlo activo. Asimismo, dramatiza el Conflicto presentándose como una metáfora corporal que condensa poderosamente las acciones y consecuencias padecidas por las mujeres en este evento histórico. En un mismo cuerpo y en una sola acción, se expresan la defensa de la integridad personal, la violación sexual, el embarazo no deseado, y el trauma.

OTRO CONTRATO, OTRA OBJETIFICACIÓN

En el contrato con la pianista donde se acuerda «una perla por una canción» se actualiza la trama del *Fausto* de Goethe. Si en esta

Fausto se compromete a entregar su alma a Mefistófeles a cambio de riquezas y placeres terrenales, Fausta en la película se compromete a entregar sus canciones a la pianista a cambio de perlas. Con esta analogía las canciones adquieren un valor esencial, al posicionarse en el lugar del alma, y la pianista el poder del mal, al ocupar el lugar de Mefistófeles.

Ahora bien, antes de establecerse el contrato se manifiesta ya un proceso de despersonalización contra Fausta, marcado probablemente por la diferencia social y la discriminación racial y cultural. Aída, la pianista, confunde o no quiere memorizar el nombre de Fausta y la llama indistintamente con otros nombres (Isidra, por ejemplo). No le interesa su identidad personal o individualizarla como sujeto; solo le interesan su fuerza laboral y sus canciones. Este proceso de despersonalización, sumado al contrato, deriva en una objetificación que se expresa a través de una metáfora visual.

En una escena, la pianista aparece en un plano medio regando las plantas y con Fausta a su lado cantando, cuando, en un momento determinado, el enfoque se desplaza y aparece el perfil de la pianista en primerísimo plano, y solo la boca de Fausta en segundo plano, cantando a la altura de la garganta de la pianista. El cuerpo de Fausta ha desaparecido, excepto por la boca que canta a la altura de la garganta de la pianista. La imagen expresa el punto de vista de la pianista, que instrumenta a Fausta reduciéndola a lo único que le interesa de ella: su voz o el aspecto material y sonoro de su voz. Fausta es reducida a un cuerpo-voz.

Más tarde, durante el concierto, Fausta descubre que la pianista ha compuesto una pieza musical tomando como motivo una de sus canciones. Camino a casa con ella y su hijo, se siente feliz –se sugiere que por haber sido parte de esta composición–, y comenta: «Les gustó mucho, ¿no?». Su intervención subraya la conciencia de su participación; la pianista, sin embargo, no le concede ningún crédito y la echa del auto. Ya en la calle, Fausta le grita: «¡Mis perlas, mis perlas! ¡Teníamos un trato!».

La reacción de Fausta ante esta instrumentación será tomar las perlas por sí misma. Una reacción atrevida, intensa y dramática, si se la compara con su conducta anterior temerosa y disminuida. Pero antes tiene lugar una escena de violencia patriarcal que desencadena la reacción. El tío de Fausta aparece borracho y en un intento torpe y violento busca hacerla reaccionar positivamente ante la vida intentando sofocarla con las manos. Se puede observar que el propósito del tío no es violarla sexualmente, pero el modo violento con el que intenta sofocar el cuerpo de Fausta es el mismo que se utilizaría en una violación. Entonces, Fausta despliega el *cuidado*: se defiende liberándose del tío, sale de casa y corre por calles y terrenos descampados hasta la casa de la pianista. Allí toma las perlas sin autorización y de esta manera se cobra por las canciones. Hace que el contrato se cumpla y asume el rol de agente. Este liberarse de las manos del tío opera como un disparador de los acontecimientos y un acto figurativo que sugiere la liberación de la autoridad patriarcal y de la dominación social. La *verdadera* liberación, sin embargo, aquella íntima donde recupera la posesión de su cuerpo, se gesta un poco antes a través de una *performance* desplegada mediante una sintaxis visual compleja.

La auto-objetificación o el modelo botánico del testimonio

En su trabajo como sirvienta en casa de la pianista, Fausta conoce a Noé, el jardinero, que también es de origen andino y hablante del quechua como ella. Lentamente, venciendo su desconfianza habitual por los hombres, desarrolla una relación amistosa con él. En ese contexto, un día entabla una conversación en quechua con Noé sobre las flores:

> Noé: necesitas consuelo
> Fausta: ¿por qué?
> Noé: Hay de todo en la carretilla, geranio, hortensia, jazmín. Y tú agarras las margaritas. Necesitas consuelo, pues.
> Las plantas dicen la verdad. No son como la gente.
> En sus tallos se lee todo, su vida, su memoria.
> Fausta: Yo sé eso. En mi pueblo tenía un huerto.

El diálogo pone en escena un saber particular sobre las plantas y las flores que Noé y Fausta comparten en quechua. A pesar de ser un diálogo breve, se puede observar que: a) este saber asocia las flores con cierta condición psicológica o afectiva de las personas (por ejemplo, las margaritas con la necesidad de consuelo); b) las plantas son valoradas como entidades que expresan la verdad; y c) el tallo es el lugar que contiene, o donde se inscribe, la memoria de la planta. Así, plantas y flores adquieren el estatuto de dispositivos simbólicos que «dicen» y se «leen».

Poco después, Fausta se presenta cantando en el cuarto donde está el cadáver de su madre. La canción en quechua dice: «Seguro que durante la guerra / tu madre te dio a luz, / tal vez con miedo / tu madre te parió». Luego, en castellano:

> Si acaso allí te hicieron el mal,
> no sería para caminar llorando,
> no sería para caminar sufriendo,

> búscate, búscate, tú el mal perdido,
> en tinieblas búscate, en la tierra búscate

Fausta comienza a construir una memoria personal de la violencia con los cantos. Cuenta las circunstancias en las que nació y las consecuencias de la violencia manifestando su sentir y su sufrimiento, y además —lo que es más importante— se prescribe a sí misma buscarse entre las tinieblas. Canta en segunda persona, lo que sugiere la imposibilidad de asumir el Yo todavía en esta circunstancia. Se da la orden de buscarse, de encontrar el Yo. Un trabajo de sujetificación de sí para sí misma que implica la elaboración de un Yo que asuma la enunciación del relato.

Luego, en la escena siguiente, Fausta aparece en un plano medio con una flor abierta en la boca. Por un lado, la flor en la boca hace que el cuerpo de Fausta se convierta en el tallo de la planta; por otro, la flor ocupando el lugar de la boca hace que la flor hable por ella. Aquí se configura una metáfora visual cuyo sentido se ha ido construyendo de a pocos en los diálogos con Noé y las canciones. Fausta y la flor en yuxtaposición aparecen como una unidad, como una planta que florece. Si las plantas «dicen la verdad» y en los tallos «se lee todo, su vida, su memoria», entonces la boca-flor de Fausta canta la verdad y comunica la vida y la memoria del cuerpo-tallo. La *performance* de Fausta, su encarnación en una planta, operan poéticamente como una forma figurada, visual, de dar testimonio, el que de alguna manera se actualiza verbal y musicalmente en sus canciones.

Esta *performance* es también una pose. Fausta se ofrece a la mirada, pero no a la mirada fijadora del patriarcado y la cultura dominante. La pose convoca otra mirada, otro ámbito cultural, donde ella y su cuerpo cobran un sentido diferente[4]. Ese ámbito es el de los diálogos en quechua con el jardinero, que hablan de la relación entre las plantas, los sentimientos humanos, el cuerpo y la memoria. En cierto nivel, Fausta posa para la mirada del jardinero y de otras personas como él; les ofrece su testimonio visual, aunque no puedan verla.

Esta pose le permite constituirse a sí misma, instrumentar su cuerpo, vislumbrarse como objeto para sus propios fines, lo que contrasta radicalmente con el interés de la mirada patriarcal que la presenta como violable. Como señalaba Roland Barthes, «me constituyo en el acto de "posar", me fabrico instantáneamente otro cuerpo, me transformo en adelantado en imagen» (1989: 37). Es con esta nueva imagen del cuerpo con la que Fausta puede dar testimonio.

En una secuencia antes del final de la película, Fausta se desmaya a consecuencia de la papa en la vagina y pide que se la extraigan. Noé es quien la ayuda. Además del peligro que corre su salud, el pedido de extracción de la papa sugiere enfrentar el temor a la violación o enfrentar el vislumbramiento permanente en el que vive (el ser mirada y tomada por los hombres como objeto sexual). En la escena final,

---

[4] Dice Kaja Silverman a propósito de la pose: «Es primero y sobre todo que el sujeto se ofrece a sí mismo a través de la pose para ser aprehendido de manera particular por la cámara real o metafórica». Y la pose misma convoca el marco que la enmarca: «La pose conjura a la existencia, antes que nada, el marco explícito o implícito que delimita toda representación separándola de lo "real"» (1996: 202, 203; mi traducción).

Noé le deja un macetero con una planta de papa floreciendo y Fausta se acerca a oler la flor. Se puede observar un reordenamiento acorde con un deber ser natural y con la construcción de una subjetividad propia. La papa está sembrada en la tierra, donde le corresponde estar, y Fausta recupera el control de su cuerpo y puede sentir el olor de la flor, es decir, usar su cuerpo sensorialmente para su propio placer[5].

Ahora bien, en la película se pueden reconocer tres procesos de objetificación y uno de auto-objetificación, todos en relación con Fausta. El de la objetificación *originaria* producida desde que tuvo conciencia de la violación de la madre, cuya génesis se remonta a cuando era parte del cuerpo de ella. El de la objetificación involuntaria a través de la papa *sembrada* en su cuerpo, que hace evidente su vislumbramiento como objeto para la violación, y que la interpela de manera amenazante a identificarse con una figura imposible (cuerpo-tierra) o indeseable (cuerpo-sexo). El de la objetificación producida por la pianista, que la reduce a cuerpo-voz. Y el de la auto-objetificación cuando se instrumenta a sí misma como cuerpo-planta, y donde el saber andino sobre flores y plantas le permite proyectar su nueva imagen.

La teta asustada no solo ilustra las consecuencias que el Conflicto tuvo entre las mujeres campesinas de origen andino, sino que presenta una reflexión poética sobre el vislumbramiento como objetos sexuales al que son sometidas las mujeres en el mundo contemporáneo. El trauma sufrido por Fausta es una exteriorización de la condición fundamental de la mujer sometida a la violencia del discurso heteronormativo patriarcal, que la convierte en *cuerpo anudado*. Condición según la cual una mujer, antes de nacer, ya comparte, hereda y experimenta la condición de objeto para la violación.

---

[5] Esta escena nos permite reforzar con mayor claridad la diferencia entre subjetivación y sujetificación que recorre todo el libro. La subjetivación, de manera general, atiende a los aspectos constructivos de la calidad de sujeto; mientras que la sujetificación atiende al cuidado de la autonomía y la singularidad individual en relación con el cuerpo, que es como se da la existencia.

Finalmente, hay algo que *La teta asustada* pondría en discusión con respecto a la sujetificación y el uso del cuerpo, si la situamos en el contexto de las formas de vida sobre las que reflexiona Giorgio Agamben. En el transcurso de su investigación sobre los usos del cuerpo humano, Agamben analiza las nociones de uso de la antigüedad clásica y reflexiona sobre la posibilidad de nuevas subjetividades que no se articulen en la apropiación del cuerpo (en realidad sería un inapropiable/apropiable) por el derecho y el capitalismo para poder pensar en formas alternativas de vida humana[6].

En ese sentido, *La teta asustada* a través de su poética audiovisual va sugiriendo un uso del cuerpo al margen de la discusión sobre la demanda política por testimoniar y el derecho a desplegar una sujetificación propia como mujer. Fausta desarrolla una serie de acciones que resultan siendo *inapropiables*: cuando canta usa el quechua, pero no se comunica con el mundo; comparte un saber sobre las plantas con el jardinero, que se presenta como *privado* (un saber andino que se transmite en el ámbito rural o doméstico); testimonia en tanto «flor» en una *performance* que no *habla*. Es decir, en la realidad de la película no hay quien pueda *apropiarse* o siquiera *recibir* estas acciones y manifestaciones de su cuerpo más que ella misma; son un hacer para sí misma, y aun así *su* cuerpo no resultaría apropiable del todo porque, en tanto articula una expresión, está siempre más allá del Yo que lo enuncia (o enuncia con él) o performa.

Todo esto acontece mientras Fausta tiene una papa en la vagina. La presencia de este elemento de la naturaleza y el consecuente daño que le ocasiona sugieren una relación problemática con la naturaleza que se juega en el ámbito de la dominación. Fausta *usa* la papa para protegerse, y la papa la *protege*, pero también germina y le causa daño. La dominación se hace indeterminable, no se puede determinar quién

---

6   En *Altísima pobreza* explora la forma de vida comunitaria de los franciscanos durante la Edad Media y en *El uso de los cuerpos* el uso de los cuerpos de la Grecia antigua, donde sujeto y objeto eran indeterminables.

usa a quién. Se sugiere una idea de correspondencia o reciprocidad, de usar la naturaleza para defender el cuerpo y de ser usado por la naturaleza para que esta pueda reproducirse a través de su cuerpo. Pero también hay otro uso, el de la flor. A través de esta y con esta, Fausta logra por fin testimoniar y por tanto, desplegar su subjetividad. Ahora, la sujetificación a través del uso del cuerpo propio fluye hacia ambos polos de la relación, sugiriendo una *forma de vivir* como sujeto/objeto en relación con la naturaleza y atribuyéndole un estatuto de objeto/sujeto a la naturaleza.

Después de este aprendizaje, se abandona la relación de uso-dominación con respecto a la naturaleza, porque ya no puede ser sostenible bajo riesgo de la propia existencia; en este sentido, la expulsión de la papa sugiere que la naturaleza es inapropiable. Por otro lado, Fausta puede usar la flor para testimoniar actuando bajo una nueva consciencia en relación con la naturaleza, donde humano y naturaleza pueden continuar con su existencia, de alguna manera emparentados, pero sin llegar a la apropiación uno del otro.

Lo que se observa aquí es la forma poética de esta nueva configuración subjetiva que abandona una relación de uso-dominación y propone otra de con-vivencia (Fausta como flor, la flor como Fausta). Se observa también que un saber no occidental (el saber andino sobre las plantas) es un elemento constituyente de esta. Lo demás queda como tarea para la reflexión: avanzar en un pensamiento sobre una nueva relación con la naturaleza considerando una perspectiva andina en el ámbito de la sujetificación-objetificación o el de los modos de ser sujeto, objeto u otros, y en relación con el *cuidado* del ser. O si se quiere, desde otro lenguaje, una nueva relación con la naturaleza en la construcción de la subjetividad humana.

NN: Sin identidad o sostener la vida. Sobre las políticas de la memoria

> Entonces todos los hombres de la tierra
> le rodearon; les vio el cadáver triste, emocionado;
> incorporóse lentamente,
> abrazó al primer hombre; echóse a andar…
>
> César Vallejo

NN: Sin identidad (2014), escrita y dirigida por Héctor Gálvez, presenta el trabajo de un equipo de antropología forense que se dedica a excavar fosas comunes e identificar restos humanos en varias zonas del Perú durante los años posteriores al Conflicto. La película despliega un fluir lento de las acciones a través de una filmografía de planos largos, encuadres semivacíos y colores sobrios y desvaídos. Todo ello armoniza y se complementa con una trama que visibiliza los mecanismos que posibilitan el duelo y la construcción de la memoria.

La película se narra desde la perspectiva del jefe del equipo de antropología forense, Fidel. Un hombre solitario, probablemente sufriendo una pérdida (la hija y la ex-pareja viven en el extranjero), que después de encontrar los restos de un hombre se ve ante una disyuntiva: entregarlos a una mujer, Graciela, quien ha estado buscando durante más de dos décadas a su esposo desaparecido, o dejar que sigan su curso administrativo como anónimos (NN), corriendo el riesgo de que queden abandonados en un depósito gubernamental sin ninguna garantía para su preservación.

La película presenta de esta manera dos relatos de búsqueda que tienen como punto de encuentro los restos de este hombre. Por un lado, el relato de la búsqueda de la identidad de los restos, propia de la misión del equipo forense; por el otro, el de la búsqueda personal del esposo desaparecido de Graciela. El conflicto de la película se expresa en la posibilidad de identificar los restos de este hombre como los del esposo desaparecido de Graciela, lo que permitiría la correspondencia de los dos relatos y por tanto la posibilidad de inscripción de la memoria. Esto le otorga a *NN: Sin identidad* una dimensión ético-política.

Al interior de la trama, la película escenifica y responde a la cuestión de si debieran usarse restos anónimos para *darle cuerpo* a un desaparecido. Una interrogante que se inscribe en el contexto de la elaboración de la memoria y la política de reparaciones del país después del Conflicto. Pero además, la película explora y sugiere lo que está en juego en el gesto de entrega de los restos, cuando dirige la focalización sobre la figura de Fidel en el primer relato, y sobre la de Graciela en el segundo. Se hace inevitable preguntarse qué ocurre si no se identifican los restos encontrados, y qué ocurre si no se encuentra a los desaparecidos.

A partir de este conflicto que plantea la película, continuaremos con la reflexión del *cuerpo anudado* considerando ahora la manifestación de una objetificación radical: la del cuerpo muerto. Esto nos permitirá comprender los mecanismos de la sujetificación y la elaboración de la memoria, los que también se advertirían en la política de reparaciones desarrollada en el periodo posconflicto a partir de la propuesta de la CVR.

La muerte como objetificación radical

Consideremos la labor forense, de manera general, como un trabajo que implica la conversión de restos humanos en cuerpos anudados, es decir su objetificación como cuerpo-muerto-de. Allí, la muerte antigua inició el trabajo de destrucción del cuerpo (el ya no estar en un lugar, la conversión en polvo), y la objetificación presente

como cuerpo-muerto-de lo inscribe en el eje de la sujetificación-objetificación. En este estado objetual el «de» implica la re-presentación
del cuerpo como una atribución, que sería la de pertenecer a alguien
que ya no vive. Esto nos lleva a reflexionar sobre la forma de ser
de los restos, desde el momento previo a la identificación hasta la
objetificación radical como cuerpo-muerto-de, o su consideración
como cuerpo anudado a la muerte. La pregunta inevitable, aunque
sea para poder comenzar si es que luego no se alcanza a responder
lo suficiente, viene a ser qué es un cadáver. ¿Qué son los restos,
los despojos? Y el *es* nos remite a la existencia, al modo de ser del
cadáver o los restos. Se trata de una pregunta que inquiere por su
estatuto ontológico.

Maurice Blanchot, quien reflexionó con detenimiento y profun-
didad sobre la muerte, lidió con la pregunta, pero no respondió
directamente qué *son* los restos:

> Lo que se llama despojo mortal escapa de las categorías comunes: hay
> frente a nosotros algo que ni es el viviente en persona, ni una realidad
> cualquiera, ni el que estaba vivo, ni otro, ni ninguna cosa. Lo que está
> allí, en la calma absoluta de lo que ha encontrado su lugar, no realiza
> [*réalise*], sin embargo, la verdad de estar plenamente aquí. (1992: 245)

Por un lado, señala lo que el despojo mortal (también lo llama
«cadáver») no es: ni viviente ni cosa. Por otro, se refiere a la condición espacial: está allí, pero no realiza estar plenamente aquí (con
nosotros). Sobre el allí de la espacialidad del despojo y el aquí de la
espacialidad nuestra agrega Blanchot:

> La muerte suspende la relación con el lugar, aunque el muerto se
> apoye pesadamente como si fuese la única base que le queda. Justamente
> esta base falta, falta el lugar, el cadáver no está en su sitio. ¿Dónde está?
> No está aquí y, sin embargo, no está en otra parte; ¿en ninguna parte?
> Pero es que entonces ninguna parte está aquí. La presencia cadavérica
> establece una relación entre aquí y ninguna parte. (1992: 45)

¿Cuál es esa dimensión espacial donde no se realiza el cadáver? Blanchot señala una espacialidad imposible: está en ninguna parte y «ninguna parte está aquí». El cadáver que ya no es viviente ni cosa está aquí frente a nosotros, lo vemos, pero para sí mismo ya no está en ninguna parte. Es más, ya no se puede afirmar con respecto al cadáver el *sí mismo* porque este ya no «realiza» la-verdad-de-estar-plenamente, de estar-existir aquí entre nosotros: está en ninguna parte. La no realización de la verdad-de-estar-plenamente expresa su modo de no existencia, pero ¿podría tener *otra* existencia? Examinemos este asunto desde otra perspectiva.

En su reflexión sobre el modo de ser del espectro en relación con su posibilidad de inscripción en el duelo, Derrida describió el intento de ontologización que efectúa el duelo:

> El duelo consiste siempre en intentar ontologizar restos, en hacerlos presentes, en primer lugar en *identificar* los despojos y en *localizar* a los muertos (toda ontologización, toda semantización –filosófica, herme-néutica o psicoanalítica– se encuentra presa en este trabajo del duelo, pero, en tanto que tal, no lo piensa todavía; es en este más acá en el que planteamos aquí la cuestión del espectro, al espectro, ya se trate de Hamlet o de Marx). (1995: 23)

El duelo es siempre el duelo de alguien, su posibilidad primera se establece en hacer presente los restos, en identificarlos y localizarlos. Estos procedimientos podemos reconocerlos en la re-presentación del cuerpo-muerto-de. El «de» que identifica a un sujeto en la atribución, que localiza el lugar de su pasada existencia («vivió aquí, allí, entre nosotros»), que señala a aquel donde no se realiza la verdad de estar plenamente, y que, además, lo convierte en objeto *para* el duelo. Pero si esto es lo que efectúa el duelo con el cadáver, si esta es la manera de hacerlo presente, ¿cuál es su modo de ser en el duelo?

El estatuto ontológico de los restos, como del cadáver, no es sim-plemente el de una cosa como podría ser cualquier otro objeto, estos *tienen* una particularidad que los distingue de la mera materialidad del mundo objetual, y los identifica y localiza en la esfera de lo humano. En ese sentido, la reflexión de Heidegger sobre el cadáver resulta fundamental:

> el ente que queda no se reduce a una mera cosa corpórea. El mismo cadáver ahí presente sigue siendo, desde un punto de vista teorético, un objeto posible de anatomía patológica, cuya manera de comprender queda orientada por la idea de la vida. Lo meramente-presente [*das Nur-noch-Vorhandene*] es «más» que una cosa material *sin vida*. En él comparece un *no-viviente* que ha perdido la vida. (2006: §47, 259)

La objetificación radical trabaja en/con ese «comparecer» del no-viviente. El *Diccionario de la lengua española* recoge para comparecer: «Presentarse ante una autoridad u otra persona», «Aparecer inopinadamente». El no viviente se presenta inopinadamente (sin que se piense en ello, sin esperarlo) y lo hace en el cadáver ante la «solicitud» de los que lo recuerdan (a diferencia del carácter autoritario que señala el diccionario, Heidegger menciona una «solicitud reverenciante»). Esta sería una forma de ser («extraño fenómeno de ser», dice Heidegger) que vincula al no-viviente con el viviente. El «de» del cuerpo-muerto-de, del cadáver, de los restos, designa el espacio de la comparecencia. La objetificación radical que implica el cuerpo-muerto-de señala que el duelo, la memoria, el archivo o el fantasma, alguno de ellos u otros, ya están dados, porque la instrumentación y el uso ya se han desplegado, o porque ya se ha dado paso a sostener su sujetificación. La forma de la comparecencia implicaría la atribución de una calidad de objeto o sujeto humano, o algo situado entremedio o más allá de estos, siempre con la consideración de que en el cuerpo-muerto-de comparece alguien que ya no vive o un no-viviente que, como tal, ha perdido la vida.

Cuando se inicia el proceso de identificación forense de algo y se lo identifica como restos humanos, es decir, el reconocimiento de algo

como la parte de un cuerpo humano, se ingresa al vislumbramiento
de que estos restos pertenezcan a alguien que *pereció* (en el sentido
que le da a *perecer* Heidegger en el análisis existencial de la muerte:
en tanto terminó la vida biológica del cuerpo como mismo le puede
ocurrir a una planta). Y la consecuente representación del cuerpo
anudado que efectúa el trabajo forense como cuerpo-muerto-de,
según los procedimientos de identificación y localización, implica
una inscripción médico-legal (en este caso, pero no lo sería en todos)
que afirma el *deceso* de alguien o que alguien *falleció*, muerte que,
siguiendo a Heidegger, solo le puede ocurrir a un ser humano[1].

---

[1] Los términos que usa Heidegger en el análisis existencial de la muerte son
verenden, que se traduce al español como fenecer, o perecer a través de Derrida;
ableben, «dejar de vivir», o fallecer a través de Derrida, y *sterben*, morir, que implica
el fin del *Dasein*, más no su perecer. Heidegger señala: «El Dasein nunca fenece.
Pero solo puede dejar de vivir en la medida en que muere» (2006: §49, 267). O
como lo interpreta Derrida: «Fallecer no es morir pero, ya lo hemos visto, solo un
ser-para-la-muerte (*Dasein*), un ser-consagrado-a-la-muerte, un ser-relativamente-
a-la-muerte o que-tiende-hacia-(o hasta)-la-muerte (*zum Tode*) puede asimismo
fallecer. Si no perece jamás (*verendet nie*) en cuanto tal, en tanto que *Dasein* (puede
perecer en tanto que ser vivo, animal u hombre como *animale rationale* pero no
en tanto que *Dasein*), si no perece nunca simplemente […], el *Dasein* puede, no
obstante, fina(liza)r, pero fina(liza)r sin perecer (*verenden*), por consiguiente,
y sin propiamente morir […]. Pero no puede fallecer sin morir» (1998: 71). La
reflexión de Derrida sobre el análisis existencial de la muerte de Heidegger es
parte de una reflexión mayor sobre las aporías que se encuentran en los límites
o los límites que se inscriben como aporías. Reconoce tres formas de límites: la
clausura problemática, la frontera antropológica y la demarcación conceptual.
Estas tres formas de límites formarían una trenza y la aporía de la muerte «sería
uno de los nombres de lugares para lo que forma la trenza y le impide deshacerse»
(1998: 73). De ahí señala que «no hay ninguna cultura de la muerte misma o del
propiamente morir. El morir no es natural (biológico) ni cultural de parte a parte.
Y la cuestión de los límites que se articula aquí es tanto la de la frontera entre las
culturas, las lenguas, los países, las naciones, las religiones, como la del límite
entre una estructura universal (pero no natural) y una estructura diferencial (no
natural sino cultural)» (1998: 74).

Sostener al otro/a

En *NN: Sin identidad*, los restos encontrados por Fidel y su equipo debían ser de ocho personas, según los datos de un informante, pero encontraron los de una novena persona a quien no pueden identificar. El trabajo forense consistirá a partir de entonces en la objetificación de los restos, que estará a cargo de Fidel. En ese proceso, los huesos de este alguien se pegan y reconstruyen, se identifican como pertenecientes a un sujeto de sexo masculino cuya edad podría oscilar entre los 30 y 45 años. Se limpia la ropa que los acompaña (una chompa azul, un pantalón, una camisa, calcetines y zapatos) de objetos extraños e impurezas, y se encuentra la foto de una muchacha de aproximadamente 26 años en el bolsillo de la camisa. El análisis forense de los huesos permite reconstruir la violencia ejercida contra el sujeto que fue, y la causa de su muerte: múltiples fracturas en las costillas que le provocaron una hemorragia y un orificio en el cráneo que definitivamente le ocasionó la muerte. De esta manera se inscribe el *deceso*. Asimismo, esta conversión de los restos en objeto humano pasible de ser identificado permite proyectar pasajes de su vida personal: podría haber tenido una relación con la muchacha de la foto, fue golpeado brutalmente y ejecutado con un tiro en la cabeza. La posibilidad de inscribir la vida vivida le da el estatuto ontológico de haber existido como un ser, de haber *fallecido*. Esto hace posible que se constate algo que en sí mismo ya es obvio: que tuvo una existencia como sujeto en el sentido de la sujetificación, de alguien que *cuida* de sí, que cuida su ser para sus propios fines y no los de otros. Pero ¿se podrá inscribir este cuerpo anudado ahora como sujeto de la sujetificación?

De acuerdo con el *Diccionario de la lengua española*, el significado de NN en Bolivia, Chile y Perú es «Persona desconocida de la que no se tiene ningún dato», y las iniciales corresponden al latín *nomen nescio*, «desconozco el nombre». NN se refiere entonces a la existencia de una persona que no ha sido identificada. Se manifiesta casi de manera inversa al significado de persona desaparecida: «Que

se halla en paradero desconocido, sin que se sepa si vive», que refiere
al conocimiento de la identidad de una persona, de la que se ignora
la existencia física de su cuerpo. Entonces, puede decirse también
que NN se refiere a la existencia de un cuerpo (vivo o muerto) que
no ha sido identificado, o incluso, en algunos casos, a la existencia
de alguien cuyo paradero e identidad se desconocen –es decir, a un
tiempo NN y desaparecido, como el caso de alguien que dona anó-
nimamente a una causa humanitaria o el de la desaparición de una
detenida referida por alguien que desconoce su identidad («Yo vi a
una mujer en la celda, se la llevaron»). Todos los casos coinciden en
la existencia de alguien, una persona, un ser. Y desde aquí podemos
formular una interrogante parecida a la anterior, pero enunciada
desde este lugar. Sabemos que alguien existió cuando estamos frente
a unos restos o un cuerpo muerto, eso es obvio, pero ¿cómo, de qué
manera, se concibe esta existencia *ahora* a partir de los restos o el
cuerpo muerto? ¿Quién comparece ahí?

En una escena de *NN: Sin identidad*, una antropóloga forense
despliega por primera vez un vestido pequeño de niña. Este vestido, en primer plano, desdoblado y limpiado cuidadosamente por
las manos de la forense, remite a la materialidad (al igual que los
nudos de Eielson) de un cuerpo humano, usurpa el cuerpo y sugiere
una imagen humana. Luego, la forense llora frente a este vestido
de alguien que fue su usuaria a quien se identifica como una niña.
Aquí el llanto manifiesta la inscripción de alguien, una niña, como
quien ha muerto aunque merecía seguir viviendo (o en los términos
del poema «Masa» de Vallejo, el llanto sugiere que la niña convo-
cada por los restos es sujeto de amor o *está* sujeta al amor)[2]. En ese
sentido, Butler ha señalado, en la misma línea de la reflexión poética de Vallejo, que «la capacidad de ser llorada [*grievability*] es una
condición del surgimiento y mantenimiento de toda vida [...] Sin

---

[2]   Sobre «Masa» como reflexión sobre la condición intersubjetiva del ser y la
capacidad de sostener al otro/a, véase Rivera 2023.

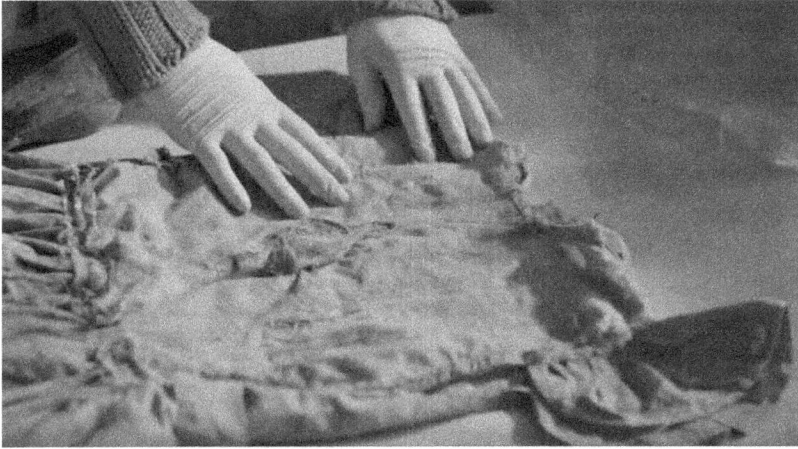

capacidad de suscitar condolencia, no existe vida alguna, o, mejor dicho, hay algo que está vivo pero que es distinto a la vida» (2010: 32). Podemos considerar, también, esta reflexión para la vida vivida por un cuerpo-muerto-de.

El llanto de la forense, suscitado por la remisión a un cuerpo que hacen los restos y el vestido, reconoce que allí hubo una vida que importaba, una vida que se consideraba digna de ser vivida. Hubo algo (el vestido, los huesos) identificado en un primer momento como un resto humano, que luego se identificó como una niña que tuvo una vida y que después pasará a ser identificado como una persona con nombre propio. Todo este proceso va en la dirección de la sujetificación del cuerpo anudado *de* la niña que la produce como un sujeto que fue. Pero esta calidad de sujeto es *atribuida* fundamentalmente por el llanto de la forense, más allá de cualquier identificación legal y nominal. ¿Qué ocurre, entonces, cuando un cuerpo muerto no es llorado? ¿O cuando, como cuerpo anudado, objetificado radicalmente por la muerte, no puede desplegar el cuidado que lo inscribe como sujeto?

En el caso de la muerte, no es posible contestar a la objetificación y uso que someten al cuerpo. Por eso debe entenderse como una objetificación radical, porque la objetificación que se constata en el *uso*, que es dar la muerte misma, borra la vida del cuerpo (en tanto existencia material) a través de la cual, y con la cual, alguien se inscribía como sujeto-cuerpo, y esta borradura (el *perecer*) impide posicionarse frente a la objetificación y responder, desplegar el *cuidado* y el *control de uso*. Entonces, solo es posible que la objetificación radical de la muerte sea respondida de manera desplazada, exteriormente –es decir, socialmente–, por la comunidad, como lo hace la antropóloga forense con los restos de la niña: llora como una manifestación del duelo y en ese acto responde a la objetificación de la muerte y hace evidente que hubo una vida vivida; y por eso mismo, también existe la posibilidad de que no sea llorada o no se responda por ella, o solo sea vislumbrada como objeto. Es decir, la inscripción del cuerpo muerto es social, se da en el eje vida-muerte; por tanto, puede inscribirse en el sentido del vislumbramiento, en el de la sujetificación (pero una sujetificación atribuida, desplazada) o incluso se podría inscribir radicalmente en la sujetificación como vivo[3]. Vallejo comprendió el sentido y ámbito de esta inscripción perfectamente, por eso hizo que en «Masa» toda la humanidad le pidiera al cadáver que se levantara, y este se levantó volviendo a la vida. De esta manera, ante la objetificación radical de la muerte respondió con una sujetificación radical (vivificación) inscrita por toda la humanidad[4].

---

[3] Es obvio que no se puede volver a la vida a quien ha muerto, pero la inscripción de su muerte permite que sea posible la utopía/fantasía de su inscripción como vivo.

[4] Este lugar que hace visible Vallejo es donde se inscribiría la «ontología social» que propone Butler como crítica al individualismo: «una ontología del individualismo que no reconoce que la vida, entendida como vida precaria, implica una ontología social que pone en tela de juicio esta forma de individualismo» (2010: 38). Aquí el sentido de la «vida precaria», tomado de Levinas, se basa en la comprensión de cuán fácil es eliminar la vida (2006: 20). Pero también: «Afirmar que una vida es precaria exige no solo que una vida sea aprehendida como vida, sino también que la precariedad sea un aspecto de lo que es aprehendido en lo que tiene vida. Desde el punto de vista normativo, lo que estoy afirmando es que

Pero una cosa es decir que se inscribe en el eje vida-muerte y otra que se inscribe en el eje sujetificación-objetificación; y aunque ambos comparten cierto espacio de sentido como el del cuerpo muerto que está objetificado como muerto en el *perecer* y el *fallecer*, no son lo mismo. La sujetificación no refiere a la mera existencia biológica o material de la vida, sino que va más allá y da cuenta de una vida *en relación con*, es decir, de la vida con los otros, la comunidad, o de la vida en términos intersubjetivos y/o sociales. Esto se observa en la exposición del cuerpo frente a otros cuerpos; en la acción de respuesta (en cualquiera de sus formas) a la objetificación y el uso, cuando alguien despliega el *cuidado* y el control de uso, y así se expresa y constituye como sujeto; y en la acción de los otros, que le otorga una calidad sujetiva a quien ha sido objetificado/a, como en el llanto de la antropóloga forense que así reconoce que hubo una vida que importaba. Tanto el *cuidado* de sí del sujeto como la acción de los otros (que sería también una forma otra de cuidado) se dan *en relación con*, tienen una consistencia intersubjetiva, social. En la película, la niña está muerta, ya no tiene más vida; lo que el llanto hace, entonces, es *sostener* en el presente una/la sujetificación de aquella que fue en vida[5].

Ahora bien, la relación con el cuerpo anudado como cuerpo-muerto-de, que se manifiesta en el llanto que intenta sostener una/la sujetificación de quien fue en vida, pasa por un *coestar* con el cuerpo anudado, que se encuentra, por ejemplo, en el duelo. Heidegger señaló

---

debería haber una manera más incluyente e igualitaria de reconocer la precariedad» (Butler 2010: 29). Esto se examina con más detenimiento en Rivera 2023.

[5] Si no se considerase una vida como que importase o fuese digna de ser vivida, entonces estaríamos frente a una figura monstruosa o un no sujeto o un no humano. Foucault señalaba que las tecnologías del Yo que producen la subjetivación (*subjectivation*) se dan frente a un código moral que las ordena y legisla (2003: 26-36). En este caso la calidad de no sujeto *atribuida* también debería, en consecuencia, ordenarse y legislarse frente a un código moral.

con respecto a la posibilidad de «experimentar la muerte de los otros y de aprehender al Dasein entero», lo siguiente:

> Al acompañarlo [al difunto] en el duelo recordatorio, los deudos *están con él* en un modo de la solicitud reverenciante [...] En semejante coestar con el muerto, el difunto *mismo* no ex-siste fácticamente más [...] Sin embargo, coestar quiere decir siempre estar los unos con los otros en el mismo mundo. El difunto ha abandonado y dejado atrás nuestro *«mundo». Desde este*, los que quedan pueden *estar* todavía *con él*. (2006: §47, 259-260)[6]

El sentido de este coestar en «nuestro mundo» con el difunto implica *traerlo* o *retenerlo* en una suerte de existencia conjunta, un existir *con* nosotros. No es una existencia individual ni fáctica, ni es la misma existencia de aquel alguien que ahora es difunto (un alguien que dejó de vivir y cuyo lugar tomó el difunto); sino es una existencia en comunión con los otros (los deudos). Una coexistencia que se puede considerar como producto del hacer del llanto o de la dación de amor de los vivos (como ocurre en «Masa» de Vallejo) que lo *sostiene* entre nosotros y con nosotros porque no puede sostenerse (ser) por sí mismo. Y lo que se sostiene en este coexistir es *un* alguien que fue en vida (un alguien que es identificado con el difunto y con quien fue en vida a través de la atribución, pero que no *es* el mismo alguien que fue en vida). Este sostenimiento, al manifestarse como un hacer de los otros, abre el espacio de la memoria, el lugar donde se inscribe en el sostener mismo la vida que fue. El cuerpo anudado, objetificado radicalmente como cuerpo-muerto-de, adquiere así un nuevo modo de ser en tanto se intenta sostener su sujetificación. Sujetificación que ya no es la misma *de* quien fue en vida, sino una *atribuida* por los otros en la coexistencia.

---

[6] Esta sección es una de las más interesante y potentes de *Ser y tiempo* para pensar el ser en relación con los otros, y casi como una paradoja se da en relación con la muerte.

Retomando la distinción entre los ejes vida-muerte y sujetificación-objetificación (que es una diferencia fundamental no solo para el cuerpo anudado sino también para la reflexión sobre la muerte como aparece en Heidegger pero con otros términos): es importante reconocer la naturaleza de su diferencia y también el modo de concurrencia de ciertos elementos para una reflexión particular. Una reflexión como la que se presenta en el caso de alguien que no puede desplegar por sí mismo/a el *cuidado* y donde se manifiesta la posibilidad de que otros puedan sostener su/una sujetificación (cuidar de él o ella). Esto se observa hoy en día en debates de gran intensidad, como son los de la posibilidad de asistir con la muerte a alguien que vive una vida vegetal (eutanasia), o el del *perecer* o vivir de una vida no nacida (pro-vida/pro-elección), o el de un/a menor que se considera todavía no responsable de sí mismo/a. Pero esta reflexión va más allá de lo que nos hemos propuesto aquí y no abundaremos más[7].

En *NN: sin identidad*, el jefe del equipo de antropología forense, Fidel, cuando se detiene a observar por primera vez los restos que no esperaban encontrar, no alcanza a llorar; aunque al final de la película, frustrado por no poder identificarlos, se siente profundamente conmovido. En esta primera vez, los observa y la escena nos muestra un plano entero, ligeramente en picado, donde restos y ropa dispuestos sobre una mesa (por él mismo y su equipo) remiten a la materialidad, a la imagen de un cuerpo completo, sugiriendo así una figura fantasmal que *encarna* la potencia corpórea o el envío a representar el cuerpo. De esta manera, la película plantea visualmente que los restos se han vislumbrado, que podrían ser convertidos plenamente

---

[7] Butler planteó esta discusión directamente y con todas sus implicancias a partir de su concepción de «vida precaria» (2010: 13-56). Por su parte, Derrida advirtió de las «confusiones aparentemente empíricas o tecno-jurídicas, y hoy en día cada vez más graves, sobre lo que es el estado de muerte» (1998: 55). La reflexión de Butler sobre la vida precaria, en general, me permitió entender mejor el sentido del *sostener* con respecto a la sujetificación en el caso del cuerpo anudado y confirmar el profundo alcance de la reflexión poética de Vallejo en «Masa».

o no en cuerpo-muerto-de (objetos, sujetificados o no, *para* el duelo, la memoria, el archivo, etcétera), y que a partir de esta condición de vislumbramiento Fidel evaluará las condiciones y producción del duelo y la memoria durante el resto de la película.

El sentido de esta interacción con los restos se puede comprender como la demanda que este cuerpo anudado (cuerpo-muerto-de, pero aún no atribuido para el duelo) le dirige a Fidel. Una demanda de identificación que, atendida y respondida satisfactoriamente, permitiría *restituirle a posteriori* la vida perdida. Esta demanda se refuerza cuando Fidel se entera de que el destino de los restos no identificados es un depósito gubernamental improvisado que no ofrece ninguna garantía para su preservación; es decir, surge la amenaza de su completa desaparición. Ahora bien, hay otra demanda mucho más fuerte y definitiva que se va manifestando durante la interacción de Fidel con Graciela.

La película muestra constantemente un primer plano detenido de ella en una actitud de dolor y espera. Esta actitud, sin ser necesariamente dirigida, demanda que encuentren a su esposo desaparecido; y Fidel aparece como receptivo a esta demanda probablemente por un sentimiento de empatía, dado que la película sugiere que él mismo está sufriendo una pérdida. Ambas demandas, expresadas visualmente en la película, se confirman luego en el actuar de Fidel, que intentará la sujetificación de los restos a manera de respuesta[8].

Si el sostenimiento de la sujetificación implica la atribución de una vida que importaba, que era digna de ser vivida, dirigida a los restos, los pasos para la identificación de estos van en esa dirección. Primero, se generan algunos momentos posibles de vida personal, como ya dijimos: pudo haber tenido una relación con la muchacha de la fotografía («fácilmente podría ser su esposa» o «su prima», o «su amante»), fue golpeado brutalmente y ejecutado con un tiro en

---

[8] Un análisis de una demanda de esta naturaleza se puede encontrar en Rivera 2011: 75-87.

la cabeza. Luego vendría el reconocimiento de un familiar que le otorgaría todo un relato de vida y que haría que esta vida importara profundamente, pero Graciela solo reconoce la chompa azul con los remiendos que ella misma hizo, no el resto de su ropa ni la fotografía de la muchacha. Entonces la identificación es parcial, insuficiente. Finalmente, viene la prueba de ADN, que marcaría una identificación definitiva. Esta prueba aseguraría la identidad de los restos como los restos del esposo de Graciela, como los restos de Pedro Campos Valle, con lo cual se le *restablecería* toda una vida completa (familia, esposa, hijo, trabajo, vida social, etcétera). Pero el resultado de la prueba es negativo. Fidel no logra identificar los restos, ¿pero puede todavía atribuirle una vida?

La atribución como política de reparación

Ahora bien, si entendemos que la identificación del cuerpo anudado es la conexión con la vida, con aquel alguien que fue, la identidad atribuida como alguien que ha dejado de vivir (o incluso como humano de sexo masculino, si no se identifican nombre y vida) abre el espacio para el respeto, para que se pueda inscribir como el que fue alguien-como-nosotros (en la comunidad), y esto es ya un primer paso para hacerlo coexistir en ese modo de ser (tal vez incompleto modo de ser) con nosotros.

La muerte es la objetificación radical, definitiva; la sujetificación en este caso no alcanzará nunca la inscripción de un sujeto en cuerpo. Pero la atribución de una vida permite la coexistencia con nosotros y hace posible *sostener* la sujetificación del que fue en vida, una sujetificación que, de otra manera, estaría condenada a ser irrealizable. En ese sostenimiento habita la memoria, la vida que fue, aun cuando los restos o el cuerpo anudado desaparezcan. Y esta memoria, la vida que fue, quedará inscrita, y su existencia sujeta a la temporalidad de su inscripción y a la permanencia de la escritura[9].

En una escena de *NN: Sin identidad*, luego de que no se han podido identificar los restos mediante la prueba de ADN, una funcionaria del equipo de antropología forense le dice a Fidel: «Tengo casi treinta años trabajando en esto, y te puedo decir, que a ese señor nadie lo está buscando». Y finalmente la película termina con la escena de un velorio donde Graciela está de luto frente a un ataúd. Se entiende, entonces, que Fidel validó la identificación de los restos como los de Pedro Campos Valle. ¿Qué implica el *uso* de estos restos? ¿Las demandas fueron atendidas?

Antes de este desenlace, hay dos pasajes fundamentales para comprender la decisión de Fidel, que se deben revisar en detalle. Uno de ellos tiene que ver con la formulación del dilema ético que discute la película. En una escena se presenta a los miembros del equipo discutiendo si se deben entregar los ataúdes sellados a los deudos o si se debe mostrarles su contenido con los cuerpos incompletos, lo que generaría mayor sufrimiento. El dilema es: ¿se debe decir la verdad,

---

[9] Las características de la inscripción de la memoria se han estudiado de manera exhaustiva. Véase, por ejemplo, en Halbwachs 2004, Koselleck 1993, Ricœur 1999 y Jelin 2012. Mi intención en este campo vasto y complejo es señalar el lugar dónde se inscribe la memoria de un sujeto y el modo en que se hace presente (modo de ser) en relación con la objetificación radical que significa la muerte.

o sentir compasión por los deudos y no decirla? Fidel interviene de manera concluyente: «Tenemos que decírselo, Erick, es lo que nos toca», con lo que reafirma que el trabajo forense se fundamenta en la verdad de la identificación de los restos.

Este dilema hará eco en Fidel con respecto a los restos todavía no identificados, y se reformulará de otra manera. ¿Se debe atender la demanda de los restos que piden ser identificados, y por tanto preservar la identidad del sujeto que en vida fue y mantenerse fiel a él? ¿O se debe atender la demanda de Graciela, que pide que le entreguen los restos de su esposo, y por tanto preservar su salud y estabilidad emocional, y mantenerse fiel a ella? Hay que recordar que el antropólogo forense se llama Fidel, con lo cual la película sugiere un campo de sentido donde este podría encarnar la fidelidad. Fidel no puede satisfacer la demanda de ambos; si satisface una no puede cumplir con la otra. ¿A cuál debería mantenerse fiel? ¿La vida de quién se debe *reparar*, la vivida por el *sujeto* de los restos, o la que vive en el presente Graciela?

El segundo pasaje tiene que ver con la inscripción de la idea de sustitución. La vida de Fidel es solitaria y tiene una hija que vive en el extranjero con su ex-pareja. A lo largo de la película se va construyendo el sentido de esta ausencia como pérdida a la par de la pérdida de Graciela, hasta el punto de que se sugiere que Fidel se identifica con la pérdida de esta. Una noche en un bar, después de unos tragos con los que el equipo celebraba el trabajo terminado, Fidel le pide a una de sus colegas que le permita quedarse a dormir en su casa. Allí, al día siguiente por la madrugada, se observa que Fidel mira dormir a la hija adolescente de su colega, en una toma de encuadre marcada por la puerta del dormitorio. Luego hace lo mismo con la colega durmiendo en su cama y después se va de la casa. Esta conducta de Fidel puede leerse como un intento de revivir por un momento la vida perdida con la hija y la ex-pareja distantes en otro país, de mirarlas en la intimidad familiar así como las miraba antes. Es así como se inscribe en la película la idea de la sustitución de los cuerpos para la compensación de una pérdida.

Después de estos dos pasajes, Fidel conversa con la funcionaria del
equipo de antropología, va al laboratorio por la noche y contempla
por última vez los restos del hombre, frente a los cuales se siente profundamente conmovido –sugiriéndose así que se reactiva la demanda
de los restos–. Luego va a su casa y llora bajo la ducha. Un llanto
donde se mezclan la frustración de no poder atender ambas demandas
y su situación personal, solitaria y de pérdida. Al día siguiente, va a
una dependencia del Ministerio Público en la que observa cómo se
ha improvisado un depósito donde los restos humanos recuperados
de las fosas comunes están almacenados en cajas precarias que están
destruyéndose de a pocos. Las cajas están mezcladas con otros restos,
de computadoras y objetos de oficina. Este depósito es el resultado de
las disposiciones de la nueva administración gubernamental, según
mencionaba antes una secretaria. Los restos pasan de ser objetificados
como cuerpos-muertos-de a simples restos o no-cuerpos que, en su
contigüidad con los desechos de computadoras y útiles de oficina,
pasan a convertirse en basura, en cosas sin utilidad alguna, corriendo
así el riesgo de volver al estatuto anterior a la exhumación, donde su
destino era su disolución física sin identidad.

Ahora bien, el *uso* (inscripción) de estos restos, de este cuerpo
anudado, NN, como los restos *de* Pedro Campos Valle implica la
atribución de una identidad, pero de una identidad que sostiene la
sujetificación de otro. Fidel no atiende la demanda de los restos, de
NN, sino que *usa* los restos para atender la demanda de Graciela; de
esta manera hace posible el despliegue del duelo y al mismo tiempo
cuida de ella, manteniéndose fiel a su deseo. No atiende la demanda
de los restos, pero al menos hace posible que los restos tengan el
debido cuidado para la muerte como restos humanos, a diferencia
de la destrucción que les podría deparar su almacenamiento en un
depósito que no garantiza su preservación. El uso de los restos pasa
del vislumbramiento como cuerpo-muerto-de a la objetificación como
cuerpo-muerto-de Pedro Campos Valle, donde la posibilidad de recibir la identidad *propia* se reorienta para recibir otra, lo que implica

una instrumentación en beneficio de sostener otra sujetificación. Así, se desplaza la inscripción de la identidad de una relación necesaria a una contingente. El paso del vislumbramiento de los restos (la posibilidad de ser los restos, el cadáver, de alguien) a la objetificación (cuerpo-muerto-de Pedro Campos Valle) genera, paradójicamente para la estructura de la objetificación y el uso, el sostenimiento de una sujetificación que comparece en los mismos restos. Lo que revela, al margen de la verdadera identidad de los restos, la fuerza poderosa de la inscripción de la memoria para confrontar y responder a la objetificación (particularmente a una tan radical como la muerte) con la capacidad de sostener la vida del otro/a.

NN: sin identidad hace visibles desde la perspectiva del cuerpo anudado los mecanismos simbólicos y dilemas éticos que se producen e inscriben durante el proceso de reparaciones de las víctimas del Conflicto. Particularmente el caso específico de la decisión de Fidel se manifiesta como una política de reparación. Esta nos revela que la reparación no se fundamenta necesariamente en la verdad (lo que efectivamente pasó, la verdad del conocimiento), sino en la preservación de la vida y el cuidado del ser (el ahora, el coestar), con lo que se sugiere la primacía de la ética con respecto al conocimiento. El deber de la reparación es fundamentalmente con los vivos más que con los muertos. El uso de los restos puede servir para un fin *noble*, siempre y cuando se proteja su estatuto y cuidado de ser restos humanos. Además, reafirma que los restos y su preservación son la base, no solo para el duelo, sino para la construcción de la memoria. Sin la posibilidad de inscribir los restos como cuerpos anudados y por tanto ponerlos en el eje de la sujetificación-objetificación no hay duelo ni memoria posibles[10].

---

[10] El campo de la memoria es probablemente uno de los que más se ha estudiado sobre el Conflicto. Véase, entre tantos otros, Jelin 2012; Theidon 2004; Ulfe 2011; Pino 2016; Pino y Yezer 2013; Pino y Agüero 2014; Saona 2018; Hamann *et al.* 2003; Vich 2015; Portugal Teillier 2016; Degregori 2003; Salazar Borja 2016; Colectivo Yuyarisun 2004; Denegri & Hibbett 2016.

Finalmente y en otro orden de cosas, puede interpretarse que una de las intenciones de la película estuvo dirigida contra la lentitud y cierta desatención de los procesos de reparación de las víctimas y sus deudos por parte del Estado peruano. La política de reparación de las víctimas fue diseñada por la CVR a través del Plan Integral de Reparaciones que, asumido por los distintos gobiernos posteriores, tuvo como uno de sus resultados el Consejo de Reparaciones. A más de diez años del *Informe* de la CVR se manifestaron algunas críticas con respecto al modelo y a la lentitud de los procedimientos de reparación. *NN: Sin identidad* formó parte de una serie de discursos y relatos que evaluaron lo atendido y avanzado por el Estado y las instituciones oficiales sobre la base de este Plan Integral de Reparaciones[11].

En la película no se menciona si el esposo de Graciela fue subversivo o no, y lo mismo pasa con los otros restos exhumados por el equipo forense. El duelo y la memoria se presentan como un deber ético para con cualquier resto humano, algo que depende de su vislumbramiento como cuerpo anudado (su inscripción como cuerpo-muerto-de) y el consiguiente sostenimiento de su sujetificación, más allá de cualquier consideración política.

En ese sentido, el caso de una política de reparaciones no inclusiva puede generar problemas para el duelo, la memoria y la paz del país, como lo demostró el no reconocimiento como beneficiarios a los familiares de subversivos, que fue el ámbito que dejó fuera la política de reparaciones diseñada por la CVR (dado que los restos de los subversivos mismos están completamente politizados y seguirán siendo objetificados como el cuerpo-muerto-de los enemigos del Estado, lo que implica también, en la estructura paradojal de la memoria, sostener una sujetificación política)[12].

---

[11] Para la evaluación y críticas, véase Cáceres Valdivia 2013, Vignolo 2013, Macher 2014 y Pino 2016, y en general todo el número 233 de *Ideele*, dedicado a la CVR.

[12] La ley que crea el Plan Integral de Reparaciones señala que son beneficiarios del Plan las víctimas y sus familiares, y como los miembros de organizaciones

Este caso se puede ilustrar con la perspectiva que presentó José Carlos Agüero, a propósito de la destrucción que ejecutó el Estado peruano de un mausoleo construido por organizaciones afines a Sendero Luminoso que contenía restos de senderistas. En un artículo, Agüero denunció tanto la violencia del Estado como la política de la «dirigencia de lo que fue Sendero» por haber generado el sufrimiento de los deudos (2018). Este caso reveló que no hubo un mecanismo de reparación para el duelo y la memoria de parte del Estado que atendiera la pérdida sufrida por los familiares de subversivos, lo que hubiera permitido sostener su sujetificación en el ámbito de la memoria familiar. Y ante este vacío, surgió una política de atribución-apropiación de los restos por parte de agrupaciones afines al senderismo. Así, en lugar de ser *usados* para la reparación, los restos fueron inscritos políticamente como cuerpos anudados en el sentido de cuerpos-muertos-del-partido, lo que trajo como consecuencia el sostenimiento de una sujetificación como héroes de la Guerra Popular (nombre que le da el senderismo al Conflicto), es decir, una sujetificación política como la que sostiene el Estado (la de enemigo), pero con signo contrario. El Conflicto continuó en el duelo con las políticas de uso de los cuerpos anudados[13].

---

subversivas no son considerados víctimas, con toda razón como se justifica en el *Informe* de la CVR (2003f: 150), los familiares no califican para ser beneficiarios de algún tipo de reparación. Según el «Marco Legal» del Consejo de Reparaciones, se consideran distintos modos de reparación: a) restitución de derechos ciudadanos, b) en educación, c) en salud, d) colectivas, e) simbólicas, f) de promoción y facilitación al acceso habitacional, y g) otros programas que se aprueben.

[13] En el contexto de la pandemia por el Covid-19 se pudieron observar otros casos de circulación y uso de cuerpos anudados. Véase, por ejemplo, el artículo de Piero Vásquez Agüero en el contexto de la salud pública y la «regulación de cadáveres» (2020), y el de Agüero sobre la reducción de la población a cuerpos anudados ejercida por las condiciones socioeconómicas y la pandemia (2020).

Bibliografía

Abensour, Miguel (2007a): *Para una filosofía política crítica. Ensayos.* Madrid / México: Anthropos / Universidad Autónoma Metropolitana Itzapala.

— (2007b [2001]): «Hannah Arendt: ¿la crítica del totalitarismo y la servidumbre voluntaria?». En *Para una filosofía política crítica. Ensayos.* Madrid / México: Anthropos / Universidad Autónoma Metropolitana Itzapala, 189-214.

— (2012): *Emmanuel Levinas, l'intrigue de l'humain. Entretiens avec Danielle Cohen-Levinas. Entre métapolitique et politique.* Paris: Hermann.

Adorno, Theodor (1984 [1966]): *Dialéctica negativa.* Madrid: Taurus.

Agamben, Girogio (1998 [1995]): *Homo sacer I. El poder soberano y la nuda vida.* Valencia: Pre-Textos.

— (2013 [2011]): *Altísima pobreza. Reglas monásticas y forma de vida. Homo sacer IV,* 1. Buenos Aires: Adriana Hidalgo.

— (2017 [2014]): *El uso de los cuerpos. Homo Sacer IV,* 2. Valencia: Pre-Textos.

Agüero, José Carlos (2020): «José Carlos Agüero: "Nunca había pensado que mi ciudadanía había sido tan vaciada de contenido hasta que llegó la pandemia"» [Entrevista por Emilio Camacho]. En *La República,* 7 junio.

— (2018): «Cuerpos extraños». En *Wayka.pe,* 29 diciembre: <https://wayka.pe/cuerpos-extranos-por-jose-carlos-aguero/>.

Althusser, Louis (2003 [1970/1994]): *Ideología y aparatos ideológicos de Estado. Freud y Lacan.* Buenos Aires: Nueva Visión.

Arendt, Hannah (1996a [1961]): «¿Qué es la libertad?». En *Entre el pasado y el futuro. Ocho ejercicios sobre la reflexión política.* Barcelona: Península, 155-184.

— (1996b [1961]): *Entre el pasado y el futuro. Ocho ejercicios sobre la reflexión política.* Barcelona: Península.

— (2009 [1958]): *La condición humana*. Buenos Aires: Paidós.

— (2018 [1993]): *¿Qué es la política?* Bogotá: Paidós esenciales.

Arguedas, José María (2004 [1965]): «El sueño del pongo». En *¡Kachkani-raqmi! ¡Sigo siendo! Textos esenciales*. Lima: Fondo Editorial del Congreso del Perú, 526-535.

— (2005 [1958]): *Los ríos profundos*. Madrid: Cátedra.

Ascher, Marcia & Ascher, Robert (1981): *Code of the Quipu. A study in media, mathematics, and culture*. Ann Arbor: University of Michigan Press.

Austin, John L (1982 [1962]): *Cómo hacer cosas con palabras*. Barcelona: Paidós.

Balibar, Etienne (1991 [1988]): «¿Existe un neorracismo?». En Wallerstein, Immanuel & Balibar, Etienne: *Raza, nación y clase*. Madrid: IEPALA, 31-48.

Barthes, Roland (1989 [1980]): *La cámara lúcida. Nota sobre la fotografía*. Barcelona: Paidós.

Benjamin, Jessica (2018): *beyond doer and done to. recognition theory, inter-subjectivity and the third*. New York: Routledge.

Blanchot, Maurice (1992 [1955]): «Las dos versiones de lo imaginario». En *El espacio literario*. Barcelona: Paidós, 243-252.

Boesten, Jelke (2008): «Narrativas de sexo, violencia y disponibilidad: Raza, género y jerarquías de la violación en Perú». En Wade, Peter & Urrea Giraldo, Fernando & Viveros Vigoya, Mara (eds.): *Raza, etnici-dad y sexualidades: ciudadanía y multiculturalismo en América Latina*. Bogotá: Universidad Nacional de Colombia, 199-220.

— (2014): *Sexual violence during war and peace. Gender, power, and post-conflict justice in Peru*. New York: Palgrave Macmillam.

— (2016): «De violador a marido: la domesticación de los crímenes de Guerra en el Perú». En Denegri, Francesca & Hibbett, Alexandra (eds.): *Dando cuenta. Estudios sobre el testimonio de la violencia política en el Perú (1980-2000)*. Lima: Fondo Editorial PUCP, 93-120.

Bourdieu, Pierre (1986): «Notas provisionales sobre la percepción social del cuerpo». En Álvarez-Uría, Fernando & Varela, Julia (eds.): *Materiales de sociología crítica*. Madrid: La Piqueta, 183-194.

— (2000 [1998]): *La dominación masculina*. Barcelona: Anagrama.

BROWNMILLER, Susan (1993 [1975]): *Against our will. Men, women and rape*. New York: Fawcett Columbine Books.

BUCK-MORSS, Susan (2000): «Hegel and Haiti». En *Critical Inquiry* 26 (4): 821-865.

BUENO-HANSEN, Pacha (2015a): «Sexual violence beyond consent and coercion». En *Feminist and Human Rights struggles in Peru: Decolonizing transitional justice*. Urbana: University of Illinois Press, 105-128.

— (2015b): *Feminist and Human Rights struggles in Peru. Decolonizing transitional justice*. Urbana: University of Illinois Press.

BUTLER, Judith (2001 [1997]): *Mecanismos psíquicos del poder. Teorías sobre la sujeción*. Madrid: Cátedra.

— (2002 [1993]): *Cuerpos que importan. Sobre los límites materiales y discursivos del «sexo»*. Buenos Aires: Paidós.

— (2006 [2004]): *Vida precaria: El poder del duelo y la violencia*. Buenos Aires: Paidós.

— (2007 [1990]): *El género en disputa. El feminismo y la subversión de la identidad*. Barcelona: Paidós.

— (2009 [2005]): *Dar cuenta de sí mismo. Violencia ética y responsabilidad*. Buenos Aires: Amorrortu.

— (2010 [2009]): *Marcos de guerra. Las vidas lloradas*. México: Paidós.

— (2015): *Notes toward a performative theory of assembly*. Cambridge: Harvard University Press.

— (2016): «Rethinking vulnerability and vesistance». En Butler, Judith & Gambetti, Zeynep & Sabsay, Leticia (eds.): *Vulnerability in resistance*. Durham: Duke University Press, 12-27.

CÁCERES VALDIVIA, Eduardo (2013): «Un balance en varios tiempos». En *Ideele. Revista del Instituto de Defensa Legal* 233: <https://www.revistaideele.com/2022/10/26/un-balance-en-varios-tiempos/>.

CANFIELD, Martha L. (ed) (2002): *Jorge Eduardo Eielson. Nudos y asedios críticos*. Madrid / Frankfurt am Main: Iberoamericana / Vervuert.

CASAS, Bartolomé de las (1986 [1552]): *Historia de las indias*. Carcas: Biblioteca Ayacucho.

CASTRO-GÓMEZ, Santiago (1996): *Crítica de la razón latinoamericana*. Barcelona: Puvill.

CASTRO-GÓMEZ, Santiago & Grosfoguel, Ramón (eds.) (2007): *El giro decolonial. Reflexiones para una diversidad epistémica más allá del capita-*

lismo global. Bogotá: Siglo del Hombre-Universidad Central-Pontificia Universidad Javeriana.

CAVARERO, Adriana (2022 [1997]): *Tu che mi guardi, tu che mi racconti. Filosofia della narrazione*. Roma: Castelvecchi.

CÉSAIRE, Aimé (2006 [1955]): *Discurso sobre el colonialismo*. Madrid: Akal.

CHAKRABARTY, Dipesh (2021): *The climate of history in a planetary age*. Chicago: The University of Chicago Press.

COBO, P. (Bernabé) (1882): *Historia de la fundación de Lima. Colección de Historiadores del Perú* I. Lima: Imprenta Liberal.

COLECTIVO YUYARISUN (2004): *Rescate por la memoria*. Ayacucho: Colectivo Yuyarisun / Ministerio Británico para el Desarrollo International / Organización Holandesa para la Cooperación International al Desarrollo.

COLÓN, Cristóbal (1985a [1493]): «Carta a Luis de Santángel». En *Diario de a bordo*. Madrid: Anaya, 225-238.

— (1985b [1825]): *Diario de a bordo*. Madrid: Anaya.

COMISIÓN DE LA VERDAD Y RECONCILIACIÓN (CVR) (2003a): *Informe Final*. Lima: CVR [<http://www.cverdad.org.pe/ifinal/index.php>].

— (2003b): «Violencia y desigualdad de género». *Informe Final*. Lima: CVR, 45-100.

— (2003c): «Violencia y desigualdad racial y étnica». *Informe Final*. Lima: CVR, 101-162.

— (2003d): «Violencia sexual contra la mujer». *Informe Final*. Lima: CVR, 263-384.

— (2003e) *Audiencias públicas*. En *Informe final*. Lima: CVR.

— (2003f): «Programa integral de reparaciones». *Informe Final*. Lima: CVR, 139-205.

— (2004): *Hatun Willakuy. Versión abreviada del Informe Final de la Comisión de la Verdad y Reconciliación. Perú*. Lima: CVR.

CORAL CORDERO, Isabel (1999): «Las mujeres en la guerra: impacto y respuestas». En Stern, Steve J. (ed.): *Los senderos insólitos del Perú. Los orígenes, dinámicas y legados de la guerra, 1980-1995*. Lima: IEP, Universidad Nacional de San Cristóbal de Huamanga, 337-363.

CRARY, Jonathan (1992 [1990]): *Techniques of the observer. On vision and modernity in the nineteenth century*. Cambridge: MIT Press.

Delaney, Carol (2011): *Columbus and the quest for Jerusalem*. New York: Free Press.

Degregori, Carlos Iván (1996): «Cosechando tempestades: Las rondas campesinas y la derrota de Sendero Luminoso en Ayacucho». En Degregori, Carlos Iván & Coronel, José & Pino, Ponciano del & Starn, Orin (eds.): *Las rondas campesinas y la derrota de Sendero Luminoso*. Lima: IEP, 189-226.

— (2003): *Jamás tan cerca arremetió lo lejos. Memoria y violencia política en el Perú*. Lima: IEP.

Denegri, Francesca (2016): «Cariño en tiempos de paz y guerra: Lenguaje amoroso y violencia sexual en el Perú». En Denegri, Francesca & Hibbett, Alexandra (eds.): *Dando cuenta: Estudios sobre el testimonio de la violencia política en el Perú (1980-2000)*. Lima: Fondo Editorial PUCP, 67-91.

Denegri, Francesca & Hibbett, Alexandra (eds.) (2016): *Dando cuenta. Estudios sobre el testimonio de la violencia política en el Perú (1980-2000)*. Lima: Fondo Editorial PUCP.

Derrida, Jacques (1998 [1967]): *De la gramatología*. México: Siglo XXI.

— (1995): *Espectros de Marx. El Estado de la deuda, el trabajo del duelo y la nueva Internacional*. Madrid: Trotta.

— (1998 [1996]): *Aporías. Morir –esperarse (en) los «límites de la verdad»*. Barcelona: Paidós.

— (2006 [2001]): *Decir el acontecimiento, ¿es posible?* Madrid: Arena Libros.

— (2017 [2003]): «Envío». En *Psyché. Invenciones del otro*. Adrogué: La Cebra.

Diken, Bülent & Laustsen, Carsten Bagge (2005): «Becoming abject: rape as a weapon of war». En *Body and society* 11 (1): 111-128.

Dussel, Enrique (1994 [1993]): *El encubrimiento del otro. Hacia el origen del mito de la Modernidad*. Quito: Abya-Yala.

— (2013 [1976]): *Filosofía de la liberación. Obras Selectas XI*. Buenos Aires: Docencia.

Dworkin, Andrea (1988 [1981]): *Pornography: Men possessing women*. London: The Women's Press.

Eielson, Jorge Eduardo (2000 [1971]): *La muerte de Giulia-no*. Lima: Adobe Editores.

— (2002): *Nudos*. Madrid: Fundación César Manrique.

ESPINOZA, Eduardo (2003): «La responsabilidad del Estado frente a las transgresiones de derechos humanos durante el conflicto armado: El caso de las violaciones sexuales». En *Democracia y derechos humanos. Revista de la Comisión de Derechos Humanos. Edición especial: Violaciones sexuales a mujeres durante la violencia política en el Perú*, marzo: 23-28.

FEDERICI, Silvia (2010 [2004]): *Calibán y la bruja. Mujeres, cuerpo y acumulación primitiva*. Madrid: Traficante de sueños.

FERNÁNDEZ, Gisella (2003): «Violencia sexual como tortura». En *Democracia y derechos humanos. Revista de la Comisión de Derechos Humanos. Edición especial: Violaciones sexuales a mujeres durante la violencia política en el Perú*, marzo: 35-38.

FLORES, Marieliv (2019): «Género y espacio público: El acoso sexual callejero como muestra de hombría». En Hernández Breña, Wilson (ed.): *Violencias contra las mujeres. La necesidad de un doble plural*. Lima: GRADE, 183-205.

FLORES GALINDO, Alberto (1994a [1986]): «República sin ciudadanos». En *Buscando un Inca*. Lima: Horizonte, 213-236.

— (1994b [1986]): *Buscando un Inca*. Lima: Horizonte.

FORGUES, Roland (1989): *José María Arguedas: del pensamiento dialéctico al pensamiento trágico: historia de una utopía*. Lima: Editorial Horizonte.

FOUCAULT, Michel (1979): «El ojo del poder». En Bentham, Jeremías: *El panóptico* [1787]. Madrid: La Piqueta, 9-26.

— (1991 [1988]): *Tecnologías del yo: y otros textos afines*. Barcelona: Paidós.

— (1999 [1977]): *Historia de la sexualidad 1. La voluntad de saber*. México: Siglo XXI.

— (2000 [1975]): *Vigilar y castigar*. Madrid: Siglo XXI.

— (2003 [1984]): *Historia de la sexualidad 2. El uso de los placeres*. Buenos Aires: Siglo XXI.

— (2005 [1984]): *Historia de la sexualidad 3. La inquietud de sí*. Buenos Aires: Siglo XXI.

FRANCO, Jean (2008): «La violación: un arma de guerra». En *Cuerpos sufrientes* 19 (37): 16-33.

FRANCO, Sergio R. (2006): «Entre la abyección y el deseo: para una relectura de *El sueño del pongo*». En Franco, Sergio R. (ed.): *José María Arguedas:*

hacia una poética migrante. Pittsburgh: Instituto Internacional de Literatura Iberoamericana, 323-341.

FRASER, Nancy (2000): «Rethinking Recognition». En *New Left Review* 3: 107-120.

FRASER, Nancy & HONNETH, Axel (2006 [2003]): *Redistribución o reconocimiento*. Madrid: Morata.

FULLER, Norma (1997a): *Identidades masculinas. Varones de clase media en el Perú*. Lima: Fondo Editorial PUCP.

— (1997b): «Fronteras y retos: varones de clase media del Perú». En Valdés, Teresa & Olavarría, José (eds.): *Masculinidad/es. Poder y crisis*. Santiago de Chile: Isis Internacional / FLACSO Chile, 139-152.

— (2001): *Masculinidades: cambios y permanencias*. Lima: Fondo Editorial PUCP.

GAVILÁN SÁNCHEZ, Lurgio (2012): *Memorias de un soldado desconocido: Autobiografía y antropología de la violencia*. Lima: IEP.

GAUCHET, M. & ABENSOUR, M. (2008 [1976]): «Las lecciones de la servidumbre y su destino». En La Boétie, E.: *Discurso de la servidumbre voluntaria*. Buenos Aires: La Plata-Terramar, 7-37.

GOBIENAU, Conde de (1937 [1855]): *Ensayo sobre la desigualdad de las razas humanas*. Barcelona: Apolo.

GORDON-GRUBE, Karen (1988): «Anthropophagy in post-Reinassance Europe: The tradition of medicinal cannibalism». En *American Anthropologist* 90: 405-409.

GUAMÁN POMA DE AYALA, Felipe (1993 [1615, 1936]): *Nueva Corónica y Buen Gobierno*. Lima: Fondo de Cultura Económica.

GUTMANN, Amy (ed.) (1994): *Multiculturalism. Examining the politics of recognition. Charles Taylor, K. Anthony Appiah, Jürgen Habermas, Steven C. Rockefeller, Michael Walzer, Susan Wolf*. Princeton: Princeton University Press.

HALBWACHS, Maurice (2004 [1950]): *La memoria colectiva*. Zaragoza: Prensas Universitarias de Zaragoza.

HAMANN, Marita & LÓPEZ MAGUIÑA, Santiago & PORTOCARRERO, Gonzalo & VICH, Víctor (eds.) (2003): *Batallas por la memoria: antagonismos de la promesa peruana*. Lima: Red para el Desarrollo de las Ciencias Sociales en el Perú.

HARTOG, François (2003 [1980]): *El espejo de Heródoto. Ensayo sobre la representación del otro*. Buenos Aires: Fondo de Cultura Económica.

HEGEL, Georg Whilhelm Friedrich (2005 [1822-1831]): *Lecciones sobre la Filosofía de la Historia Universal*. Madrid: Tecnos.

— (2009 [1807]): *Fenomenología del espíritu*. Valencia: Pre-Textos.

HEIDEGGER, Martin (2006 [1927]): *Ser y tiempo*. Madrid: Trotta.

— (2009 [1962, 1987]): *La pregunta por la cosa*. Gerona: Palamedes.

HIBBETT, Alexandra (2016): «El innombrable goce de la violencia: el testimonio de "Waldo", mando militar de Sendero Luminoso». En Denegri, Francesca & Hibbett, Alexandra (eds.): *Dando cuenta. Estudios sobre el testimonio de la violencia política en el Perú (1980-2000)*. Lima: Fondo Editorial PUCP, 157-186.

HONNETH, Axel (1997 [1992]): *La lucha por el reconocimiento*. Barcelona: Crítica / Grijalbo Mondadori.

— (2007 [2005]): *Reificación. Un estudio en la teoría del reconocimiento*. Buenos Aires: Katz.

— (2021): *Recognition. A chapter in the history of European ideas*. Cambridge: Cambridge University Press.

HONNETH, Axel & RANCIÈRE, Jacques (2016): *Recognition or disagreement*. New York: Columbia University Press.

HULME, Peter (1992 [1986]): *Colonial encounters. Europe and the native Caribbean 1492-1797*. London: Routledge.

ISAAC, Benjamin (2004): *The invention of racism in Classical Antiquity*. Princeton: Princeton University Press.

— (2006): «Proto-Racism in Graeco-Roman Antiquity». En *World Archaeology* 38 (1): 32-47.

— (2009): «Racism: a rationalization of prejudice in Greece and Rome». En Eliav-Feldon, Miriam & Isaac, Benjamin & Ziegler, Joseph (eds.): *The origins of racism in the West*. Cambridge: Cambridge University Press, 32-56.

JAY, Martin (2003 [1993]): «Regímenes escópicos de la modernidad». En *Campos de fuerza. Entre la historia intelectual y la crítica cultural*. Buenos Aires: Paidós, 221-251.

JELIN, Elizabeth (2012 [2002]): *Los trabajos de la memoria*. Lima: Instituto de Estudios Peruanos.

KANT, Immanuel (1988 [1924]): *Lecciones de ética*. Barcelona: Crítica.
— (1989 [1797]): *La metafísica de las costumbres*. Madrid: Tecnos.
— (2012 [1785]): *Fundamentación para una metafísica de las costumbres*. Madrid: Alianza Editorial.
KENDI, Ibram X. (2018): *Stamped from the beginning. The definitive history of racist ideas in America*. New York: Nation Books.
KOSELLECK, Reinhart (1993 [1979]): *Futuro pasado. Para una semántica de los tiempos históricos*. Barcelona: Paidós.
LACAN, Jacques (1987 [1973]): *El seminario de Jacques Lacan, libro 11: Los cuatro conceptos fundamentales del psicoanálisis 1964*. Buenos Aires: Paidós.
— (2003 [1966]): *Escritos*. Vol. 1 y 2. México: Siglo XXI.
— (2006 [2005]): *El seminario de Jacques Lacan, libro 23: El sinthome 1975-1976*. Buenos Aires: Paidós.
LANDER, Edgardo (ed.) (2000): *La colonialidad del saber. Eurocentrismo y ciencias sociales. Perspectivas latinoamericanas*. Buenos Aires: CLACSO.
LEONARD, Irving A (1996 [1949]): *Los libros del conquistador*. México: FCE.
LÉVI-STRAUSS, Claude (1987 [1973]): *Antropología estructural* [2]. *Mito, sociedad, humanidades*. México: Siglo XXI.
LLOSA, Claudia (dir.) (2009): *La teta asustada* [largometraje]. Vela Producciones / Oberón Cinematográfica / Wanda Visión.
LLOSA BUENO, Claudia (2010): *La teta asustada* [guion]. Lima: Norma.
LOIS, Carla (2004): «Cartografías de un Mundo Nuevo». En *Terra Brasilis* 6: <http://journals.openedition.org/terrabrasilis/363>.
LONG, Jeffrey C. & Kittles, Rick A. (2009): «Human genetic diversity and the nonexistence of biological races». En *Human Biology* 81 (5/6): 777-798.
LÓPEZ-MAGUIÑA, Santiago & Portocarrero, Gonzalo (2004): «El pongo dentro de mí». En *Quehacer* 147: 106-113.
LUKÁCS, Georg (1970 [1923]): «La cosificación y la conciencia de clase del proletariado». En *Historia y conciencia de clase*. La Habana: Instituto del Libro, 110-230.
MACHER, Sofía (2014): *¿Hemos Avanzado? A diez años de las recomendaciones de la Comisión de la Verdad y Reconciliación*. Lima: IEP.

MacKinnon, Catharine A. (1987): *Feminism unmodified. Discourses on Life and Law*. Cambridge: Harvard University Press.

— (1989): *Toward a feminist theory of the State*. Cambridge: Harvard University Press.

— (2006): *Are women human? And Other International Dialogues*. Cambridge: Belknap Press of Harvard University Press.

Mancosu, Paola (2019): «Notas sobre la clase social en "El sueño del pongo" de José María Arguedas». En *Tesis* 13 (12.15): 33-42.

Marx, Karl (1980 [1844]): *Manuscritos: economía y filosofía*. Madrid: Alianza Editorial.

— (2009 [1867]): *El capital. Crítica de la economía política*, T1-3V. Madrid: Siglo XXI.

McCullogh, Rachel (2016): «¿Puede ser travesti el pueblo? Testimonio subalterno y agencia marica en la memoria del conflicto armado». En Denegri, Francesca & Hibbett, Alexandra (eds.): *Dando cuenta: Estudios sobre el testimonio de la violencia política en el Perú (1980-2000)*. Lima: Fondo Editorial PUCP, 121-156.

Merleau-Ponty, Maurice (1964 [1960]): *Signos*. Barcelona: Seix Barral.

— (1993 [1945]): *Fenomenología de la percepción*. Barcelona: Planeta-Agostini.

— (2010 [1964]): *Lo visible y lo invisible*: Buenos Aires: Nueva Visión.

Mignolo, Walter (1995): *The darker side of the Renaissance. Literacy, territoriality, & colonization*. Ann Arbor: University of Michigan.

Montaigne, Michel de (2007 [1595]): «Los caníbales». En *Los ensayos*. Barcelona: Acantilado, 273-293.

Moreno Mengíbar, Andrés (1991): «Estudio Introductorio. La destrucción de las Indias y la formación de la conciencia europea». En Casas, Bartolomé de las: *Brevíssima relación de la destruyción de las Indias*. Sevilla / Napoli: Editorial Er / Istituto Italiano per gli Studi Filosofici.

Nancy, Jean-Luc (2003 [2000]): *Corpus*. Madrid: Arena Libros.

Gálvez, Héctor (dir.) (2014): *NN: Sin identidad* [largometraje]. Piedra Alada Producciones.

Noriega, Julio (1989): «El sueño del pongo: una forma de liberación utópica». En *Imprévue* 2: 91-103.

Nussbaum, Martha C. (1995): «Objectification». En *Philosophy & Public Affairs* 24 (4): 249-291.

— (1999): *Sex & social justice*. New York: Oxford University Press.

PADILLA, José Ignacio (ed.) (2002): *nu/do: homenaje a j.e. eielson*. Lima: Fondo Editorial PUCP.

— (2014): *El terreno en disputa es el lenguaje*. Madrid / Frankfurt am Main: Iberoamericana / Vervuert.

PAPADAKI, Evangelina (2007): «Sexual Objectification: From Kant to Contemporary Feminism». En *Contemporary Political Theory* 6: 330-348.

— (2010): «What is Objectification?». En *Journal of Moral Philosophy* 7: 16-36.

PAREDES GOICOCHEA, Diego (2017): *Política, acción, libertad. Hannah Arendt, Maurice Merleau-Ponty y Karl Marx en discusión*. Bogotá: Editorial Universidad Nacional de Colombia.

PARRA-AYALA, Andrés F. (2021): «Marx y el concepto de lo político». En *Colombia Internacional* 108: 39-61.

PASTOR, Beatriz (1988 [1983]): *Discursos narrativos de la conquista: mitificación y emergencia*. Hanover: Ediciones del Norte.

PATEMAN, Carole (1995 [1988]): *El contrato sexual*. Barcelona / México: Anthropos / Universidad Autónoma Metropolitana, Iztapalaga.

PINO, Ponciano del (2016): «Presentación: Memorias para el reconocimiento». En Degregori, Carlos Iván & Portugal Teillier, Tamia & Salazar Borja, Gabriel & Aroni Sulca, Renzo (eds.): *No hay mañana sin ayer. Batallas por la memoria y consolidación democrática en el Perú*. Lima: IEP, 16-36.

PINO, Ponciano del & AGÜERO, José Carlos (2014): *Cada uno, un lugar de memoria. Fundamentos conceptuales del Lugar de la Memoria, la Tolerancia y la Inclusión Social*. Lima: Lugar de la Memoria, la Tolerancia y la Inclusión Social.

PINO, Ponciano del & YEZER, Caroline (2013): *Las formas del recuerdo. Etnografías de la violencia política en el Perú*. Lima: IEP.

PLATÓN (1992): «Alcibíades I o sobre la naturaleza del hombre». En *Diálogos VII. Dudosos, apócrifos, cartas*. Madrid: Gredos, 15-86.

POOLE, Deborah (2000 [1997]): *Visión, raza y modernidad. Una economía visual del mundo andino de imágenes*. Lima: Sur / Consejería en Proyectos.

PORTOCARRERO, Gonzalo (1985): «La dominación total». En *Debates en Sociología* 10: 159-173.

— (1992): «Discriminación social y racismo en el Perú de hoy». En Manrique, Nelson & Glave, Luis Miguel & Muñoz, Fanni & Portocarrero, Gonzalo & Trelles, Efraín: *500 años después... ¿el fin de la historia?*. Lima: Escuela para el desarrollo, 179-197.

— (2007): *Racismo y mestizaje: y otros ensayos*. Lima: Fondo Editorial del Congreso del Perú.

— (2013): «La utopía del blanqueamiento y la lucha por el mestizaje». En *Hegemonía cultural y políticas de la diferencia*. Buenos Aires: CLACSO, 165-200.

PORTUGAL TEILLIER, Tamia (2016): «Batallas por el reconocimiento: lugares de la memoria en el Perú. En Degregori, Carlos Iván & Portugal Teillier, Tamia & Salazar Borja, Gabriel & Aroni Sulca, Renzo (eds.): *No hay mañana sin ayer. Batallas por la memoria y consolidación democrática en el Perú*. Lima: IEP, 104-366.

QUEZADA, Oscar (1990): «El motivo /sueño/ en la narratividad de Arguedas. En torno a "El sueño del pongo" ("Pongoq mosqoyhin")». En de Grandis, Rita & Quezada, Oscar: *Dos estudios sobre textos de Arguedas*. Lima: Facultad de Ciencias de la Comunicación de la Universidad de Lima.

QUIJANO, Aníbal (1988): «Lo público y lo privado: un enfoque latinoamericano». En *Modernidad, identidad y utopía en América Latina*. Lima: Sociedad y Política Ediciones, 8-44.

— (2020 [1993]): «"Raza", "etnia" y "nación" en Mariátegui. Cuestiones abiertas». En *Cuestiones y horizontes: de la dependencia histórico-estructural a la colonialidad / descolonialidad del poder*. Buenos Aires / Lima: CLACSO / UNMSM, 839-859.

— (2000a): «Colonialidad del poder y clasificación social». En *Journal of World-Systems Research: Festchrift for Immanuel Wallerstein* I (VI, 2): 342-386.

— (2000b): «Colonialidad del poder, eurocentrismo y América Latina». En E. Lander (ed.): *La colonialidad del saber: eurocentrismo y ciencias sociales. Perspectivas latinoamericanas*. Buenos Aires: CLACSO, 201-246.

RADICATI DI PRIMEGLIO, Carlos (2006a [1951]): «Introducción al estudio de los quipus». En *Estudios sobre los quipus*. Lima: Fondo Editorial UNMSM / COFIDE / Istituto Italiano di Cultura, 59-154.

— (2006b [1964]): «La "seriación" como posible clave para descifrar los quipus extranumerales». En *Estudios sobre los quipus*. Lima: Fondo Editorial UNMSM / COFIDE / Istituto Italiano di Cultura, 155-264.

RICŒUR, Paul (1999): *La lectura del tiempo pasado: Memoria y olvido*. Madrid: Ediciones de la Universidad Autónoma de Madrid / Arrecife.

— (2005 [2004]): *Caminos del reconocimiento*. Madrid: Trotta.

— (2006): «La vida: Un relato en busca de narrador». En *Ágora: papeles de filosofía* 25 (2): 9-22.

— (2009 [1985]): *Tiempo y narración III. El tiempo narrado*. México: Siglo XXI.

RIVERA, Fernando (2011): *Dar la palabra. Ética, política y poética de la escritura en Arguedas*. Madrid / Frankfurt am Main: Iberoamericana / Vervuert.

— (2016): «La escritura post-catastrófica de Eielson». En Chire Jaime, Sandro & Taboada, Javier de (eds.): *Palabra, color y materia en la obra de Jorge Eduardo Eielson. Actas del Congreso Internacional realizado por La Casa de la Literatura Peruana*. Lima: Casa de la Literatura Peruana / Animal de Invierno, 185-191.

— (2023): «Sostener al otro/a o devolver la vida: "Masa" de César Vallejo». En *Archivo Vallejo. Revista de Investigación del Rectorado de la Universidad Ricardo Palma* 6 (11): 69-83.

— (2024): «Quipu, cuerpo, signo». En *Archivo Vallejo. Revista de Investigación del Rectorado de la Universidad Ricardo Palma* 7 (14): 185-199.

ROSTWOROWSKI, María (1983): *Estructuras andinas del poder: Ideología religiosa y política*. Lima: IEP.

— (2013 [1988]): *Historia del Tahuantinsuyo*. Lima: IEP.

— (1995): *La mujer en el Perú prehispánico*. Lima: IEP.

ROWE, William (2002): «Palabra, imagen, espacio». En Canfield, Marta L. (ed.): *Jorge Eduardo Eielson: Nudos y asedios críticos*. Madrid / Frankfurt am Main: Iberoamericana / Vervuert, 83-95.

RUDA, Frank (2015): *For Badiou. Idealism without idealism*. Evanston: Northwestern University Press.

RUIZ BRAVO, Patricia & NEIRA, Eloy & ROSALES, José Luis (2007): «El orden patronal y su subversión». En Plaza, Orlando (ed.): *Clases sociales en el Perú. Visiones y trayectorias*. Lima: PUCP-CISEPA, 259-282.

Salazar Borja, Gabriel (2016): «Sin debates no hay campo de estudios sobre memoria y violencia política en el Perú». En Degregori, Carlos Iván & Portugal Teillier, Tamia & Salazar Borja, Gabriel & Aroni Sulca, Renzo (eds.): *No hay mañana sin ayer. Batallas por la memoria y consolidación democrática en el Perú*. Lima: IEP, 368-466.

Sanz, Carlos (1956): «Historia del impreso conocido internacionalmente como la "Carta de Colón" en folio». En Colón, Cristóbal: *La carta de Colón anunciando el descubrimiento del Nuevo Mundo: 15 febrero-14 marzo 1493*. Madrid: Hauser y Menet, 31-51.

Saona, Margarita (2018 [2014]): *Los mecanismos de la memoria*. Lima: Fondo Editorial PUCP.

Sartre, Jean-Paul (1993 [1943]): *El ser y la nada. Ensayo de ontología fenomenológica*. Buenos Aires: Losada.

Sato, Yoshiyuki (2022 [2007]): *Power and Resistance: Foucault, Deleuze, Derrida, Althusser*. London: Verso.

Segato, Rita Laura (2003a): «La estructura de género y el mandato de violación». En *Las estructuras elementales de la violencia*. Buenos Aires: Universidad Nacional de Quilmes, 21-54.

— (2003b): «Los principios de la violencia». En *Las estructuras elementales de la violencia*. Buenos Aires: Universidad Nacional de Quilmes, 53-61.

— (2016): *La guerra contra las mujeres*. Madrid: Traficantes de sueños.

Silva Santisteban, Rocío (2008): *El factor asco. Basurización simbólica y discursos autoritarios en el Perú contemporáneo*. Lima: Red para el Desarrollo de las Ciencias Sociales en el Perú.

— (2016): «Mujeres, memoria y violencia: testimonios ante la CVR de dos participantes del conflicto armado peruano». En Denegri, Francesca y Alexandra Hibbett (eds.): *Dando cuenta: Estudios sobre el testimonio de la violencia política en el Perú (1980-2000)*. Lima: Fondo Editorial PUCP, 187-212.

Silverblatt, Irene (1990 [1987]): *Luna, sol y brujas. Géneros y clases en los Andes prehispánicos y coloniales*. Cusco: Centro Bartolomé de la Casas.

Silverman, Kaja (1992): *Male subjectivity at the margins*. New York: Routledge.

— (1996): *The threshold of the visible world*. New York: Routledge.

Stern, Steven J. (ed) (1987): *Resistance, rebellion, and consciousness, in the*

Andean peasant world, 18th to 20th centuries. Wisconsin: University of Wisconsin Press.

TAMAYO, Gulia (2003): «Documentando la violencia sexual durante conflictos armados: definiciones, metodología y exigencias de justicia». En *Democracia y derechos humanos. Revista de la Comisión de Derechos Humanos. Edición especial: Violaciones sexuales a mujeres durante la violencia política en el Perú*: 2-7.

TAYLOR, Charles (1994): «The Politics of Recognition». En Gutmann, Amy (ed.): *Multiculturalism. Examining the politics of recognition. Charles Taylor, K. Anthony Appiah, Jürgen Habermas, Steven C. Rockefeller, Michael Walzer, Susan Wolf*. Princeton: Princeton University Press, 25-74.

THEIDON, Kimberly (2004): *Entre prójimos. El conflicto armado interno y la política de la reconciliación en el Perú*. Lima: IEP.

THOMAS, Hugh (1997): *The slave trade. the story of the Atlantic slave trade: 1440-1870*. New York: Simon & Schuster.

TODOROV, Tzvetan (1987 [1982]): *La conquista de América: el problema del otro*. México: Siglo XXI.

UCEDA, Ricardo (2004): *Muerte en el Pentagonito*. Bogotá: Planeta.

ULFE, María Eugenia (2011): *Cajones de la memoria. La historia reciente del Perú a través de los retablos andinos*. Lima: Fondo Editorial PUCP.

URTON, Gary (2005 [2003]): *Signos del Khipu Inka*. Cusco: CE Bartolomé de las Casas.

VALENCIA, Sayak (2010): *Capitalismo gore*. Santa Cruz de Tenerife: Melusina.

VALENZUELA, Luisa (1983): «Los censores». En *Donde viven las águilas*. Buenos Aires: Celtia, 89-92.

VALLEJO, César (1995 [1939]): *España aparta de mi este cáliz. Obra poética completa*. Madrid: Alianza Editorial.

VÁZQUEZ AGÜERO, Piero (2020): «¿Adónde van los cuerpos de los que no se quedaron?». En *El comercio* [Lima] 26 de mayo.

VARGAS LLOSA, Mario (1973): *Pantaleón y las visitadoras*. Barcelona: Seix Barral.

VERNER, Lorraine & Boi, Luciano (2002): «Enlazar arte, ciencia y naturaleza: Un trabajo visionario con los nudos». En Canfield, Marta L. (ed.): *Jorge Eduardo Eielson. Nudos y asedios críticos*. Madrid / Frankfurt am Main: Iberoamericana / Vervuert, 185-198.

Vich, Víctor (2015): *Poéticas del duelo. Ensayos sobre arte, memoria y violencia política en el Perú.* Lima: IEP.

— (2018): «Dinámicas de racismo en el Perú: la perspectiva cultural de Gonzalo Portocarrero». En *Debates en Sociología* 47: 219-232.

Vignolo, Gisella (2013): «Urge fortalecer política de reparaciones». En *Ideele. Revista del Instituto de Defensa Legal,* 233: <revistaideele.com/ideele/content/urge-fortalecer-política-de-reparaciones>.

Virno, Paolo (2005 [2003]): «Elogio de la reificación». En *Cuando el verbo se hace carne: Lenguaje y naturaleza humana.* Madrid: Traficantes de sueños, 145-178.

Wacquant, Loïc (2022): «El problema de la "raza"». En *New Left Review* 133/134: 75-98.

Werner, Michael (1991): «Introduction: Fear of a queer planet». En *Social Text* 20: 3-17.

Wey Gómez, Nicolás (2007): «A Poetics of dismemberment: The *Book of Job* and the cannibal of cariay in Columbus's account of the fourth voyage». En *Colonial Latin American Review* 16 (1): 109-123.

— (2008): *The Tropics of Empire. Why Columbus sailed South to the Indies.* Cambridge: The MIT Press.

Wierviorka, Michel (2009 [1998]): *El racismo: una introducción.* Barcelona: Gedisa.

Wilford, John Noble (1981): *The mapmakers. The story of great pioneers in cartography from antiquity to the space age.* New York: Vintage.

Winnicott, W. D. (1993 [1971]): *Realidad y Juego.* Barcelona: Gedisa.

Wood, Ellen Meiksins (2011 [2008]): *De ciudadanos a señores feudales. Historia social del pensamiento político desde la Antigüedad hasta la Edad Media.* Barcelona: Paidós.

Yupanqui, Titu Cusi (1992 [1570]): *Instrucción al licenciado Lope García de Castro.* Lima: Fondo Editorial PUCP.

Zamora, Margarita (1993): *Reading Columbus.* Berkeley: University of California Press.

Žižek, Slavoj (2014): *Absolute recoil. Towards a new foundation of dialectical materialism.* London: Verso.

Zúñiga, Luis Alfonso (2018): «La teoría del reconocimiento de Axel Honneth como teoría crítica de la sociedad capitalista contemporánea». En *Reflexión Política* 20 (39): 263-280.

ZURARA, Gomes Eanes de (1978 [1453, 1871]): *Crónica dos feitos notáveis que se passaram na conquista da Guiné por mandado do infante D. Henrique.* Vol. VI. Lisboa: Academia Portuguesa da Historia.

Agradecimientos

Este libro tiene deudas enormes con las lecturas críticas, los comentarios y la participación en debates de muchos colegas. En primer lugar, quiero agradecer la inmensa ayuda, y de paso celebrar la amistad, de Yuri Herrera y Jorge Brioso. El primero leyó las primeras formulaciones y advirtió el alcance y dimensión de este trabajo, alentándome durante años para que lo concluyera. Al segundo le agradezco las lecturas, críticas, comentarios y sugerencias, que con su aguda sensibilidad para la reflexión filosófica me hicieron advertir inconsistencias, debilidades o excesos, pero también aquellos puntos valiosos y fundamentales que deberían profundizarse más.

También a Bethsabé Huamán, Sergio R. Franco y Richard Leonardo, quienes me ofrecieron comentarios valiosos sobre capítulos específicos o gran parte del texto, que me permitieron hacer algunos cambios y ajustes. Asimismo, a los estudiantes del curso de posgrado sobre la objetificación que dicté en la primavera de 2023 en la Universidad de Tulane: Olivia Brunke, Daniel de los Ríos, Rafaela de Souza Carvalho, Carolyn Enochs, Mabel Lara Reyes, Santiago Pérez-Witch, Stephen Spragale y Nahum Villamil Garcés. El hecho de presentar el tema ante ellos, de recibir sus comentarios y de leer, sobre todo, en sus trabajos la implementación de algunas categorías significó poner a prueba la operatividad de esta propuesta.

Las primeras versiones de algunas secciones de este libro y otras recientes se presentaron en una serie de conferencias en la Universidad Nacional de San Agustín de Arequipa en 2018, 2019, 2022 y 2023. Va mi agradecimiento a mis colegas Rosa Núñez y Claret Cuba, las organizadoras, y a los colegas y estudiantes de la Escuela de Literatura que con sus comentarios y preguntas me ayudaron a pensar mejor la orientación de este trabajo. También a Waldo Pérez Cino de la editorial Almenara por el excelente trabajo de edición del texto, y por la sugerencia final que me llevó a afinar mejor la noción del cuerpo anudado. Y a la School of Liberal Arts de Tulane University por el apoyo para la publicación.

En otro nivel, también y sobre todo, mi agradecimiento profundo al apoyo sostenido y el amor constante de Mabel Lara, que me dieron un tipo de fortaleza y seguridad decisivos para poder continuar con este trabajo y concluirlo.

Catálogo Almenara

Aguilar, Paula & Basile, Teresa (eds.) (2015): *Bolaño en sus cuentos.* Leiden: Almenara.

Aguilera, Carlos A. (2016): *La Patria Albina. Exilio, escritura y conversación en Lorenzo García Vega.* Leiden: Almenara.

Alfonso, María Isabel (2025): *Antagonías de una exclusión. Ediciones El puente y los vacíos del canon literario cubano.* Leiden: Almenara.

Amar Sánchez, Ana María (2017): *Juegos de seducción y traición. Literatura y cultura de masas.* Leiden: Almenara.

Arroyo, Jossianna (2020): *Travestismos culturales. Literatura y etnografía en Cuba y el Brasil.* Leiden: Almenara.

Barrón Rosas, León Felipe & Pacheco Chávez, Víctor Hugo (eds.) (2017): *Confluencias barrocas. Los pliegues de la modernidad en América Latina.* Leiden: Almenara.

Blanco, María Elena (2016): *Devoraciones. Ensayos de periodo especial.* Leiden: Almenara.

Brioso, Jorge (2024): *La destrucción por el soneto. Sobre la poética de Néstor Díaz de Villegas.* Leiden: Almenara.

Burneo Salazar, Cristina (2017): *Acrobacia del cuerpo bilingüe. La poesía de Alfredo Gangotena.* Leiden: Almenara.

Bustamante, Fernanda & Guerrero, Eva & Rodríguez, Néstor E. (eds.) (2021): *Escribir otra isla. La República Dominicana en su literatura.* Leiden: Almenara.

Caballero Vázquez, Miguel & Rodríguez Carranza, Luz & Soto van der Plas, Christina (eds.) (2014): *Imágenes y realismos en América Latina.* Leiden: Almenara.

Calomarde, Nancy (2015): *El diálogo oblicuo: Orígenes y Sur, fragmentos de una escena de lectura latinoamericana, 1944-1956.* Leiden: Almenara.

Camacho, Jorge (2019): *La angustia de Eros. Sexualidad y violencia en la literatura cubana.* Leiden: Almenara.

CAMPUZANO, Luisa (2016): *Las muchachas de La Habana no tienen temor de dios. Escritoras cubanas (siglos XVIII-XXI)*. Leiden: Almenara.

CASAL, Julián del (2017): *Epistolario. Edición y notas de Leonardo Sarría*. Leiden: Almenara.

CASTRO, Juan Cristóbal (2020): *El sacrificio de la página. José Antonio Ramos Sucre y el arkhé republicano*. Leiden: Almenara.

CUESTA, Mabel & SKLODOWSKA, Elzbieta (eds.) (2019): *Lecturas atentas. Una visita desde la ficción y la crítica a las narradoras cubanas contemporáneas*. Leiden: Almenara.

CHURAMPI RAMÍREZ, Adriana (2014): *Heraldos del Pachakuti. La Pentalogía de Manuel Scorza*. Leiden: Almenara.

DEYMONNAZ, Santiago (2015): *Lacan en el cuarto contiguo. Usos de la teoría en la literatura argentina de los años setenta*. Leiden: Almenara.

DÍAZ INFANTE, Duanel (2014): *Días de fuego, años de humo. Ensayos sobre la Revolución cubana*. Leiden: Almenara.

ECHEMENDÍA, Ambrosio (2019): *Poesía completa. Edición, estudio introductorio y apéndices documentales de Amauri Gutiérrez Coto*. Leiden: Almenara.

FIELBAUM, Alejandro (2017): *Los bordes de la letra. Ensayos sobre teoría literaria latinoamericana en clave cosmopolita*. Leiden: Almenara.

GARBATZKY, Irina (2025): *El archivo del Este. Desplazamientos en los imaginarios de la literatura cubana contemporánea*. Leiden: Almenara.

GARCÍA VEGA, Lorenzo (2018): *Rabo de anti-nube. Diarios 2002-2009. Edición y prólogo de Carlos A. Aguilera*. Leiden: Almenara.

GARRANDÉS, Alberto (2015): *El concierto de las fábulas. Discursos, historia e imaginación en la narrativa cubana de los años sesenta*. Leiden: Almenara.

GILLER, Diego & OUVIÑA, Hernán (eds.) (2018): *Reinventar a los clásicos. Las aventuras de René Zavaleta Mercado en los marxismos latinoamericanos*. Leiden: Almenara.

GREINER, Clemens & HERNÁNDEZ, Henry Eric (eds.) (2019): *Pan fresco. Textos críticos en torno al arte cubano*. Leiden: Almenara.

GONZÁLEZ ECHEVARRÍA, Roberto (2017): *La ruta de Severo Sarduy*. Leiden: Almenara.

GOTERA, Johan (2016): *Deslindes del barroco. Erosión y archivo en Octavio Armand y Severo Sarduy*. Leiden: Almenara.

GUTIERREZ COTO, Amauri (2024): *Canon, historia y archivo. Volumen I. La segunda promoción de escritores afrodescendientes en el siglo XIX cubano.* Leiden: Almenara.

HERNÁNDEZ, Henry Eric (2017): *Mártir, líder y pachanga. El cine de peregrinaje político hacia la Revolución cubana.* Leiden: Almenara.

INZAURRALDE, Gabriel (2016): *La escritura y la furia. Ensayos sobre la imaginación latinoamericana.* Leiden: Almenara.

KRAUS, Anna (2018): *sin título. operaciones de lo visual en 2666 de Roberto Bolaño.* Leiden: Almenara.

LOSS, Jacqueline (2019): *Soñar en ruso. El imaginario cubano-soviético.* Leiden: Almenara.

LUPI, Juan Pablo & SALGADO, César A. (eds.) (2019): *La futuridad del naufragio. Orígenes, estelas y derivas.* Leiden: Almenara.

MACHADO, Mailyn (2016): *Fuera de revoluciones. Dos décadas de arte en Cuba.* Leiden: Almenara.

— (2018): *El circuito del arte cubano. Open Studio I.* Leiden: Almenara.

— (2018): *Los años del participacionismo. Open Studio II.* Leiden: Almenara.

— (2018): *La institución emergente. Entrevistas. Open Studio III.* Leiden: Almenara.

MATEO DEL PINO, Ángeles & PASCUAL, Nieves (eds.) (2022): *Material de derribo. Cuerpo y abyección en América Latina.* Leiden: Almenara.

MONTERO, Oscar J. (2019): *Erotismo y representación en Julián del Casal.* Leiden: Almenara.

— (2022): *Azares de lo cubano. Lecturas al margen de la nación.* Leiden: Almenara.

MOREJÓN ARNAIZ, Idalia (2017): *Política y polémica en América Latina. Las revistas Casa de las Américas y Mundo Nuevo.* Leiden: Almenara.

MUÑOZ, Gerardo (ed.) (2022): *Giorgio Agamben. Arqueología de la política.* Leiden: Almenara.

PÉREZ-HERNÁNDEZ, Reinier (2014): *Indisciplinas críticas. La estrategia poscrítica en Margarita Mateo Palmer y Julio Ramos.* Leiden: Almenara.

PÉREZ CANO, Tania (2016): *Imposibilidad del beatus ille. Representaciones de la crisis ecológica en España y América Latina.* Leiden: Almenara.

PÉREZ CINO, Waldo (2014): *El tiempo contraído. Canon, discurso y circunstancia de la narrativa cubana (1959-2000).* Leiden: Almenara.

Puñales Alpízar, Damaris (2020): *La maldita circunstancia. Ensayos sobre literatura cubana*. Leiden: Almenara.

Quintero Herencia, Juan Carlos (2016): *La hoja de mar (:) Efecto archipiélago I*. Leiden: Almenara.

— (2021): *La máquina de la salsa. Tránsitos del sabor* [edición ampliada y revisada]. Leiden: Almenara.

Quintero Herencia, Juan Carlos (ed.) (2024): *Desistencia y polémica en el Caribe. Imagen, crítica, política*. Leiden: Almenara.

Ramos, Julio & Robbins, Dylon (eds.) (2019): *Guillén Landrián o los límites del cine documental*. Leiden: Almenara.

Ribas-Casasayas, Alberto & Luengo, Ana (eds.) (2025): *Otras iluminaciones. Narrativa, cultura y psicodélicos*. Gainesville: Almenara.

Rivera, Fernando (2025): *El cuerpo anudado. Objetificación y uso político de los cuerpos en los Andes*. Gainesville: Almenara.

Robyn, Ingrid (2020): *Márgenes del reverso. José Lezama Lima en la encrucijada vanguardista*. Leiden: Almenara.

Rojas, Rafael (2018): *Viajes del saber. Ensayos sobre lectura y traducción en Cuba*. Leiden: Almenara.

Selimov, Alexander (2018): *Derroteros de la memoria*. Pelayo y Egilona *en el teatro ilustrado y romántico*. Leiden: Almenara.

Timmer, Nanne (ed.) (2016): *Ciudad y escritura. Imaginario de la ciudad latinoamericana a las puertas del siglo XXI*. Leiden: Almenara.

— (2018): *Cuerpos ilegales. Sujeto, poder y escritura en América Latina*. Leiden: Almenara.

Tolentino, Adriana & Tomé, Patricia (eds.) (2017): *La gran pantalla dominicana. Miradas críticas al cine actual*. Leiden: Almenara.

— (2023): *La gran pantalla dominicana. Volumen II. La ebullición creativa en el cine nacional (2010-2022)*. Leiden: Almenara.

Vizcarra, Héctor Fernando (2015): *El enigma del texto ausente. Policial y metaficción en Latinoamérica*. Leiden: Almenara.

www.ingramcontent.com/pod-product-compliance
Lightning Source LLC
Chambersburg PA
CBHW030313270326
41926CB00010B/1342